WIJ WILLEN GANGSTER WORDEN

GEORGE BOELLAARD

WIJ WILLEN GANGSTER WORDEN

JAN BOELLAARD, FRANS MEIJER & COR VAN HOUT

DE JONGE JAREN 1966 – 1977

JUST PUBLISHERS

Auteur George Boellaard
Uitgever Hans van Maar

Omslagontwerp Ben Gross
Foto's © 2021 Archief George Boellaard | Just Publishers
Opmaak Studio Spade, Voorthuizen
Eindredactie Jos Jägers

ISBN 97890 8975 364 9

NUR 600

WWW.JUSTPUBLISHERS.NL

INHOUD

VOORWOORD

In Engeland hebben ze de *Great Train Robbery*, in Amerika zijn Al Capone en de New York Maffia tot mythische proporties uitgegroeid, in België hebben ze de Bende van Nijvel, en in Nederland de Heinekenontvoering. Er is hier geen misdaad die zo tot de verbeelding spreekt als de ontvoering van biermagnaat Alfred Heineken en zijn chauffeur Ab Doderer uit 1983.

Jan Boellaard (1952), Frans Meijer (1953), Cor van Hout (1957), Willem Holleeder (1958) en de vijfde ontvoerder Martin Erkamps (1963), het halfbroertje van Cor, komen allen uit Amsterdam. Samen zijn zij verantwoordelijk voor wat ik weleens noem 'de oerknal van de georganiseerde misdaad in Nederland'.

Ik noem het 'de oerknal' om een aantal redenen. In de eerste plaats omdat over alles aan de ontvoering van Heineken en Doderer zo enorm nagedacht is. Vóór deze ontvoering is er geen misdaad te vinden die op deze schaal is voorbereid.

De ontvoering is ook het startpunt – althans in ieder geval voor de buitenwereld – van een aantal carrières in de misdaad. Die van Cor van Hout bijvoorbeeld, de Amsterdamse rascrimineel die twee moordaanslagen wist te overleven, maar bij de derde aanslag, in 2003, uiteindelijk toch het leven liet. En natuurlijk Willem Holleeder. In 2019 kreeg hij levenslang voor zijn aandeel in de Vandros-zaak.

Maar er zijn ook carrières buiten de onderwereld gemaakt door de Heinekenontvoering. Zoals die van misdaadjournalist Peter R. de Vries, die zijn ziel en zaligheid stopte in zijn boek *De ontvoering van Alfred Heineken*. Het geldt nog steeds als een klassieker in het misdaadgenre en loopt tegen de dertigste druk aan. Maar ook de naam van Kees Sietsma, destijds de leider van het Amsterdamse rechercheteam bij de ontvoeringszaak, is onlosmakelijk aan deze misdaad verbonden. Sietsma maakte er later zelfs zijn werk van om ontvoeringen en gijzelingen tot een goed einde te brengen. 'Het lijkt wel of ik niets anders heb gedaan dan die Heinekenzaak, terwijl ik in mijn carrière alleen al 24 ontvoeringen aan de hand heb gehad,' zei hij in 2014 tijdens een interview in het *Tijdschrift voor de Politie.*

De ontvoering van Heineken en Doderer is ook bepalend geweest voor ontwikkelingen binnen de Nederlandse (lees: Amsterdamse) onderwereld. Natuurlijk zijn er binnen die onderwereld ook andere 'verhaallijnen' te vinden, zoals de opkomst en ondergang van Klaas Bruinsma, maar veel criminele zaken en conflicten uit het verleden – en soms zelfs ook nog het heden – zijn te herleiden tot die ene ontvoering.

Een voorbeeld: met het geld van de ontvoering hebben Cor van Hout en Willem Holleeder – via allerlei stromannen en ingewikkelde constructies – onder andere Casa Rosso kunnen kopen. Het sekstheater op de Wallen had in die tijd, eind jaren tachtig, echter ook de warme belangstelling van topcriminelen John Mieremet en Sam Klepper. Deze twee Amsterdamse criminele grootmachten waren net bezig om hun positie in de binnenstad te verstevigen door middel van de aankoop van allerlei vastgoed en horeca, maar de Casa Rosso zagen ze aan hun neus voorbijgaan. Dat zette kwaad bloed en was dan ook een van de redenen van de vete tussen Cor van Hout en Sam Klepper, die uiteindelijk zelfs uitmondde in de eerste moordaanslag op Van Hout, in de Amsterdamse Deurloostraat, in 1996. Hoewel bij deze aanslag vaak naar Holleeder wordt gewezen als opdrachtgever, is iedereen die ook maar iets betekent in de onderwereld ervan overtuigd dat Klepper achter deze liquidatiepoging zat.

De Heinekenontvoering markeert bovendien het begin van een professionaliseringsslag bij de (hoofdstedelijke) politie. Dat vijf opgeschoten jonge criminelen het voor elkaar kregen om jarenlang te schaven en te schuren aan een criminele actie en daarbij al die tijd onder de radar van politie en justitie wisten te blijven, was ongekend. Het korps was ernstig in verlegenheid gebracht. Dit mocht nooit meer gebeuren! Ze moesten minder naïef worden, wilden ze tegen de georganiseerde criminaliteit opgewassen zijn. De politie kreeg in plaats van een puur reactief karakter een meer actieve rol in de maatschappij toebedeeld. Niet langer wachten tot ze gebeld werden om ergens op te draven, maar proactief handelen. Na de ontvoering van Heineken gingen rechercheurs steeds intensiever zelf in de onderwereld op zoek naar informatie. Wie is waarmee bezig? Het is de aanzet geweest tot het runnen van informanten. Op zich is daar ook het nodige over op te merken, maar dat is weer een ander verhaal.

Kortom, u begrijpt nu waarom ik het heb over 'de oerknal van de georganiseerde criminaliteit in Nederland' als het gaat over de Heinekenontvoering.

Over de Heinekenontvoering zijn twee speelfilms gemaakt: een met Rutger Hauer in de rol van de biermagnaat en een met Anthony Hopkins in de hoofdrol. Het aantal boeken dat naar aanleiding van deze ontvoering verscheen, loopt in de tientallen. Het ene boek belicht de zaak vanuit (een deel van) de daders, het andere vanuit de politie.

En toch weet ik zeker dat het boek dat u nu in handen heeft een belangrijke toevoeging is. Dit boek vertelt namelijk een verhaal dat nog niet eerder verteld is: over de periode van vóór die oerknal. Sommige mensen willen graag geloven dat de misdaad toen nog 'gezellig' was. Bekende criminelen hadden klinkende namen als Pistolen Paultje of Frits van de Wereld. In die zin is dit boek ook het verhaal van een transformatie: van ouwe penoze naar harde en georganiseerde criminaliteit.

Wij Willen Gangster Worden beschrijft voor het eerst een periode waarover veel verhalen en vermoedens bestaan, maar waarvan niemand – buiten de hoofdrolspelers om – weet wat er nu écht is voorgevallen. Zo is er veel gezegd en geschreven over 'de speedbootovervallen' in de jaren zeventig. De politie is ervan overtuigd dat de Heinekenontvoerders hier achter zaten. Maar achter welke overvallen dan precies? En hoe ging dat in zijn werk? In dit boek staat vooral het milieu centraal waar de latere ontvoerders vandaan komen. Het vertelt hoe ze elkaar hebben leren kennen en hoe en wanneer ze hun eerste stappen in de criminaliteit hebben gezet. Hoe het van (katten)kwaad tot steeds maar weer ietsje erger ging.

De ontvoering van Alfred Heineken van Peter R. de Vries is opgetekend uit de mond van Cor van Hout. *Wij Willen Gangster Worden* vertelt – deels – hetzelfde verhaal, maar vanuit het perspectief van Jan Boellaard. Daardoor krijgen u en ik als true crime-liefhebbers nu de mogelijkheid om de beweringen van twee mededaders naast elkaar te leggen. En dat dan blijkt dat Cor om hem moverende redenen niet altijd de waarheid sprak, is evident... De misdaadliefhebber is hierbij de lachende derde: u en ik komen steeds iets dichter bij de waarheid rond deze ontvoering én heel veel andere zaken.

Speciale aandacht nog even voor die heerlijke foto op het omslag van dit boek. Ik kan die foto werkelijk tot in ieder detail bestuderen. Een nog echt jonge Cor van Hout en een duidelijk oudere Frans Meijer en Jan Boellaard die met zijn drieën in typische jarenzeventigkleding voor een oude Mercedes met rechtopstaande koplampen en veel chroom in de camera kijken met een blik van: wat mot je van me? Het lijkt daarbij zelfs alsof de rechterhand van Boellaard klaar is om 'm elk moment te trekken...

Wij Willen Gangster Worden is het boek van een paar jonge Amsterdamse gasten die stap voor stap steeds beter voorbereid en steeds nadrukkelijker toewerken naar de oerknal van de Nederlandse georganiseerde misdaad. Dit is het begin van die route. Ik wens u veel leesplezier.

Vico Olling,
Chef Misdaad Panorama

PROLOOG

Augustus 1970. Een interviewkamertje in het rijks-politiebureau te Ouderkerk aan de Amstel. De zeventien jaar oude Jan Boellaard zit te wachten tot het verhoor weer begint. Hij zit nu al drie dagen vast nadat hij samen met zijn vriend Frans Meijer op heterdaad betrapt is tijdens een inbraak in een bouwkeet. Hij verveelt zich, Jan is een te onrustige jongen om in een kooi te zitten. Vier dozen met daarin verdacht werktuig staan op de vloer aan de andere kant van de tafel waaraan Jan zit te wachten. Daarnaast leunen tegen de muur een meer dan een meter lange betonschaar en een oude politiesabel. Zo dadelijk zal het verhoor weer beginnen en hij opnieuw worden doorgezaagd over de grote hoeveelheid gereedschap die door de politie in beslag is genomen. Jan en Frans hebben afgesproken bij hun verhaal te blijven dat al die spullen op het Waterlooplein gekocht zijn. Tot nu toe hebben hun verhoren tot weinig anders geleid dan een herhaling van steeds hetzelfde riedeltje.

De deur gaat open. De al wat oudere rechercheur van de rijkspolitie die de verhoren leidt komt binnen. Het is dezelfde agent die het heterdaadje heeft verricht.

'Goedemiddag, Jan.'

'Goedemiddag, meneer agent.'

'Jan, ik kan je mededelen dat ik vanochtend met de broertjes De Vuist heb gesproken.'

Die zijn dus gevonden, schiet het door Jan heen. Ach, het viel te verwachten.

'Zij hebben mij wat interessante dingen verteld,' gaat de agent verder. 'Frans en jij willen dus gangster worden? Daar wil ik wel meer over weten.'

Jan stuift verontwaardigd op: 'Hebben ze verteld dat wij gangster willen worden? Dat is grote onzin! Dat liegen ze!'

Tegelijkertijd herinnert Jan zich dat hij het in een snoeverige bui inderdaad eens tegen de De Vuists heeft gezegd. Ondertussen blijft de agent Jan rustig aankijken. 'Vergeet niet, Jan, dat ik dwars door je heen kijk wanneer je zit te liegen.'

Veertig jaar later. De telefoon gaat: 'George? Spreek ik met George?'

Ik moet diep putten om de stem aan de lijn te herkennen.

'Frans?'

'Hoe gaat het met je, jongen?'

'Goh, wel goed ja, maar wat een verrassing om jou te horen.'

'Het is lang geleden,' beaamt Frans, 'erg lang geleden, en er is veel gebeurd. Met mij, met Jan, en met jou ook, denk ik.'

'Nou, nee hoor,' antwoord ik. 'Met mij gaat het al tijden zijn gangetje. Jij woonde toch in Paraguay, Frans?'

'Ja, ik ben nu een paar weken in Nederland, daarna ga ik weer terug naar Asuncion. Ik kom even wat familie bezoeken, met vrienden praten. Contact houden, dat is erg belangrijk.'

'Ja, ja,' mompel ik, ietwat afwachtend.

'George, ik wilde je vragen of ik eens langs kan komen om koffie te drinken.'

'Koffie drinken?'

'Ja, koffie drinken en wat bijpraten, over vroeger, over nu. Koetjes en kalfjes. Samen een bakkie drinken, zou dat kunnen?'

'Nee, eh, natuurlijk kan dat.'

'Komt zaterdagochtend je uit? Dan ben ik er om tien uur.'

'Tien uur? Dat kan wel.'

'Dan zie ik je zaterdag om tien uur. Goed om je stem gehoord te hebben, George. Tot zaterdag.'

Enigszins beduusd loop ik de keuken in om koffie te zetten. Ik heb Frans Meijer niet meer gesproken sinds de ontknoping van de Heinekenontvoering, dat is meer dan dertig jaar geleden. Wanneer Jan Boellaard op 30 november 1983 wordt gearresteerd, is Frans een tijdje onvindbaar. Frans meldt zich uit eigen beweging pas een kleine maand na de ontvoering op het politiebureau, maar ontsnapt tijdens de rechtszaak alweer uit het Pieter Baan Centrum en is dan lange tijd zoek. Tien jaar later wordt hij na een tip aan het weekblad *Panorama* in 1994 in Paraguay ontdekt door misdaadverslaggever Peter R. de Vries. Na zich tegen uitlevering verzet te hebben, keert Frans ten slotte naar Nederland terug om zijn straf uit te zitten. Al die tijd heb ik zijn lotgevallen slechts oppervlakkig gevolgd, want mij interesseerde de geschiedenis van mijn broer Jan en zijn vrienden niet meer zo. Dat was een gepasseerd station. En nu komt Frans op de koffie, terwijl ik met Jan al in geen vijftien jaar een woord heb gewisseld. Jan en ik zijn officieel gebrouilleerd; een scheiding met wederzijds goedvinden, zullen we het maar noemen.

De diepere oorzaken van het scheiden onzer wegen liggen in de tijd onmiddellijk nadat Jan zijn straf voor de Heinekenontvoering heeft uitgezeten. De gevangenis heeft Jan geen goed gedaan, vind ik. Voor hij in '83 de bak in gaat, is Jan een hartelijke jongen, gul, misschien een beetje een snoever, die denkt dat hij in alles de beste is, maar hij is dan ook aannemer en rijdt rond in een dikke Mercedes, dus hij moet wel íets goed doen.

Ik ben acht jaar jonger dan Jan en omdat hij en ik precies even groot zijn, krijg ik af en toe kleren van hem. Tijden lang zijn de 'afdragertjes' van Jan de netste kleding die ik heb; een donkerblauw wollen streepjespak met een vestje en een wat lichter blauw glimmend zijden pak dat hij in Thailand heeft laten maken. Ik organiseer een feest en Jan leent zijn cassette tafelzilver uit. Ik wil op mijzelf gaan wonen en via Jans contacten heb ik binnen een week een klein appartementje aan de rand van de

Jordaan. Harry, de cafébaas die het huisje aanlevert, krijgt van Jan wat flappen en verder wordt er geen woord aan vuil gemaakt. Dit lijkt qua inzet misschien slechts materialistisch gedrag, maar er zit wel degelijk een goed gevoel achter. Niet dat Jan uitgesproken zachtaardig is, maar hij kan blozen uit verlegenheid of schaamte en gedraagt zich in het openbaar attent. Zo houdt hij nog weleens eens de deur open voor iemand. In de gevangenis verandert Jan. Hij wordt harder, niet alleen naar buiten toe, maar ook innerlijk, is mijn idee. Maar ja, hoe goed kende ik mijn broer nu eigenlijk?

Ik weet tot de Heinekenontvoering niets van Jans criminele leven. Daarvan weten alleen Frans en Cor van Hout, besef ik nu, en later nog wat anderen, zoals Willem Holleeder. Lange tijd houdt Jan de schijn op een succesvol aannemer te zijn, maar wanneer hij wordt veroordeeld en na acht jaar straf in november 1991 uit de gevangenis komt, valt er geen schijn meer op te houden en weinig te verbergen. Dat scheelt natuurlijk enorm in de manier waarop hij zich gedraagt. Iedereen weet nu dat Jan een gangster is en hij speelt zijn nieuwe rol met verve. Aan tafel bij mijn vader zit hij hardop zijn nieuwe maatschappijvisie toe te lichten: het leven is een taart die maar één keer verdeeld wordt en als je niet voor jezelf een zo groot mogelijk stuk afsnijdt, krijg je helemaal niks, niente, nada. Want het is ik of jij in deze harde wereld, en om zijn woorden kracht bij te zetten, trekt Jan soms een denkbeeldige revolver uit zijn binnenzak om mij piefpaf door het hart te schieten: 'Ik of jij!' Onze 'altijd vriendelijke' Jan is openlijk een nogal onaangenaam mens geworden.

In de tijd na Jans gevangenschap ontmoet ik hem sporadisch in de woning van mijn vader. We drinken daar koffie en een enkele keer eten we er met z'n drieën: Pa, Jan en ik. Moeder is begin 1993 overleden. Ook vader ziet de nieuwe versie van zijn zoon met lede ogen aan. Dat Jan op het adres van mijn vader ingeschreven staat terwijl hij feitelijk ergens anders woont, wordt na een tijdje een last. Jan trekt zich weinig meer aan van verkeersregels en niet alleen worden alle bonnen op vaders adres bezorgd, na een tijdje begint de politie die boetes aan de deur te innen. Dan stopt er pontificaal een politieauto voor de deur en bellen er twee agenten aan. Of Johannes Cornelis Boellaard hier woont? Nee, die moet zijn adres nog laten veranderen. Hoe het ook zij, hier is een stapeltje boetes voor Jan. Vader gaat dan het huis in om even later Jans boetes met girobetaalkaarten te voldoen. Al is het alleen maar om van die agenten in zijn portaal verlost te zijn. Vader is van de generatie die zich nog kan schamen voor de buren. Met zijn 78 jaar is hij ook zo weerbaar niet meer.

Op een zonnige herfstdag in 1993 wandel ik de straat in en ben ik er getuige van dat mijn vader weer met twee agenten bezig is. Hij schrijft wat cheques uit en ik begrijp onmiddellijk waar het om gaat. Wanneer de agenten zijn vertrokken, zitten vader en ik in de woonkamer na te praten over het gebeurde. Vader heeft Jan al zo vaak gevraagd om zich uit te laten schrijven op dit adres, maar Jan werkt niet mee. Hij vindt het best dat de autoriteiten hem nergens kunnen vinden, zoveel is duidelijk.

Terwijl we het hopeloze van de zaak bespreken, komt Jan binnen. Als vader in het keukentje koffiezet, breng ik het gesprek met hem op de agenten en de boetes. Waarom laat Jan zich niet uit schrijven op dit adres? Hij heeft toch een eigen woning? Moet vader nu telkens zijn boetes voorschieten? Volgens Jan moet de man niet zo sentimenteel zijn en gewoon, net zoals hijzelf doet, die bekeuringen niet betalen. Het zijn toch *zijn* bekeuringen niet, niemand kan vader wat maken, volgens Jan. En aan agenten moet je schijt hebben.

Wanneer vader met de koffie aan tafel komt zitten, begint de hele discussie weer van voren af aan. Het begint Jan nu te irriteren en opeens pakt hij een bundeltje splinternieuwe Duitse 50 mark-biljetten uit zijn binnenzak. Verbaasd kijken vader en ik naar het kapitaaltje in Jans handen, het papieren bandje van de bank zit er nog omheen. Tussen duim en wijsvinger trekt hij wat van het papiergeld uit het pakketje en gooit dat op tafel.

'Dat moet het wel dekken, denk ik.'

Even kijkt Jan mij en vader nog aan. Dan: 'Goeiemiddag, ik vertrek maar weer.'

Zoiets is natuurlijk vernederend voor de oude man. Jan kwetst niet opzettelijk, maar dit soort van vernederingen is het bijproduct van zijn criminele levensstijl. Zo komt vader ooit terug van een bezoek aan de gevangenis in Scheveningen met het volgende verhaal. Staat hij daar met vier briefjes van vijfentwintig gulden in de rij voor het kasloket om dat geld op de gevangenisrekening van Jan te storten, zodat Jan koffie, chocolade en wat niet al kan kopen. Opeens wordt vader benaderd door iemand die hij niet kent en hem een envelop in de hand drukt.

'Dit is voor Jan. Het komt van Cor. Met de complimenten.'

Als de man verdwenen is, opent vader de enveloppe: duizend gulden. Daar sta je dan, oudje, met je goeie fatsoen en je honderd gulden. Nogmaals, het is niet kwaad bedoeld, maar een beetje gevoelsarm is het meestal wel, dit soort van gemakkelijke vrijgevigheid.

Begin januari 1994, een paar maanden na de scène met de Duitse marken. Mijn vriendin en ik brengen de zoveelste nacht door met wanhopig geruzie. Deze morgen echter breekt er iets en komen we uitgeput tot de conclusie dat het zo geen leven meer is en we nu onherroepelijk uit elkaar moeten. Om de scheiding officieel te maken, denken we dat het goed zal zijn om diezelfde avond nog samen naar mijn vader te gaan en het slechte nieuws met hem te delen. Daarna zal er geen weg meer terug zijn.

Nu die kogel door de kerk is, keert er weer wat rust terug in ons huis.

Ik besluit op de hoek wat broodjes voor mijn vriendin en mij te halen. Bij de bakker worden ook kranten verkocht. Weer thuis leg ik trillend *De Telegraaf* voor mijn vriendin op de keukentafel.

'We kunnen niet langs mijn vader om te zeggen dat we uit elkaar gaan,' zeg ik en wijs op een kop op de voorpagina: *Heineken-ontvoerder van moord douanier verdacht.* 'We kunnen het mijn vader niet aandoen nu, dat wordt te veel.'

Mijn vriendin is erg op mijn vader gesteld en begrijpt het. Al met al plakken we nog zo'n anderhalf jaar aan onze relatie voor we weer even ver zijn met ons geruzie.

Vader krijgt al snel na dat bericht in de krant een briefje van Jan waarop staat dat hij kleren nodig heeft en nog wat andere zaken, onder andere een wetboek. Geen uitleg, geen excuses, geen bedankje, meer een soort boodschappenlijstje. Dit en dit heb ik nodig.

Via Jans advocaat kunnen we als familie sleutels krijgen om in zijn appartementje in de Laurierstraat het een en ander bij elkaar te garen. Om mijn vader dat klusje te besparen, ga ik naar die woning. Wanneer ik in het muf ruikende hok ben, heb ik sterk het idee dat er ter plekke nog geen huiszoeking is gedaan. Toch ziet het eruit alsof er is ingebroken. Her en der liggen schoenen, wasgoed en kranten op de grond. Ik vul wat plastic tasjes met kleding. Als ik die kleding een dag later gewassen en gestreken op Bureau Lijnbaansgracht aan de balie over wil dragen, roept de dienstdoende agent er een rechercheur bij. Bij het overhandigen van de tasjes aan de rechercheur, vraag ik of het mogelijk is Jan een berichtje van mij te geven. De man kijkt me aan.

'Zou u Jan willen vragen of hij voortaan geen briefjes met verzoeken meer aan zijn vader wil sturen, maar liever aan mij of zijn broer Hennie? Jan maakt zijn vader erg ongelukkig.'

'Jan maakt meer mensen ongelukkig,' is het stoïcijnse antwoord.

Een paar dagen later loop ik de Leidsestraat uit en zie ik voor boekhandel Scheltema hoe Cor van Hout en Willem Holleeder naast een op de stoep geparkeerde zwarte VW Golf in gesprek staan met twee agenten. Hebben ze de wet overtreden of worden ze gewoon getreiterd? Ik besluit de zaak even aan te zien en wanneer de agenten een bon aan Cor hebben overhandigd en vertrekken, kom ik naderbij.

'Dag Cor, dag Willem. Op de stoep geparkeerd?'

'Heel eventjes maar. Hoe gaat-ie, George?'

'Niet zo goed, hè, wat er met Jan is. Wat vind jij daar nou van, Cor?'

'Wat moet ik ervan vinden? Jan is een hele domme jongen.'

Het is even stil.

'Is dat alles?' probeer ik nog.

'Ja, Jan is een hele domme jongen. We moeten er trouwens vandoor, als we hier te lang blijven staan krijgen we weer een bekeuring.' Cor beweegt met zijn hoofd naar de agenten die verderop nog staan te posten. Als Cor en Willem vertrokken zijn, ga ik even in de vensterbank zitten om bij te komen.

Toen Jan in '83 terechtstond voor zijn aandeel in de Heinekenontvoering bezocht ik meerdere malen een zitting in het gerechtshof op de Prinsengracht en was ik uiteindelijk ook bij de uitspraak van de rechter. De rechtszaak voor de smokkel van ruim tien kilo cocaïne, die leidde tot een wilde achtervolging door Amsterdam en uiteindelijk eindigde in een schietpartij waarbij de douanier Jan-Willem Holm het leven verloor, interesseert mij veel minder. Ik heb het inmiddels wel een beetje gehad met Jan. Ondanks mijn aanvankelijke desinteresse ga ik begin 1995 toch naar het gerechtsgebouw op de Parnassusweg wanneer er uitspraak is in de zaak.

In de rechtszaal verbaas ik mij over de opwinding die er in de lucht hangt. Boomlange, potige parketwachters met handboeien en pistolen aan hun broekriem staan te geinen met politieagenten. Journalisten lachen wat met elkaar. Aanklagers en advocaten begroeten elkaar opgewekt. Het is druk, alsof de misdaad-Oscars zo dadelijk worden uitgereikt. Straks gaat een Heinekenontvoerder een erg lange straf krijgen en hier en daar is de voorpret opzichtig aanwezig. Dan merk ik op dat vanaf de zijkant van de zaal een vrouw door een parketwachter naar een van de voorste stoelen wordt geleid. De vrouw is keurig gekleed, een beetje op haar zondags, neemt geen deel aan het geroezemoes en gaat onbewogen zitten. De stemming in de zaal raakt haar niet en de hele zitting zit zij bijna onbeweeglijk met haar tasje op schoot, ook wanneer Jan de zaal wordt binnengeleid en iets later zijn vonnis wordt uitgesproken. Als de rechtszaal leegloopt, staat zij na een paar minuten op om alleen te vertrekken. Op weg naar de uitgang wordt de vrouw door een enkeling met een lichte buiging gegroet. Mevrouw Holm, besef ik mij.

De echte breuk tussen Jan en mij treedt echter pas op na het overlijden van vader, begin februari 1997. Jan zit dan weer achter de tralies en nu voor minstens dertien jaar van een hem opgelegde straf van twintig. Aanvankelijk blijft vader Jan ook tijdens zijn nieuwe veroordeling steunen en bezoekt hij hem in de gevangenis, altijd samen met mijn oudere broer. Daar komt een abrupt einde aan wanneer vader een hartaanval krijgt, twee dagen in het ziekenhuis ligt en daar na een tweede hartaanval overlijdt. Floris Boellaard wordt 80 jaar.

Nu denk ik dat ik destijds wellicht wat erg hard voor Jan geweest ben. Ook een crimineel blijft nu eenmaal een mens en een gedetineerde is in bepaalde opzichten hulpeloos. De gevoelens razen vaak heftig wanneer je in de gevangenis zit. Zeker wanneer je weet wat er in de vrije wereld gebeurt maar er niet bij kan zijn en niet kan ingrijpen. Dat begrijp ik allemaal wel. Maar wanneer Jan zich vanuit de gevangenis met de begrafenis van onze pa begint te bemoeien en eist dat de man niet gecremeerd maar begraven wordt, ergert mij dat enorm. Ten eerste heeft mijn vader zelf zijn crematie verkozen en geregeld. 'Omdat de vuilnisman je niet meeneemt,' zoals hij weleens placht te zeggen. Ten tweede stel ik mezelf hardop de vraag wat Jan nu eigenlijk de laatste tijd heeft bijgedragen aan het geluk van de oude man. En nu wenst Jan te bepalen wat goed voor vader is? De kwestie wordt eenvoudig opgelost door Jan te negeren en ondanks zijn telefoontjes en brieven wordt mijn vader keurig gecremeerd. Jan krijgt nog wel de kans om na sluitingstijd en met 'een stok in zijn broek' het uitvaartcentrum te bezoeken om afscheid te nemen van zijn opgebaarde vader.

De crematie vindt een dag na Jans bezoek plaats op Westgaarde. De zaal is goed gevuld en ergens op de achterste rij zitten ook Cor van Hout en Willem Holleeder. Mijn oudste broer Hennie bedankt de aanwezigen en als laatste spreker begin ik te vertellen over het leven van Floris Boellaard. Hoe hij als kleine jongen 's nachts met zijn vader door de polders rond Uithoorn trok om te stropen. Dat zijn vader hem daar eens in het stikdonker achterliet op een weiland in een klein schuurtje omdat het zo hard regende en koud was, en dat de kleine Floris uren later weer opgehaald werd, totaal verkleumd. En hoe vader door dat taaie leven een gesloten en soms moeilijke, af en toe zelfs harde man geworden was. Maar dat hij ook goed was voor iedereen. Zijn morele statuur schets ik door te vertellen hoe vader ondanks zijn kleine gestalte in gezelschap toch altijd een paar koppen boven iedereen uitstak. Zijn morele lengte moet toch in de buurt van de twee meter vijftig zijn geweest. Als voorbeeld van zijn moed en doortastendheid verhaal ik hoe vader tijdens een vakantie in Joegoslavië (met Jan, Frans Meijer en Cor van Hout) vanaf een tien meter hoge rots met een elegant zwaantje in de watervallen van Krka dook, 'en dat terwijl grote kerels, u kent ze wel, van die kleerkasten van bodybuilders, bibberend stonden toe te kijken en ten slotte ook maar in het water sprongen, met hun voetjes naar beneden.'

Dat laatste had ik niet moeten zeggen. Als ik na afloop van de ceremonie naast mijn broer Hennie sta om de condoleances van de bezoekers in ontvangst te nemen, passeert ook Cor van Hout, gevolgd door zijn immer zwijgende schaduw Willem.

'Ik wil toch even kwijt dat het bij die watervallen in Krka heel anders is gegaan,' zegt Cor verongelijkt.

Misschien heeft Willem even zitten grinniken naast hem en steekt dat? Ik zie aan alles dat mijn leuke anekdote niet goed gevallen is bij Cor.

'Ach Cor, wat maakt het allemaal uit, goed dat je kon komen,' antwoord ik en schud Cor nog wel de hand, maar draai me vrijwel meteen af om weer een nieuwe hand te schudden: 'Wat fijn dat ook jij kon komen, Yolanda. Een hele steun.'

Ik ben de treurende zoon van een net gecremeerde vader en onkwetsbaar. Als Cor en Willem zonder koffie en cake het rouwzaaltje verlaten, blijkt de kleine affaire nog een staartje te krijgen.

Een paar dagen later ligt er een brief van Jan in de bus. Hoe ik het in mijn hoofd haal zijn vrienden te beledigen? Het is duidelijk dat Cor bij Jan is gaan klagen en Jan de plicht nu voelt mij te corrigeren. Wat ik precies geantwoord heb, weet ik niet meer, maar na de laatste brief die ik verstuur, komt er nooit meer een antwoord terug en hebben Jan en ik zeker vijftien jaar geen contact meer. En dan, op zaterdagochtend komt Frans Meijer opeens op de koffie.

Ik ken Frans natuurlijk al sinds mijn vroege jeugd. Hij is de boezemvriend van Jan en net als hij ook zo'n acht jaar ouder dan ik ben. Vanaf mijn vijfde of zesde jaar moet Frans bij ons aan de deur hebben gestaan om Jan af te halen. Later heb ik nog vakanties met Frans meegemaakt, ik ben op zijn bruiloft geweest en ik werkte zelfs nog weleens als hulpje met hem samen tijdens een schoolvakantie, om maar wat te noemen. Dat is in de tijd van Epan, het bouwbedrijfje van Jan, Frans en Cor, waarover later meer. Hoogtepunt in mijn relatie met Frans is de tienkamp die we met elkaar schaken: veertig zetten in een uur en daarna een half uur om het uit te maken. Om en om worden de partijen bij Frans thuis of bij mijn ouders gespeeld. In het laatste geval komt zijn vrouw Yvonne mee om een avondje met mijn ouwelui te kletsen. Ik ben in die tijd een redelijke schaker, studeer openingen, speel soms een toernooi en wordt derde in de clubcompetitie. Toch eindigt de tienkamp met Frans in 5-5. Ik kom er nooit achter of Frans ooit in een competitie heeft gespeeld of met iemand systematisch het spel heeft bestudeerd. Frans gaat direct na de lagere school aan het werk en maakt later in zijn leven vaak een afwezige indruk, maar zijn ruwe intellect is volgens mij aardig in orde.

Zaterdagochtend, de koffie loopt door en stipt om tien uur gaat de bel. Nadat we elkaar in het halletje begroeten en de hand hebben schudden, gaat Frans in de woonkamer op de bank zitten. Het is bijna dertig jaar geleden dat ik hem gezien heb. Ik ben toch maar een klein mannetje in vergelijking met Frans, denk ik nu ik hem zo opeens terugzie. Erg grijs vind ik hem trouwens nog niet, wel wat steviger dan vroeger. Als we eenmaal de koffie voor ons hebben, beginnen we bij te praten over onze levens. Ik heb een baan als restaurator van schilderijen, geen vrouw, geen kinderen, wel een paar goede vrienden. Mijn bestaan is overzichtelijk en gaat zijn gangetje. Ik ben snel uitgesproken.

Het leven van Frans daarentegen is complex en blijft, ondanks alles wat hij zegt, mysterieus. Niemand heeft zo'n bizar leven gehad als Frans. In 1984 vluchten naar Zuid-Amerika en daar een nieuw bestaan opbouwen. Tien jaar later ontdekt worden in Paraguay en ten slotte, wachtend op uitlevering aan Nederland, overleven in een gevangenis die je naar Nederlandse begrippen beter een concentratiekamp zou kunnen noemen. In die gevangenis zet hij een werkplaats op om de misdeelde jeugd die er gevangen zit een vak te leren. Na zijn detentie doet hij sociaal werk voor zijn buurtkerk in Asuncion, vertelt Frans.

Frans blijkt een echte pater familias en begint al snel uit te wijden over het belang van een goed familieleven. Dat het hem spijt dat hij na de Heinekenontvoering weg heeft moeten gaan, maar dat hij hier nu weer is en het met iedereen goed wil hebben. Familie is erg belangrijk voor Frans en dat geldt ook voor Jan, benadrukt Frans. Het is niet goed dat Jan en ik niet meer met elkaar praten, niet goed voor Jan, maar ook niet goed voor mij.

'Jan is er armer door en jij ook, George. Wie zijn familie niet kent, heeft geen kompas,' zegt Frans.

Ik knik om te laten zien dat ik hem begrijp, maar ben het niet noodzakelijkerwijs met hem eens; ik ben niet zo'n familiemens.

Frans kijkt mij aan en vraagt: 'Als ik de volgende keer weer een bakkie kom drinken, mag ik Jan dan meenemen?'

Het is duidelijk dat Frans hier is in zijn rol als pastor. Ik staar even in mijn lege kop koffie. Ik ben iemand die frustraties jarenlang kan opkroppen en ze dan in een vlaag van woede uit, maar lang boos blijven doe ik zelden. Ik zeg hem dan ook dat ik geen bezwaar heb.

'Dat is goed, Frans, komen Jan en jij maar koffie drinken, dan zal ik zorgen dat er een gebakje is.'

Tevreden met het resultaat steekt Frans me zijn hand toe.

Zo breekt er een tijd aan dat ik Jan zo nu en dan thuis ontvang en het ook weer mogelijk is om samen met onze oudere broer Hennie af en toe uit eten te gaan. Als broers. Met elkaar. Soms eten we met zijn drieën bij mij thuis. Dan zet ik de heren zonder uitzondering een Limousin entrecôte voor, dat krijgen ze thuis niet. Het is altijd rustig bij die etentjes, veel gesproken wordt er niet. Veel van mijn energie gaat zitten in het aanzwengelen van de conversatie en het zou mij daarom niet verbazen als mijn broers daardoor de indruk hebben dat ik een babbelkous ben. Maar als ik zo aan het kletsen ben, bekruipt me weleens de gedachte dat het leven de Boellaards niet zo gunstig gezind is geweest, en kijkend naar de immer zwijgzame Jan, zou je zomaar kunnen denken dat dat waar is. Zonder veel woorden schrokt hij zijn maaltijden weg. Hennie heeft het meestal over zijn aanstaande pensioen.

De Boellaards zijn geen praters maar doeners, en er komt pas leven in de brouwerij wanneer ik eind 2012 voor mijzelf begin als restaurator en Hennie en Jan zich nuttig kunnen maken bij de verbouwing en inrichting van mijn atelier. Ze helpen met raad en daad. Hennie doet de elektronica en Jan is een volleerd timmerman. Terwijl ik de gaten in de wand dichtplamuur, kopen mijn broers materiaal bij de bouwmarkt. Weer in het atelier voelt Jan in zijn jas en legt hij een verpakking op tafel.

'Ze hadden ook gratis kwasten.'

Sinds Jan geholpen heeft bij de verbouwing van mijn werkplaatsje is mijn contact met hem beter geworden. We eten nu zo eens per maand samen bij de Italiaanse trattoria *That's Amore* op de Vijzelgracht. Jan vindt dat restaurant 'een wereldtentje', zeker nadat hij er naast meester Franken, de vroegere advocaat van Holleeder, heeft gezeten en er ook Bram Moszkowicz op het terras een ribeye heeft zien verorberen. Bij die laatste gelegenheid tikte Jan Bram lichtjes op de schouder en stak hij zijn hand toe. Moskowicz moest even goed kijken, maar glimlachte toen en zei: 'Dag Jan, hoe gaat het met je?' En later, toen Moskowicz van het toilet kwam, legde die nog even de hand op Jans schouder. Jan weet dit soort van gebaren te waarderen.

De hulp die Jan biedt bij het inrichten van mijn werkplaats heeft bijzondere waarde, omdat hij van origine een meester-timmerman is. Jan kan sloten inzetten, deuren afhangen en platen op maat zagen en doet dat érg netjes. Hij heeft ook algemene kennis van de bouw en adviseert welke materialen aangeschaft moeten worden en hoeveel, en hoe je bijvoorbeeld een tegelvloertje legt.

Omdat het een oud Amsterdams pandje betreft, is dat betimmeren met platen overigens niet altijd eenvoudig. Sommige muren in het huis zijn scheef. Ikzelf weet niet hoe ik dat aan moet pakken, maar heb het Jan nu een paar keer zien doen. Hij zaagt een strip van de plaat zodat die ietwat schuin klemgezet kan worden tussen de vloer en het plafond. Daarna pakt hij een timmermanspotlood en trekt hij met behulp van zijn duimstok een lijn die even schuin is als het plafond afzakt. Nadat daarna de afgetekende schuine strip van de plaat afgezaagd is, past de plaat op de millimeter precies tussen de vloer en het schuine plafond. Het is een klein wonder wanneer je dat voor het eerst ziet en ik verwacht dan ook niet dat u als lezer hier iets van snapt.

Jans conditie is overigens niet al te best meer en zijn buik zit bij het werk lelijk in de weg. Hij is nu een zestiger. Even op een knie rusten om iets met een handzaag in te korten, kost hem zichtbaar moeite. Bij het inzetten van de sloten werkt hij óf te laag óf boven zijn macht en daarom moet hij om de paar minuten verzitten of rusten. Alhoewel het niet meer zo snel en gemakkelijk gaat als vroeger, gebeurt alles zichtbaar nog even vakmatig.

Op een van de dagen in februari 2013 dat Jan mij helpt, gaan we na afloop eten bij de trattoria op de Vijzelgracht. Jan is weer zwijgzaam, maar af en toe begint hij te lachen en vertelt hij een anekdote. De taak om conversatie te maken ligt bij mij. Ik ben nog diep onder de indruk van 'de truc met het plaatwerk' en kan niet begrijpen dat een goede timmerman alles af kan tekenen met slechts een duimstok en een potlood. Ik begin te praten over vroeger. Ik vraag Jan of hij het niet jammer vindt dat hij geen timmerman is gebleven, omdat het zo duidelijk is dat aan hem een goed vakman is verloren gegaan. Jan glimlacht: 'De dingen gaan zoals ze gaan. Zo is het leven,' antwoordt hij.

Ik begin herinneringen op te halen.

'Weet je nog dat Amsterdam zevenhonderd jaar bestond?' (Dat was in 1975.) 'Er was in de RAI een manifestatie van zevenhonderd jaar ambachten. Daar zat een gepensioneerde timmerman met een dikke balk naast zich. Het was een wedstrijd wie er in zo min mogelijk klappen met de hamer een lange spijker in die balk kon slaan. Jij ging naar die man toe, pakte de hamer, nam de spijker recht tussen je vingers en legde met een gestrekte arm de hamer erbovenop. Je tilde je arm hoog op en sloeg. Net op tijd liet je die spijker los. Hij ging in één keer die balk in. Die ouwe timmerman zei dat hij nog nooit zoiets had gezien. Jij begon te lachen en deed het nog een keer! Die man was van de wereld! O, wat was ik toen trots dat jij mijn broer was.'

Jan blijft stil bij het aanhoren van mijn verhaal, maar wanneer ik klaar ben lopen er tranen over zijn wangen.

Juli 2013, de dertigste verjaardag van de Heinekenontvoering is aanstaande, journalistiek Nederland werkt alvast aan wat boeken en Jan voelt zich ietwat opgejaagd door de aandacht. Voor zijn deur is hij opgewacht door Hendrik Jan Korterink en Martin Kok, misdaadjournalisten. Jan vertrouwt die heren helemaal niet. Ze kunnen zomaar iemand bij hem laten inbreken om aan 'nieuws' te komen, vreest hij. Jan vindt het daarom tijd om wat 'kostbaar materiaal' uit zijn woning te evacueren.

Mijn mobieltje gaat, het is Jan. Na de gewone vriendelijkheden vraagt hij of hij iets bij mij neer mag zetten. Ik voel enige reserve opkomen; Jan zou toch niet weer op het slechte pad zijn? Maar ik schort mijn twijfel op en om te tonen dat ik vertrouwen heb vraag ik niet wat hij bij mij wil opslaan.

'Nee, dat is oké. Wanneer kom je?' zeg ik.

De volgende dag staat Jan op de stoep met een verhuisdoos. Ik vraag niet meteen wat er in de doos zit, maar bied Jan eerst een pilsje aan. Na een tijdje informeer ik toch naar wat er in de doos zit.

'Dat zijn mijn memoires,' antwoordt Jan. 'Vijf ordners.'

Dat Jan veel verhalen te vertellen heeft, vermoedde ik al, maar vijf ordners is niet weinig. 'O,' zeg ik, 'natuurlijk zal ik er goed op passen en je kan me vertrouwen dat ik er niet in lees.'

We drinken nog een pilsje en al die tijd staat de verhuisdoos tegenover ons op de plankenvloer van mijn atelier. Dus hier zit het verhaal in waar iedereen zo nieuwsgierig naar is?

'Het kan zo naar Hollywood,' antwoordt Jan.

Ik begrijp wat hij zegt, maar heb geen flauw idee waar hij het over heeft. Ik ken de geruchten die er bestaan over de voorgeschiedenis van de Heinekenontvoerders, maar weet niet meer dan enig ander. Wanneer Jan vertrekt, zeg ik hem dat de doos bij mij veilig is en dat ik er niet in zal kijken.

Jan staat al op straat wanneer hij mij de hand drukt en zegt: 'Je mag er gerust in lezen hoor, als je dat wil.'

'Ach, ik zal weleens kijken,' antwoord ik. Zodra ik de buitendeur van het atelier gesloten heb, vouw ik nieuwsgierig de kleppen van de verhuisdoos opzij en zie vijf grijze ordners die maximaal gevuld zijn met A4'tjes. Dat zijn meer dan 1.500 pagina's, denk ik verbijsterd.

Het is half acht 's avonds wanneer ik besluit mijn tijd ervoor te nemen. Ik open een fles wijn en schenk mijzelf een glaasje in. De fles zet ik in de vensterbank om op het tafeltje ruimte te laten voor een ordner. Ik zet mijn favoriete cd van Solomon Burke op. Alles is nu klaar om eens een rustig kijkje te nemen. Ik pak de ordner met nummer 1 uit de doos, klap die op tafel voor mij open en begin te lezen:

DE EPANCRATIUS.

Dit is het verhaal over het ontstaan van de criminele organisatie de Epancratius. Ik heb ervoor gekozen om het verhaal in 1966 te laten aanvangen, dat is het meest logisch. In dat jaar ontmoette ik Frans Meijer, hij werd mijn boezemvriend; naderhand kwam Cor van Hout erbij. Cor is in 1966 slechts 9 jaar oud. We werden in de loop der tijd een onafscheidbaar trio. Het verhaal speelt zich hoofdzakelijk in Amsterdam en omstreken af.

De deelnemers van de Epancratiusgroep woonden toentertijd in de Amsterdamse Staatsliedenbuurt. Ik, Jan Boellaard, de schrijver van dit verhaal, woonde in de Eerste Keucheniusstraat, Frans Meijer woonde op het Van Beuningenplein en Cor van Hout woonde in de Van Beuningenstraat. We woonden binnen een straal van 100 meter van elkaar af.

Om kort te gaan: de vijf ordners bevatten materiaal dat zich uitstrekt van 1966 tot het moment dat Jan zijn straf voor de Heinekenontvoering heeft uitgezeten en in 1992 uit de gevangenis stapt. Het eerste deel, dat u als lezer nu in handen heeft, behandelt de periode van 1966 tot de helft van 1977. Het volgende, nog te verschijnen deel zal eindigen op 1 januari 1983 met het besluit van de jongens om iemand te ontvoeren.

In het boek *De ontvoering van Alfred Heineken* van Peter R. de Vries is Cor van Hout aan het woord. Dit boek, *Wij Willen Gangster Worden*, vertelt het verhaal van Jan. In het verslag van De Vries verklaart Cor zijn stap naar de zware misdaad onder meer uit frustratie over het Nederlandse rechtssysteem. Kort voor het besluit om een ontvoering te plegen zijn hij, Jan, Frans en nog wat anderen door de rechter veroordeeld wegens het eigenmachtig ontruimen van een kraakpand.

Cor van Hout: 'Later kwam de zaak nog voor de rechtbank en kregen we als extraatje nog een boete van een paar duizend gulden de man. En daar moesten we volgens de officier van justitie nog blij mee zijn ook. Alstublieft-dank-u-wel. Ik baalde er verschrikkelijk van. En trok mijn conclusies: *als dit de wet was, nou oké, maar dan zat ik ook nergens meer mee...*'

Op het moment dat Cor tegenover Peter de Vries zijn verhaal doet over de Heinekenontvoering heeft hij nog een leven voor zich. In 1987, ongeveer tegelijkertijd met het verschijnen van *De ontvoering van Alfred Heineken* van Peter R de Vries, maakt het Openbaar Ministerie bekend dat Jan en Cor worden verdacht van nog acht overvallen en een schietpartij. Je kan gemakkelijk begrijpen waarom Cor in die omstandigheden niet dieper ingaat op de periode van vóór de Heinekenontvoering. De Vries is Cor van Hout daarbij bijzonder behulpzaam door de mythe van het stel 'gewone Amsterdamse jongens' dat Heineken ontvoert via zijn boek te verspreiden. Hoe gewoon die jongens in werkelijkheid waren, mag u als lezer nu zelf beoordelen.

De politie slaagt er (volgens justitie) uiteindelijk niet in voldoende bewijs tegen Cor van Hout en Jan Boellaard te verzamelen en in 1991 wordt in een aantal zaken uit de periode voor de Heinekenontvoering afgezien van verdere rechtsvervolging. Het gaat onder andere om de legendarische speedbootroof uit '76, de buitenproportionele schietpartij met de Amsterdamse politie uit '77 en de overval op de Makro in 1980, waarbij 2,4 miljoen gulden wordt buitgemaakt. Deze zaken tegen Boellaard en Van Hout worden uiteindelijk niet ontvankelijk verklaard. Maar het verjaren van de strafbare feiten van vóór 1983 vindt volgens de destijds toepasbare wetgeving pas plaats twintig jaar na de laatste vervolgingsdaad, en dat was pas in 2011. Reden genoeg voor Cor van Hout om in *De ontvoering van Alfred Heineken* nog even het stilzwijgen te bewaren; ook voor Jan trouwens.

Maar wie een paar hoofdstukken in het verhaal van Jan gevorderd is, heeft snel door dat Cor van Houts versie van zijn leven en de Heinekenontvoering begint met een reeks wel erg gewaagde leugens, die zo hondsbrutaal zijn, dat je onbewust toch weer bewondering voelt voor de Amsterdamse bluf waarmee Cor, met een stalen gezicht, alles als waarheid verkoopt. Vooral politieagenten hebben zich geërgerd aan zijn strafeloze verdraaiing van de feiten, maar ze konden er weinig tegen doen. Voor hen is dit boek een moment om 'zie je wel' te zeggen. Het is misschien zelfs nog erger dan die agenten al dachten.

Dat het geen in zijn rechtsgevoel geschokt 'jongenscluppie' was dat de Heinekenontvoering beraamde, daarover is al veel gezegd en geschreven. Er bestaat een heleboel literatuur aan vermoedens en op het internet doen veel verhalen de ronde. Ook politieagenten hebben hun zegje gedaan. Sommige verdenkingen zijn juist, andere niet. Soms zijn de beweringen zo talrijk dat het is alsof er met een schot hagel op een zwerm spreeuwen wordt geschoten; er is altijd wel wat raak, maar er valt ook veel onschuldig gevogelte op de grond. Veel onzinverhalen worden verteld. Wat juist is en wat niet, wordt niet altijd onderscheiden.

In laatste instantie blijft het zoals Auke Kok zegt in zijn boek *Holleeder, de jonge jaren*: 'In het mysterie van de overvallen zal wel geen verandering meer komen. Tenzij iemand nog eens besluit alles eerlijk op te biechten in zijn memoires.'

Dit boek biedt een geloofwaardige poging van een topcrimineel om het verhaal van zijn leven en dat van zijn beste vrienden te vertellen. Zowel successen als blunders passeren het voetlicht.

Waarom u dit boek nu pas in handen heeft en niet vier of vijf jaar eerder? Jan heeft altijd gevonden dat hij niet tot publicatie van zijn herinneringen over kon gaan zonder instemming van zijn vriend Frans Meijer. En die wilde niet. Maar na het debacle in oktober 2018, waarbij Frans tijdens een poging tot een gewapende overval wordt neergeschoten, besluit Jan eenzijdig dat het boek er mag komen. Sindsdien is er hard gewerkt om het huidige boek te voltooien, en ten slotte stemt ook Frans in met publicatie.

Frans is behulpzaam geweest als extra bron van informatie en vooral met het verduidelijken en toevoegen van zijn biografische gegevens.

Tot slot nog dit. *Ik ben restaurator van schilderijen en woon op de Lauriergracht nummer 137. Het is niet mijn gewoonte true crime te schrijven, of zulke dingen*... Lang geleden ben ik opgeleid als historicus, strikt genomen ben ik drs. Boellaard. Dit boek is echter nadrukkelijk geen geschiedenisboek in academische zin. Als schrijver heb ik wel mijn best gedaan het manuscript van Jan waar mogelijk te toetsen op waarheid en geprobeerd alles op een rijtje te krijgen. Het genre heet *True Crime*. Het liefst zou ik naar de politie zijn gestapt met de vraag of ik hun dossiers zou mogen inzien. Omdat het schrijven van dit boek een vrij geheim project was, heb ik dat niet gedaan. Nu het boek er ligt, wordt iedere verbetering of belangrijke toevoeging met vreugde door mij begroet en waar mogelijk in een volgende druk verwerkt.

Op het moment dat Jan zijn herinneringen opschreef, dacht hij terug aan gebeurtenissen die soms veertig jaar achter hem liggen en Jans geheugen vertoont op zulke momenten de kwaliteiten en gebreken die ieders geheugen heeft. Soms herinnert hij zich zaken correct, maar niet in de juist volgorde. Zo schijft hij 'Friesch Groningsche Hypotheekbank', terwijl het 'Westland Utrecht' moet zijn. Het zijn foutjes die te vergeven vallen wanneer je je bedenkt dat hij in een cel zat toen hij dit schreef en geen toegang had tot een goede bibliotheek of het internet.

Soms werkt Jans geheugen verbluffend goed, zoals de keer dat hij zich een nummerplaat van een politieauto uit 1976 herinnert: 49-DD-66. Dat kan toch niet, was mijn commentaar. Maar Jan legde uit dat hij dat nog wist omdat hij, Frans en Cor een grapje hadden uitgehaald met een valse nummerplaat op een van de vluchtauto's tijdens de speedbootroof van 1976. Dat kenteken hadden ze hetzelfde willen maken als dat van een politieauto. Uiteindelijk vonden de jongens precies dezelfde nummerplaat net iets te link, daarom keerden ze de laatste zes om naar een negen. Toen ik later een foto in *De Telegraaf* terugvond met daarop een Volvo en een agent die de nummerplaat 49-DD-69 ophoudt, stond ik perplex. Ik weet zeker dat Jan geen mogelijkheid heeft gehad deze foto te zien tijdens het opschrijven van zijn verhaal. Maar zo werkt het geheugen. Soms is het gebrekkig, soms werkt het bijna te goed: zaken die je je wil herinneren, komen niet naar boven en zaken die je liever vergeet, blijven je altijd bij. Of zoals Cees Nooteboom zei: 'Herinnering is als een hond die gaat liggen waar hij wil.'

Ik ben de schrijver van dit boek, maar ik kom er te weinig in voor om mij de verteller te noemen – dat blijft Jan. En het gebruik van het woordje 'ik' in de tekst is dan ook vermeden wanneer het op mij zou kunnen slaan; dan staat er gewoon George. Zo nu en dan sta ik mijzelf in de tekst wat vrijheden toe, maar dat merkt u als lezer vanzelf.

Alhoewel ik aardig kan schrijven, is het werk dat nu voor u ligt natuurlijk meerdere malen geredigeerd. De eerste redactieronde die deze tekst heeft ondergaan, is uitgevoerd door mijn goede vriend Jan Stassen, een doorgewinterde journalist en oud-redacteur van *De Haagse Post*. Ik ben Jan Stassen bijzondere dank schuldig. Zijn overlijden was niet alleen een persoonlijke slag voor mij, het enthousiasme waarmee ik aan mijn manuscript werkte, zakte ook in. Later is dat weer goed gekomen.

En ik dank natuurlijk ook mijn broer Jan. Hij had zijn manuscript aan iedere willekeurige 'crimefighter' kunnen slijten, maar vertrouwde het project aan mij toe.

George Boellaard

1.

JANS JONGE JAREN – 1966-1970

De Staatsliedenbuurt in Amsterdam is een volksbuurt. Fabrieksterreintjes en werkplaatsen liggen midden in de wijk. Veel benedenhuizen worden uitgebaat door de kleine middenstand: melkboer, sigarenwinkeltje, kapper, sigarenwinkeltje, fietsenmaker, bakker, weer een sigarenwinkeltje, een groenteboer en niet te vergeten snackbar Ooms. Andere neringdoenden trekken met bakfietsen langs de huizen. De wijk ontleent zijn bijnaam 'de koperen knopenbuurt' aan de vele geüniformeerde gemeente- en rijksambtenaren die er wonen: politiemannen, brandweerlieden, postbodes, trambestuurders, vuilnismannen, noem maar op. En naast oppassende burgers met een vast inkomen zijn er nogal wat bewoners die van de bijstand trekken of er maar niet in slagen een baan vast te houden.

Floris Boellaard bewoont met zijn vrouw en drie zoons een etage in de Eerste Keucheniusstraat op nummer 47, schuin tegenover drogisterij De Salamander. Hij en zijn vrouw slapen in een opklapbed in de woonkamer. De enige slaapkamer is met een schot in tweeën gedeeld, zodat hun oudste zoon Hennie een beetje privacy heeft en een ruimte om zijn huiswerk te maken. In de andere helft slapen de twee jaar jongere Jan en de tien jaar jongere George in een stapelbed. George ligt vanwege zijn astmatische bronchitis bovenin, dat is minder stoffig. Een plank zorgt ervoor dat hij niet uit bed kan rollen. De krappe behuizing is niets bijzonders; het is het staartje van de wederopbouw, er heerst woningnood. In even kleine woningen leven gezinnen met vier of meer kinderen. Buiten spelen wordt alom aangemoedigd en het wemelt in de buurt van de straatschoffies.

De familie Boellaard is niet arm. Vader werkt bij de PTT, het Staatsbedrijf der Posterijen, Telegrafie en Telefonie, en klust in de avonduren en weekenden zwart bij als gasfitter. Het extra geld dat daarmee verdiend wordt, vliegt er trouwens zo weer uit, gespaard wordt er zelden. De Boellaards eten vlees van de goede slager en de kinderen krijgen af en toe een nieuwe fiets.

Ze wonen op eenhoog. In het trapportaal hangt een door vader gelast rek met haken om de fietsen op te hangen. Dat is goedkoper dan de fietsenstalling aan de overkant van de straat. Boven hen wonen Rina en Renato, die elkaar hebben ontmoet in de Blue Note, een nachtclub bij het Leidseplein, waar Renato trompettist is in het orkest. Op driehoog leeft Charles van Dijk, de vader van Rina, die als chauffeur bij Bols werkt, maar voorheen als drummer met Johnny Hoes door het land heeft getrokken. Bij Ome Charles woont Rudy in, het zoontje van Rina. Weer daarboven zijn de afgeschotte zolders van een-, twee- en driehoog, waar de kolen liggen opgeslagen en de toegang tot het dak is.

Op dat dak staat een groot duivenhok met daarin zo'n vijftig post- en sierduiven, die door Hennie en later door Jan worden verzorgd. Het stuk zolder van de woning op de eerste verdieping is niet groot, toch zullen, wanneer er van kolen overgegaan wordt op gas, eerst Hennie en later Jan daar hun intrek nemen. Het schept voor degenen die beneden blijven wonen wat ruimte.

Jan wordt geboren op 23 oktober 1952. Jan moet altijd een druk en ondeugend kind geweest zijn. Wanneer hij even uit het oog wordt verloren, dreigt er onheil. Zijn moeder kan daar liefdevol over vertellen, bijvoorbeeld over die keer dat ze bij opa en oma Boellaard in Uithoorn op bezoek zijn, dat is in de jaren vijftig nog echt platteland. Achter het huis ligt een grasveldje dat uitloopt op een sloot die is overdekt met kroos. Het is moeilijk om te zien waar het gras ophoudt en de sloot begint. Terwijl moeder met haar schoonouders staat te praten, mist zij opeens haar kleine Jan. In de egaal groene sloot gaapt een zwarte plek. Moeder aarzelt niet, springt erin en haalt na wat rondtasten haar lieveling uit het modderige water.

Jan groeit op tot een straatjongen die nogal eens vechtend over de grond rolt en met gescheurde kleren thuiskomt. Op school doet hij het niet al te slecht, maar de leraressen hebben voortdurend opmerkingen over zijn ongedurigheid. Het komt ook nogal eens voor dat er een schoolfotograaf met een rekening bij Jans ouders aanbelt. Jan heeft dan weer eens van de gelegenheid gebruikgemaakt om zichzelf, alleen of met zijn vriendjes, extra te laten portretteren. Verbieden helpt niet, na een tijdje staat er weer een straatfotograaf met een nota voor de deur. En dan is er nog de keer dat Jan de waakhond van de Maggi-fabriek 'leent'. Tijdens Jans strooptochten langs de fabrieksterreinen aan de Haarlemmerweg is hij vrienden geworden met het vervaarlijke beest en wanneer de periode tussen kerst en Nieuwjaar aanbreekt, neemt hij de waakhond stiekem mee om het dier in te zetten tijdens de fameuze kerstbomenjacht, waarover later meer. Zowel Jan als de woest blaffende kettinghond hebben het grootste plezier als zij doodsbange buurtgenootjes op de vlucht jagen. Wie steelt er nu een waakhond?

Jans ouders zijn fatsoenlijke burgers. Zijn vader werkt als employee 1 bij de PTT op de afdeling Warmte, Licht en Kracht. In de praktijk komt het erop neer dat hij loodgieters- en gasfitterswerkzaamheden verricht op de verschillende postkantoren en telefooncentrales in Amsterdam. Jans moeder is een vrouw die haar handen vol heeft aan haar gezin. Van hen heeft Jan het niet, alhoewel daar kanttekeningen bij gezet kunnen worden.

Zijn moeder, Miep van Dorst, schijnt ook een erg onrustig en ondeugend kind geweest te zijn. Met genoegen kan zij vertellen hoe zij tijdens schoolreisjes haar klasgenootjes voorgaat in het beroven van de offerblokken van een in het Mastbos bij Breda gelegen statiegang. Voor de uitbeeldingen van het lijden van Christus zijn kistjes geplaatst waarin de gelovigen een kleine gift kunnen doen en de kleine Miep is zo gehaaid om het kleingeld eruit te vissen met een takje met daaraan een toffee. Op de lagere school begint zij veelbelovend, maar na een paar jaar daalt het cijfer voor vlijt van een 8 naar soms een 5.

In de familielijn Van Dorst zit bovendien iets driftigs in de genen. Net als grootvader Van Dorst kan moeder zich slecht bedwingen bij het zien van onrecht. 'De waarheid mag niet gezegd worden,' is haar favoriete uitspraak en wanneer later in dit verhaal Jan wat groter wordt, windt zij er geen doekjes om als zij zijn zaakjes niet vertrouwt. 'Je groeit op voor galg en rad!' roept zij dan. En: 'Je moet niet zo achter die vrienden van je aanlopen, die deugen niet!' Het is vaak nogal impulsief wanneer de Van Dorsten zich zo laten gaan.

Jans vader is veel rustiger. Hij is geen prater en kan wanneer het nodig is zijn mond houden, maar hij is wel een begenadigd verteller. Zijn verhalen gaan over zijn jeugd, de oorlog of zijn tijd bij de marine. Voor het slapengaan vertelt moeder doorgaans verhaaltjes over poesjes die met bolletjes wol spelen en er een goedmoedige knoeiboel van maken. Vader praat zijn zoons in slaap door te vertellen over strooptochten met zijn vader en een illegaal geweer door de landerijen rondom Uithoorn, of over het stelen van appels in de boomgaard van de pastoor. Als hij ouder wordt, vult Jans vader zakken met gestolen kippen of drukt hij aardappels en tonnen met benzine achterover. Dat laatste doet hij tijdens de oorlog overigens ook ten bate van het verzet tegen de Duitsers. Wanneer Jans vader als arme jongen 'gelukkig nieuwjaar' gaat wensen bij de herenboeren in het dorp en er nieuwe klompen buiten staan, trekt hij na ontvangst van een kleine gift, als de deur weer is dichtgedaan, de nieuwe klompen aan en laat hij zijn oude staan.

Achter de geromantiseerde verhalen van vader gaat echter de keiharde realiteit schuil van een familie die stroopt om te overleven. Vader komt uit een plattelandsgezin van meer dan tien kinderen dat moeite heeft om rond te komen. Hij heeft in de jaren dertig weleens zo'n honger dat hij moet huilen. Hij is de derde Floris in de familie, de eerste twee zijn jong overleden.

Uithoorn is een katholieke enclave en de grote werkgevers in het dorp zijn de Cindu, een destillatiebedrijf van steenkoolteer, en de Conservenfabriek, een abattoir dat gerund wordt door de familie Steenkamp. Wanneer de crisis toeslaat, gaat meneer pastoor bij de bedrijven langs om te benadrukken dat katholieken elkaar moeten steunen. De niet-katholieke arbeiders in het dorp worden bij het abattoir ontslagen om plaats te maken voor hulpbehoevende leden van de moederkerk en zo wordt ook het gezin Boellaard in groot onheil gestort. Jans vader kan niet vergeten hoe onverschillig de dorpsnotabelen zijn en zal zijn leven lang antikatholiek, antireligieus en wars van alle ideologie blijven.

Wanneer Jans broertje George eens met wat vriendjes bij de Albert Heijn een paar rolletjes snoep steelt en betrapt wordt, komt zijn moeder hem in het filiaal afhalen. Buiten de winkel krijgt hij meteen een paar petsen voor zijn kop en snikkend loopt hij voor haar uit over de Wittenkade naar huis, terwijl moeder aan ieder die het horen wil luid en duidelijk vertelt dat hij een dief is. De volgende ochtend wordt George door zijn vader toegesproken.

'Maar jij stal toch ook vroeger in Uithoorn...'

'Dat was anders,' zegt vader.

Met George is alles goed gekomen. Denkt hij. Ook Jans oudere broer Hennie is een fatsoenlijke burger geworden. Alleen met Jan is het anders gelopen.

Frans Meijer

Frans Meijer kent zijn natuurlijke vader niet. Het verhaal gaat dat de man directeur van een koekfabriek is. De moeder van Frans werkt als zestienjarig meisje bij Verkade in Zaandam en raakt daar zwanger van een getrouwde man, die daarna niets meer met haar te maken wil hebben. 'Kerels denken maar aan één ding.' De schande van het ongehuwde zwangerschap is groot en om het kind kwijt te raken, laat de aanstaande moeder zich zelfs van de trap vallen. Toch wordt op 16 mei 1953 Frans geboren. In zijn eerste levensjaren wordt het kleine kind vooral door zijn grootouders opgevoed. Als zijn moeder later Harry Ploos ontmoet en met hem gaat samenwonen, krijgt Frans nog een halfbroer en vier halfzusters.

In de tijd dat Harry als lasser op zee is, verblijft Frans weleens bij zijn moeder, om weer naar zijn grootouders te gaan als zijn stiefvader aan wal is. Frans en zijn stiefvader gaan niet goed samen; Harry wil de kleine jongen nog weleens slaan, omdat die niet van hem is. Later laat Harry ook de rest van zijn gezin in de steek, omdat hij een nieuwe vlam heeft ontmoet. Hij betaalt nu alimentatie en af en toe komt hij langs om te kijken hoe het er met zijn kroost voorstaat. Frans herinnert zich zijn stiefvader als een gierige, gevoelloze man, die zelf lekker kon gaan zitten eten terwijl zijn gezin honger leed.

Jan Boellaard ontmoet Frans Meijer voor het eerst in 1966, kort nadat de familie Meijer vanuit De Pijp naar het Van Beuningenplein is verhuisd. Volgens Jan begint het allemaal met een vechtpartij, wat karakterologisch consistent lijkt, maar wat Frans zich een tikkeltje anders herinnert. De vraag naar waarheid of verdichting wordt hier daarom even opgeschort. De jongens zijn dertien, Jan is een half jaartje ouder dan Frans. Het moet een nazomerdag geweest zijn waarop Jan zoals gewoonlijk aan de gezinstafel de warme maaltijd onrustig naar binnen schrokt om onmiddellijk daarna weer naar de straat te verdwijnen. Even verderop, in de Keucheniusstraat, woont zijn vriendje Henkie Steenman boven de kantoorboekhandel, op eenhoog. Wanneer Henkie eenmaal buiten is, steken de jongens de straat over naar Hannie Punt, die op driehoog schuin boven de fietsenstalling woont. Gedrieën begint daarna het straatschuimen of het voetballen. Vandaag steken de jongens de Van Hallstraat over, dat is niet zomaar iets. Ze staan voor 'het Fort van Chicago'.

Het Fort van Chicago is een blok gemeentewoningen dat zijn bijnaam dankt aan de beruchte families die er wonen. In de volksmond heet 'het Fort' een asociaal blok te zijn en Jans moeder waarschuwt haar kroost altijd niet over te steken, omdat het volgens haar aan de overzijde van de Van Hallstraat niet helemaal pluis is. 'Chicago' verwijst naar het criminele element en het is een 'Fort' omdat buitenstaanders er moeilijk toegang toe hebben. Het is zo'n huizenblok in de Staatsliedenbuurt waar de sociale dienst zich niet in sommige trappenhuizen waagt zonder politiebegeleiding. Het gaat vooral om de woningen aan het Van Beuningenplein en een stukje van de Van Hallstraat. Daar wonen veel 'asociale families' en in de jaren vijftig en zestig staan er vaak politieauto's voor de deur. Je kan er als klein jongetje in oktober al illegaal vuurwerk kopen. Op een steenworp afstand ligt een politiebureautje, maar vijf maal 8 (het toenmalige alarmnummer) wordt door de bewoners van het Fort zelden gebeld. Veel telefoons zijn er trouwens nog niet.

Jan, Henkie en Hannie staan nu op de hoek en hangen wat rond bij de rode brandmelder. Naast de brandmelder is een klein zaakje waar een verkoper van tweedehands auto's is gevestigd van wie her en der in de buurt wagens staan geparkeerd met een bordje 'occasjon' achter de voorruit. De man zit aan een bureau het *Nieuws van de Dag* door te nemen, waarschijnlijk om te controleren of zijn advertenties goed zijn geplaatst. Aan de overkant op het plein ter hoogte van de pisbak staat een meidengroepje vrolijk een hinkelbaantje af te werken. De jongens smoezen wat met elkaar. De meiden zijn van hun leeftijd en ze willen wat gaan sjansen.

Terwijl de drie vrienden de meisjes aan de overkant observeren, nadert er een tweetal jongens van wie Jan er meteen een herkent als Jan Peters, die op nummer 23 op het plein woont, in een benedenhuis naast de poort. Het is een stevige jongen, die net als Jan op de bootjesclub van de buurtvereniging Ons Huis zit. Eén keer per jaar worden die zelfgemaakte bootjes in een wedstrijd op de Bosbaan getest. De andere jongen is nieuw, een stoere knaap, lang en donker. Ze lopen richting de Van Hallstraat. Op het moment dat ze vlakbij zijn, vraagt Jan aan de vreemde jongen: 'Wie ben jij en wat doe je hier?'

'Waar bemoei je je mee, laat me met rust!' antwoordt de jongen.

Jan loopt hem achterna en is al ter hoogte van de sigarenwinkel wanneer hij de jongen aan zijn jas vastgrijpt en nu wat strenger zegt: 'Wie ben jij en wat doe je hier?'

Jan krijgt een stomp in zijn ribben en al snel rollen de twee vechtend over straat. Jan slaagt er niet in de vreemdeling eronder te krijgen. Achter de ramen wordt meegekeken. In deze buurt zijn ze wel iets gewend en niemand komt tussenbeide. De andere jongens doen niets dan aanmoedigingen schreeuwen naar hun eigen vriendje. Bij het rollen over straat scheurt Jan zijn broek, alweer. Het gevecht duurt zo lang dat Jan bekaf raakt en de vreemde jongen hem ten slotte in een wurggreep kan nemen. Happend naar adem tikt Jan af: 'Genade...'

De ander laat direct los. De twee kemphanen staan op en komen even bij. Wanneer Jan weer genoeg lucht heeft, zegt hij: 'Wat een vechtpartij.' De jongens raken aan de praat. De nieuweling heet Frans Meijer en vertelt dat hij pas sinds kort op het Van Beuningenplein woont, op tweehoog, boven Jan Peters. Hij heeft daarvoor in de Rustenburgerstraat gewoond, in De Pijp. Frans is op weg naar de Italiaanse ijssalon en snackbar Pola om zeven porties patat te kopen voor de familie. Uiteindelijk lopen Jan, Henkie en Hannie met hem mee.

Maanden gaan voorbij. Zo nu en dan zien Jan en Frans elkaar, maar Jan trekt nog steeds het meest op met Hannie en Henkie. Tot de kersttijd aanbreekt. Jan houdt van de feestdagen, omdat er op straat dan veel te beleven valt. Al vindt hij de twee kerstdagen zelf saai; iedereen moet op familiebezoek, op straat is het stil. De echte hoogtijdagen beginnen voor Jan pas na kerst, wanneer de jongens uit de buurt beginnen met het verzamelen van kerstbomen en ander brandbaar materiaal voor het vreugdevuur van Oud en Nieuw. Dat ritueel heet in de volksmond 'de kerstbomenjacht' en is een oude Amsterdamse traditie.

Jan hoort bij een groep jongens die hun veroverde kerstbomen tot Oud en Nieuw bewaart achter het hek van buurtvereniging Ons Huis op het Van Beuningenplein. Schuin boven die poort woont de familie Meijer. Iets verderop in de Van Hallstraat, bij de Rochussenschool, bereidt een concurrerende groep een eigen vreugdevuur voor. Zodra ze de kans schoon zien, proberen de Van Beuningenpleiners daar alle kerstbomen weg te roven. Dat zijn soms harde confrontaties en zoals eerder gememoreerd ziet Jan er geen bezwaar in daarbij de hond van de Maggi-fabrieken in te zetten. Frans is natuurlijk ook aangesloten bij de groep Van Beuningenpleiners en tijdens de kerstbomenjacht van 1966 worden Jan en hij dikke vrienden.

Frans loopt op straat gewapend met een dikke stok waaraan met een spijker een fietsband is bevestigd en Jan heeft een gedraaide tafelpoot bij zich. Zij en andere jongens van hun leeftijd stropen de buurt af met in hun kielzog een stoet van kinderen die zelf nog te klein zijn om te vechten, maar wel kerstbomen met zich mee slepen. De buurtbewoners gedogen deze Amsterdamse traditie. Dat jaar steelt Jan in de kerstbomentijd honderd gulden bij de kolenboer in de Van Hallstraat. Samen met Jan Peters en Frans wordt dat geld erdoorheen gejaagd. De jongens gaan zich te buiten aan patat en snoep en voor alle drie koopt Jan een alarmpistool.

De politie laat de kerstbomen in '66 rustig liggen. De jaren ervoor zijn de bomen soms in samenwerking met de stadsreiniging in beslag genomen, maar de vreugdevuren gaan ieder jaar toch door. Ook als er een inbeslagname is geweest, wordt alles op alles gezet om brandbaar materiaal te verzamelen. Het vreugdevuur is het hoogtepunt van het jaar voor deze jongens en op oudejaarsavond rond half twaalf begint de jeugd met het opbouwen van de brandstapel. Jan, Frans en hun buurtgenootjes slepen de kerstbomen, autobanden, oude meubels en alles wat maar branden wil door de poort van het buurthuis heen het plein op. Bij het hek van de speeltuin, tegenover de woning van de familie Meijer, wordt alles op de brede stoep op een hoop gelegd. De berg kerstbomen en ander brandbaar goed is uiteindelijk bijna vijf meter hoog als iemand er een jerrycan over leeggiet. Precies om middernacht gaat de vlam erin. 1967! Dankzij de benzine slaat het knetterende vreugdevuur binnen een paar minuten tot boven de daken van de omringende huizen. Op de hoek van de Keucheniusstraat, waar Jans moeder staat te kijken, voel je de hitte door de ramen.

Oudejaarsavond wordt door Jans vader en moeder meestal doorgebracht bij zijn grootouders van moederskant. Die wonen vijf blokken verderop in de Cliffordstraat. Grootvader Jan van Dorst is metaalbewerker. Hij begint met werken op zijn twaalfde bij een scheepswerf aan de Merwede, waar hij als kleine jongen in de scheepsrompen moet kruipen om een contragewicht op te houden, terwijl aan de andere kant van de scheepshuid werklieden met mokers de gloeiendhete klinknagels plat hameren. Zwaar werk. Maar grootvader benut door studeren en discipline de kansen die hij in het leven ontmoet en werkt zich op tot chef in de werkplaats van een liftenfabrikant, Stahl. Hij is socialist in hart en nieren en lid van de metaalbond, stemt PvdA en leest *Het Vrije Volk*, zelfs nadat deze krant naar Rotterdam is verhuisd.

Wanneer Jans grootouders vijftig jaar getrouwd zijn, komt de voorzitter van het NVV, Wim Kok, een bos bloemen brengen. Grootvader is dan al zestig jaar lid van de bond. Hij kijkt op oudejaarsavond natuurlijk naar de VARA en de oudejaarsconferences van Wim Kan zijn net zo'n hoogtepunt in zijn bestaan als het kerstbomenvuur in dat van Jan. Jans grootmoeder is een wijze en rustige vrouw, die evenwicht biedt aan het soms driftige karakter van grootvader. De man kan af en toe rood worden van woede. De oudejaarsavonden bij de grootouders zijn gezellig, maar om twaalf uur zijn vader en moeder Boellaard altijd weer terug in de Keucheniusstraat. Jans ouders zijn verantwoordelijke mensen en willen vóór het geknal weer thuis zijn.

Wanneer het vuur op het Van Beuningenplein brandt, komt Jan een kwartiertje na middernacht altijd even langs het ouderlijk huis. Na wat gezoen, geschud van handen en beste wensen verdwijnt hij weer snel. Hij moet met zijn vrienden bommetjes afsteken. Ook wanneer Jan ouder wordt, zelfs na zijn trouwen, blijft dat zo. Zijn vrienden hebben áltijd voorrang op oudejaarsavond.

De nieuwjaarsviering van '67 is memorabel. Kort na twaalven verschijnt Jan even voor de nieuwjaarswens bij de familie, terwijl zijn kleine broertje met vader op straat een sterretje staat te branden. Jan omhelst zijn oudeheer: 'Gelukkig nieuwjaar!' Zijn moeder staat achter het raam op eenhoog toe te kijken hoe op straat het feest aan de gang is.

'Grapje,' zegt Jan en voor iemand het doorheeft, gooit hij een kanonslag ter hoogte van het raam waarachter zijn moeder staat. De drukgolf blaast barsten in de ruit. Moeder deinst achteruit en trekt in haar val de kerstboom mee. De van kleur verschoten Jan en zijn woedende vader staan nu tegenover elkaar.

'Kom jij voorlopig maar even niet meer thuis.'

Nu ja, dat is hij toch al niet van plan. Jan gaat in die nieuwjaarsnacht samen met Frans de gemeentewoningen in de buurt langs om daar bommetjes af te steken. Terwijl de betonnen trappenhuizen daveren, wensen Jan en Frans elkaar na iedere explosie weer een gelukkig nieuwjaar. Pas na tweeën keren de jongens huiswaarts.

1967

Na de kerstbomenjacht wordt de vriendschap met Frans allengs hechter. Achter de ramen van het ouderlijk huis staat Jan 's morgens te wachten tot hij Frans naar zijn baas ziet lopen en dan zwaaien de vrienden naar elkaar. Frans werkt bij een voddenboer op Bickerseiland, de firma De Haas, waar hij lompen sorteert en het bruikbare goed eruit haalt. De vodden worden door Frans opgebonden in balen, die op vrachtwagens worden geladen. Het is zware arbeid, maar betaalt redelijk. Meneer de Haas is Joods, heeft in de oorlog zijn familie verloren en overleeft zelf doordat hij in een kast in het pand door zijn werknemers verborgen gehouden wordt. Die kast houdt meneer de Haas nog precies zo als hij in de oorlog was. Meneer de Haas is een goede werkgever en wanneer Frans wat ouder is, legt meneer de Haas een gedeelte van Frans' loon apart zodat die op zijn zestiende verjaardag een brommer kan kopen.

Frans is na zijn lagere school meteen gaan werken. Ze hebben bij hem thuis het geld nodig. Zijn alleenstaande moeder, tante Marie, een schat van een vrouw volgens Jan, zit in de bijstand en heeft vijf kinderen te onderhouden. De familie leeft niet zelden op de pof, alhoewel dat in de wat meer geordende Staatsliedenbuurt lastiger is dan in De Pijp. Het is armoe bij Frans thuis en de matrassen van de kinderen liggen op de planken vloer. Maar het is bij de Meijers ook gezellig met al die kinderen en Jan komt er nu bijna dagelijks. Op woensdagavonden gaan hij en Frans naar buurthuis Ons Huis voor jiujitsu-les; van de bootjesclub is Jan af omdat die voor kinderen is. In het buurthuis treedt op vrijdagavond weleens een bandje op, de jongens dansen en zoenen dan wat met de meisjes uit de buurt. Sterke drank wordt er natuurlijk niet geschonken.

Frans heeft een Mechelse herder, Herta. Het wordt een gewoonte van Jan en Frans samen lange wandelingen met de hond te maken. Op zijn beurt zit Frans vaak bij Jan op het dak in het duivenhok van de familie Boellaard. Jan houdt postduiven en laat die af en toe meedoen aan wedstrijdvluchten. Het is best indrukwekkend wanneer een vlucht van zo'n vijftig duiven in de lucht boven het industrieterrein rondcirkelt en daarna op het duivenhok neerstrijkt. Vooral tijdens het uitlaten van Herta filosoferen de twee jongens over de toekomst en hun carrièreperspectieven.

In deze tijd leeft Frans als een monnik. Hij betaalt zijn moeder kostgeld, maar geeft verder bijna niets uit. Hij spaart om wanneer hij zestien wordt een Kreidler Florett te kopen. Jan zit op de 2e Technische School in de Westerstraat en heeft zijn duiven te voeren. De kapitalen die dat kost, verdient hij met het bezorgen van het *Nieuws van de Dag*. Jan en Frans leven als 'keurige jongens'. Soms is er een vechtpartijtje of gelegenheidsdiefstalletje, dat is alles. Frans verschijnt wegens zo'n gevalletje een keer voor de kinderrechter, maar veel heeft dat niet om het lijf. 1967 blijkt een rustig jaar.

1968

1968 begint. Aan de jaarwisseling is natuurlijk weer de kerstbomenjacht voorafgegaan en het vreugdevuur is prachtig mooi, maar dit jaar wil de brandweer optreden. De wat oudere jongens die in het Fort van Chicago wonen, pikken dit niet en stoppen het bluswerk door de slangen van de brandweerauto door te snijden. De brandweer roept de politie erbij, die aanvankelijk met maar één autootje verschijnt en hulpeloos tegenover een overmacht staat. Er zijn honderden mensen op straat en het draait uit op een nieuwjaarsrel. De politieauto vraagt om assistentie, waarna al snel vier motoren met zijspan komen aanrijden met in de bakkies agenten met een bullepees. De agenten rijden wild door het publiek en jagen de schreeuwende massa uiteen. Er wordt flink met de bullepezen gemept en ook Jan krijgt een rake klap op zijn rug. Jans vader neemt hem onmiddellijk mee het huis in. Er zit een blauwe striem die je drie weken later nog ziet. Jan vervloekt de politie. Hij heeft totaal niets gedaan!

De maanden verstrijken. Jan zit nog steeds op de Technische School en is vrij goed in de praktijklessen. Aan theoretische vakken heeft hij een broertje dood, omdat er altijd huiswerk bij hoort en daarvoor ontbreekt hem nu eenmaal de tijd. Hij hangt liever rond bij zijn vrienden op straat. De leervakken verwaarloost hij dan ook ernstig. Inmiddels bezorgt hij 's morgens *De Telegraaf* en 's avonds het *Nieuws van de Dag*. Hij wordt lid van de worstel- en gewichthefvereniging Hercules, die aan de Kloveniersburgwal op een zolder is gevestigd, en beëindigt zijn postduivenhobby. Niet omdat hij er niet meer van houdt, maar omdat het te veel wordt. Daarbij heeft de huisarts gezegd dat het houden van duiven niet bevorderlijk is voor de astmatische aandoening van zijn jongere broertje. Later vertelt vader dat hij alle duiven de nek heeft omgedraaid en in een vuilniszak heeft gestopt, maar Jan en Hennie Boellaard herinneren zich daar niets van. Het zal wel discreet gebeurd zijn. Als jongen van het boerenland is Jans vader niet sentimenteel; hij weet ook hoe je een konijn moet villen of een koe moet slachten.

Jan wordt zestien en al zijn tijd gaat zitten in zijn tweedehands Kreidler. Samen met zijn vader heeft hij kort na zijn verjaardag op het Waterlooplein een oud model met een ei-tankje gekocht; de nieuwe modellen met een vierkante tank zijn net uitgekomen. Het is een rode Kreidler met een verchroomde tank, waar ze uiteindelijk 225 gulden voor betalen. In '68 een flink bedrag. Jan verdient net geen veertig gulden per week met zijn twee krantenwijken.

1969

In mei '69 wordt ook Frans zestien en kan hij eindelijk zijn gedroomde Kreidler kopen. Tot zijn verjaardag rijdt Frans bij Jan achterop door de stad om zich her en der te vergapen aan etalages waarin spiksplinternieuwe Kreidlers staan. Frans heeft er het brood voor uit zijn mond gespaard en bestelt uiteindelijk een nieuwe grijsgroene Kreidler, die afgemonteerd wordt met de kleinere wielen met grote remtrommels die onder de 50cc-versie van Kreidler horen. Op zijn zestiende verjaardag haalt Frans de bromfiets op en ziet Jan hem trots de Keucheniusstraat binnenrijden. Alle jongens uit de buurt komen op hem afgelopen. Ze vinden het een prachtig gezicht wanneer Frans zijn nieuwe Kreidler laat steigeren. De handelaar heeft de bromfiets voor hem opgevoerd; hij haalt wel 70 kilometer per uur. Blootshoofds jakkeren de jongens door de straten, aan helmen doen zij niet. Uit pure vreugde rijden Jan en Frans 's avonds met hun vrienden over de Wallen. Ze vinden de hoerenbuurt wel interessant en kijken graag naar de vrouwen, maar naar binnen gaan ze niet, omdat zestienjarige jongens daar niet oud genoeg voor zijn.

Er ontstaat een bromfietsclubje van zeven jongens. Zes hebben er een Kreidler. De zevende jongen, Koen, heeft een Zündapp, ook een klassebrommer. Het zijn een soort nozems, of misschien kun je ze in de traditie van de jaren zestig beter 'mods' noemen, omdat deze jongens doorgaans erg op hun uiterlijk zijn. In de weekends maken ze keurig aangekleed tochtjes naar Zandvoort of Volendam om cafés of discotheken te bezoeken.

Op het internet en in de literatuur over de Heinekenontvoerders wordt weleens naar dit bromfietsclubje verwezen alsof daar de wortels van het kwaad liggen, in werkelijkheid is het een nogal onschuldig en kortstondig gebeuren. Dat de jongens de buurt onveilig maken, zoals Cor van Hout in zijn relaas van de Heinekenontvoering vertelt, is een sterke overdrijving. Een van de leden van het clubje wordt later zelfs politieagent. Jan en Frans ontwikkelen zich echter op hun eigen manier en dat heeft maar weinig met het los georganiseerde, ietwat goeiige Kreidlerclubje te maken.

Jan heeft overigens niet lang plezier van zijn eerste Kreidler. Op een maandagochtend rijdt hij naar school wanneer er plotseling een motoragent naast hem opduikt die zijn brommer inspecteert en vaststelt dat er geen geel NL-plaatje op het voorspatbord zit. Jans bromfiets is niet goedgekeurd voor gebruik in het Nederlandse verkeer! Jan moet met de motoragent mee naar het districtskantoor op de Overtoom en rijdt achter hem aan de garage van de motorpolitie binnen. Bij een balie voor in de ruimte moet hij wachten. Na een tijdje keert de agent terug en vertelt dat hij Jans bromfiets in beslag moet nemen omdat de richtlijnen hem daartoe verplichten. Jan vindt het een ramp en kan wel huilen. Aangeslagen gaat hij lopend naar huis toe om die dag zijn school te verzuimen. Hij is zijn eerste Kreidler Florett kwijt, en er zullen er meer volgen. Treurig haalt Jan 's morgens zijn fiets van de haak in het trapportaal. Zijn bromfiets staat nu bij de domeinen te wachten op een uitspraak van de rechter.

Een paar weken later kopen Jan en zijn vader bij een handelaar in de Govert Flinckstraat een 'nieuwe' tweedehands Kreidler. Honderd gulden direct, de rest wordt door een financieringsmaatschappij voorgeschoten, wat betekent dat Jan een jaar lang termijnen van 57,50 gulden per maand moet voldoen. Het wordt een zware klus voor hem, waarvoor hij heel wat karweitjes moet opknappen. Hij doet kleine verbouwingen bij de buren en andere dingen waarin een timmermansleerling handig is. Het lukt hem om de schuld af te lossen, maar hij heeft daarna nooit meer zin in een financiering. Nee, je kan beter geld van jezelf hebben.

Het is een leuke tijd. Een patatje kost veertig cent, mayonaise een stuiver. De bromfietsen worden allemaal opgevoerd. Er worden andere cilinders en carburateurs op gezet en de uitlaat moet vervangen worden door een dikkere. Ze rijden nu zo'n 70, 80 kilometer per uur. De Kreidlerclub scheurt door de straten van de Staatsliedenbuurt en vol trots worden de bromfietsen aan het begin van de Keucheniusstraat in rij voor de deur van snackbar Ooms geparkeerd.

Rond deze tijd komt Cor van Hout in beeld. Cor is een kleine, tengere jongen van elf jaar en verlaat die zomer van '69 de lagere school. Jan ziet hem weleens bij Frans thuis. Cor is een vriendje van Harry Meijer en woont met zijn ouders, twee broers en twee zussen in de Van Beuningenstraat op nummer 205. De kleine Cor komt vaak bij Ooms. In de snackbar staat een flipperkast en Cor is dé man die steeds weer het horloge weet te bemachtigen dat voor de recordhouder van de maand ter beschikking wordt gesteld. Jan en Frans geven Cor daarom de bijnaam 'Flipper'.

Buiten het gezellige Kreidlerclubje om begeven Jan en Frans zich in deze tijd steeds vaker op het criminele pad; ze beginnen met voorbedachten rade mooie bromfietsen te ontvreemden. Daarvoor hebben zij een betonschaar nodig. De kleine, elfjarige Cor moet de diefstal van dit nuttige stuk gereedschap op zich nemen, hij kan toch niet vervolgd worden. Frans, die een keer bij de kinderrechter is voorgeleid, weet die dingen. Justitiële vervolging vindt volgens hem pas plaats bij twaalf jaar of ouder.

Cor gooit met een straatsteen de winkelruit van de ijzerhandel in, klimt naar binnen en steekt wat gereedschappen bij zich, onder andere de bestelde betonschaar, die wel een meter lang is en groot genoeg om het dikste hangslot door te knippen. De klus verloopt zonder kleerscheuren. Het is de eerste criminele actie die de jongens als drietal ondernemen.

De gestolen bromfietsen worden uit elkaar gesleuteld. Dat gebeurt soms aan de kant van de sloot in Amstelveen of in een onbewaakte fietsenstalling. Later slepen de jongens ook bromfietsen naar de zolder van Frans op het Van Beuningenplein; ze hebben de lattenzolder met plaatmateriaal dichtgetimmerd, zodat de buren niet kunnen zien wat zich binnen afspeelt. Frans bevestigt ook een zwaar hangslot op de ruimte. De buren zijn overigens totaal niet nieuwsgierig. Het past bij de mores van het Fort zich niet met anderen te bemoeien.

Jan en Frans gebruiken enkel onderdelen van de gestolen brommers; het frame (met een nummer erin) dumpen ze meestal in een sloot of gracht. Overtollige onderdelen verkopen ze voor goed geld aan loshandelaren op het Waterlooplein. In een mum van tijd wordt Jans tweedehands bromfiets zo getransformeerd tot het nieuwste model Kreidler Florett, die al snel meer dan 80 kilometer per uur rijdt. Er zitten nu kleinere wielen onder en alles is prachtig verchroomd. Op het zadel komt een mooi zwart-wit overtrek, met daarop in druipende letters 'Glub', alsof het de cover van een psychedelische rock-elpee betreft. Aan het achterspatbord hangt een vossenstaart.

Op zaterdag- en zondagavond gaan de leden van de Kreidlerclub op hun bromfietsen keurig aangekleed naar discotheken toe, bijvoorbeeld naar La Pon aan de Van Baerlestraat, op de hoek van het Vondelpark. De hele stad wordt afgestroopt naar een leuke dancing. De bromfietsen worden voor de deur van die uitgaanstenten met kettingen en kabels aan elkaar vastgelegd, omdat Kreidlers in deze tijd aan de lopende band worden gestolen. De jongens krijgen op vrijdagmiddag hun weekloon, maar hebben vaak op zondagavond al geen cent meer over. Af en toe gaan ze naar een discotheek in Zaandam, op een boot. Ze rijden er over binnenwegen en fietspaden naartoe, meestal nemen ze de pont bij de Hembrug. Op een gegeven moment zijn ze met hun zevenen zo brutaal om 's nachts vanaf Zaandam de snelweg te nemen. Ze rijden door de Coentunnel terug naar Amsterdam; dat is kicken en dat de politie de jongens niet aanhoudt, is geluk.

De leden van de jiujitsu- en bromfietsclub spreken af om samen op vakantie te gaan. Jan en Frans hebben voorgesteld om Cor achter op een bromfiets mee te nemen, maar zijn moeder vindt hem te jong. Vlak voor deze vakantie draagt Jan zijn twee krantenwijken aan Cor over, omdat Jan de Technische School voltooid heeft en een echte baas moet gaan zoeken. Cor is net geen twaalf jaar oud. Op vuilnisbakkendag stroopt hij met zijn oudere broer Adje de straten af op zoek naar verkoopbare spullen, zoals koper, lood en oude kranten, die ze verderop in de Van Beuningenstraat slijten aan een voddenjood, de firma Jongbloed.

Na de vakantie gaat Cor naar de mavo aan het Frederik Hendrikplantsoen. Twee dagen loopt Jan mee om Cor de weg door de krantenwijken te wijzen. De kleine jongen heeft het er niet zo op om 's morgens om vijf uur in het donker naar het Amsterdamse Vredenhof te rijden om de krant in de poort van het kerkhof te stoppen. Jan zegt dat hij het toch moet doen.

'De klanten hebben er recht op.'

Alle voorbereidingen voor de vakantie worden getroffen en de bromfietsen zijn puik in orde. Frans en Jan kopen bij de firma Faber in de Oude Lutherse Kerk op het Singel een tent. Jans oudere broer Hennie zal daar ook in slapen en betaalt een deel mee. Voor de gelegenheid wordt er een bagagedrager op de bromfietsen geschroefd, waar een plunjezak met een tent op kan liggen. Over het zadel gaat een krantentas, voor kleding, voeding, pannetjes en andere bagage. Jan steelt die krantentassen ruim van tevoren op het distributiekantoor van *De Telegraaf* en deelt ze onder zijn vrienden uit.

Begin juli is het zover. Alle jongens staan 's morgens om zes uur klaar voor het vertrek. Koen, Niko, Jaap, Pino, Frans Meijer, Hennie en Jan Boellaard. Jans ouders zijn ook vroeg opgestaan. Ze maken wat foto's en zwaaien het gezelschap uit.

De Kreidlerclub gaat de weg op. Ergens in Brabant raakt Koen ten val. Hij klettert met zijn Zündapp op de weg, doordat hij zit te piekeren over zijn vriendinnetje dat bij een bromfietsongeluk haar wijsvinger heeft verloren, zegt hij. Het valt gelukkig mee. Koen heeft een valhelm op en na een kleine vertraging wordt verder gereden.

Aan het eind van de dag komen de jongens aan in Luik, waar ze de eerste nacht op een camping boven op de Citadel doorbrengen. Het opzetten van de tenten valt tegen, omdat niemand er ervaring mee heeft. Het is voor de meeste jongens hun eerste buitenlandse vakantiereis. Vanwege de uitstekende berichten die over het Belgische bier zijn vernomen, wordt op zoek gegaan naar een kruidenier om pils in te kopen, dat is daar goedkoper dan in de campingwinkel. De spaghetti wordt ondertussen door Frans en Hennie op drie campinggasbrandertjes klaargemaakt. Het eten wordt opgeschept en voor de tenten eten de zeven jongens hun bordjes leeg. Doodmoe en dronken gaan ze slapen. Er is afgesproken dat het gezelschap de volgende dag doorrijdt naar La Roche in de Ardennen.

In La Roche vinden ze een camping die aan het riviertje de Lesse ligt. Het is er zo leuk dat de jongens er een week blijven. Vanuit La Roche maken ze tochtjes door de Ardennen en bezoeken onder andere de grotten van Han. Ze zwemmen in de snelstromende Lesse en houden wedstrijden met hun bromfietsen tegen een helling van 12 procent op. Het is alle dagen lol. Op de televisie in de kantine van de camping zien de leden van de Kreidlerclub de eerste maanlanding.

België is fantastisch, maar ze willen verder, via Luxemburg naar Duitsland. Na een paar tussenliggende campings bereiken ze Cochem aan de Moezel, waar ze een zestal nachten blijven. De dronkenschap wordt daar bij sommige jongens permanent, nu van de goedkope moezelwijn, en dat leidt tot kwade gezichten. Jans broer Hennie besluit om alleen terug te keren naar Nederland. Dat valt Jan zwaar op de maag, maar de twee broers hebben heftige bonje achter de rug. Jan zuipt volgens Hennie te veel, en daar zal hij gelijk in gehad hebben, maar Jan vindt het zwaar overdreven. Koen, Niko en Pino gaan óók hun eigen weg. De Kreidler Florett-club valt uit elkaar, voorgoed. Het is het einde van een episode die anderhalf jaar heeft geduurd.

Frans, Jaap en Jan gaan nu met z'n drieën door, dieper Duitsland in, naar Königswinter, een in de buurt van Bonn gelegen toeristisch plaatsje in het Zevengebergte. Oom Cor woont daar vlakbij, in Beuel, en Jan heeft er tijdens familiebijeenkomsten over horen vertellen. In Königswinter komen in de jaren zestig zoveel 'Holländische Touristen' dat de daar gelegen Drachenfels ook wel 'de hoogste berg van Nederland' genoemd wordt.

Ter hoogte van Bonn loopt echter de zuiger van het motorblok van Jans Kreidler vast in de cilinderkop, waardoor ook de krukas afbreekt. Zijn brommer komt geen centimeter meer vooruit. Jan stelt voor naar zijn oom Cor te gaan, waar ze binnen een uur kunnen zijn. Dan maar slepen, zeggen Frans en Jaap. Uit een krantentas komt een stevig stuk touw tevoorschijn en de kapotte brommer wordt achter de Kreidler van Frans gebonden. Jaap sluit het konvooi om het verkeer te waarschuwen.

Bij ome Cor en tante Annelies worden de drie jongens gastvrij onthaald. Ome Cor regelt dat de Kreidler over twee weken op de trein kan worden gezet en na een paar dagen in Beuel gaan de drie weer op huis aan. Jan zit om de beurt bij Frans en Jaap achterop. De volgende halte is Valkenburg. Het is er reuzegezellig en er is een goede discotheek in het stadje. Ze staan op een camping die boven op de Cauberg ligt en wanneer de drie dronken zijn, moeten ze elkaar op de steile klim overeind houden. Jan, Frans en Jaap zoeken wat souvenirs om aan de familieleden te geven. Ze stelen uit een plaatselijke discotheek een paar bierglazen van een halve liter en plakken daar een stickertje van Valkenburg op. De familie vindt het zeer attent.

Thuis hoort Jan tot zijn grote schrik dat zijn broer Hennie een ongeluk heeft gehad en in Den Bosch met een gebroken been in het ziekenhuis ligt. Oververmoeid is Hennie in de buurt van wegrestaurant De Lucht tegen een auto geknald. Twee dagen later reizen Jan en Frans naar Den Bosch, met de trein, omdat ze geen zin hebben in weer een lange rit op één bromfiets. In het ziekenhuis ligt Hennie met een gipsbeen omhoog in een stellage. Frans en Jan verontschuldigen zich; ze hadden nooit mogen toestaan dat Hennie alleen naar huis vertrok. Ze zetten de excuses kracht bij met een fruitmandje. Hennie is geroerd.

Wanneer Hennie terugkeert in de Keucheniusstraat heerst er een feeststemming. Alle jongens komen langs om hem beterschap te wensen, maar het bromfietsclubje ligt definitief uit elkaar, en ook met de jiujitsu-club stoppen de meeste al snel. Wat resteert zijn Jan en Frans, die steeds meer samen hun eigen weg gaan.

Privacy

Nadat de duiven onder onopgehelderde omstandigheden verdwenen zijn, verhuist Hennie naar de zolder. Daarmee ontstaat er beneden wat lucht en hebben Jan en George ieder een eigen stuk slaapkamer. Nog rianter wordt de situatie wanneer de buurvrouw van de Boellaards om de hoek in de Van Hallstraat op nummer 99-1 overlijdt. De woning grenst rechtstreeks aan hun huis op de eerste Keucheniusstraat, en Hennie neemt met toestemming van haar familie de woning over, eenvoudigweg door op haar naam de huur door te betalen. Hij woont nu niet alleen voor het eerst op zichzelf, maar ook op één trappenhuis met een aantrekkelijke buurvrouw. Vanaf dat moment heeft Jan zijn eigen zolderkamer en eindelijk iets wat op privacy lijkt.

Het grote duivenhok, dat nog steeds op het dak staat, wordt door hem grondig uitgeruimd. Hij maakt er een werkplaatsje van en zet er een houten meubelmakerswerkbank neer, die hij voor vijf gulden van de Technische School heeft overgenomen. Boven op de werkbank zet hij, bijna als een relikwie, de kapotte Kreidler. Daar wordt even niets meer mee gedaan, Jan is na de vakantie door al zijn geld heen.

Begin september 1969 gaat hij naar het arbeidsbureau en krijgt wat adressen van werkgevers mee. Meteen de dag erop wordt Jan aangenomen bij Steur & Godthelp, een aannemer op de Sloterkade. Hij gaat 68 gulden per week verdienen, niet veel meer dan met zijn twee krantenwijken. Na een proeftijd van veertien dagen wordt zijn loon verhoogd tot 75 gulden. Het is zijn eerste kennismaking met het arbeidsproces en het valt niet mee; Jan moet veel harder werken dan hij op de 2e Technische School gewend was. De eerste weken staat hij in de werkplaats van de aannemer aan de machines en zaagt, freest en schaaft houtwerk voor de bouw in elkaar: een gedraaide trap, kozijnen, deuren. Eens per week gaat hij nog naar het leerlingstelsel op de 2e Technische School om uiteindelijk een meestertimmerman te worden. Frans werkt nog bij dezelfde voddenjood, maar hij verdient op dat moment 86 gulden per week. Hij wordt als ongeschoolde arbeider beter betaald dan Jan, die dat ietwat onrechtvaardig vindt.

Jans Kreidler staat nog steeds nutteloos op de werkbank in het duivenhok. Het zoeken is naar onderdelen. Op de Kreidler van Frans stroopt het tweetal de stad af naar een gebrekkig beveiligde bromfiets, ze zijn er avonden mee zoet. Jan zoekt een 50cc Kreidler Florett motorfiets en uiteindelijk looft hij aan wat vertrouwde jongens uit de buurt een beloning van 25 gulden uit voor een tip. Op een zaterdagochtend belt Cor van Hout aan in de Keucheniusstraat. Op zolder vertelt hij dat hij aan de voorkant van het Centraal Station, op een hoek, twee Duitse 50cc Kreidler Florett motorfietsen, met kickstarter en een vijfversnellingsbak, heeft gezien. De motorfietsen staan slechts met wat hangsloten afgesloten en kunnen volgens Cor eenvoudig met de betonschaar worden gestolen.

Na dat goede nieuws haasten de jongens zich naar de woning van de familie Meijer. Eerst rijden Jan en Frans samen eens naar het Centraal om de motorfietsen te keuren. Het zijn inderdaad twee plaatjes.

'Die moffen zijn waarschijnlijk de binnenstad in.'

Er valt geen tijd te verliezen. Ze racen terug naar het Van Beuningenplein, waar Cor nog op zolder zit te wachten en de betonschaar alvast in een plunjezak heeft gedaan. Het gereedschap dat nodig is om de motorfietsen uit elkaar te sleutelen wordt haastig bijeengegaard.

Met z'n drieën rijden ze op de bromfiets van Frans naar het Centraal Station, Cor zit met zijn tengere postuur tussen Jan en Frans in. Ze parkeren de Kreidler voor het kantoor van de Amsterdamse rijkspolitie te water aan de Westerdoksdijk; ze weten uit ervaring hoe snel een Kreidler verdwenen kan zijn. Van de rijkspolitie te water is het niet ver lopen naar de voorkant van het station, waar de Duitse motorfietsen geparkeerd staan. Cor betrekt een positie aan de overkant van de straat om de boel in de peiling te houden en zal op zijn vingers fluiten wanneer er onraad is.

Als eerste rukken Jan en Frans de Duitse nummerborden van de Kreidlers af. Er zitten vier stevige hangsloten op de motoren; Jan en Frans moeten samen met hun gewicht op de tang hangen om ze door te knippen. De Kreidlers met vijfversnellingsbak staan nu los. Jan en Frans trappen met de kickstarter de 50cc-motor op gang. Die motoren lopen als een trein. De jongens springen op de motorfietsen en Cor gaat bij Jan achterop zitten. Ze rijden langs de rijkspolitie te water. Frans' bromfiets staat er nog, dat is goed.

Met maximaal 40 kilometer per uur rijden ze het gebied achter het oude station van Sloterdijk in. Dat is eind '69 een uitgestrekte zandvlakte met slechts geringe vegetatie. Verdekt achter wat duinen in het opgespoten bouwland sleutelen Jan en Frans de motoren uit elkaar. Enkel het vijfbakkie en de wielen zijn nodig. Het overschot wordt in een sloot van de polder gegooid. Daarna worden de vijfbaks-motorblokken en de wielen tussen wat struiken verstopt. Die halen ze op wanneer het donker is.

Na de klus wandelen ze via Sloterdijk naar het kantoor van de rijkspolitie te water. Hun handen zijn zwart van de motorsmeer. Met z'n drieën rijden ze op de Kreidler Florett van Frans terug naar het Van Beuningenplein. Daar bespreken ze op zolder hoe 's avonds de motorblokken en wielen moeten worden opgehaald. Jan, Frans en Cor genieten van dit soort voorbesprekingen en kunnen er uren mee bezig zijn. Dat zal altijd zo blijven. Voorpret kent geen teleurstellingen en kan niet lang genoeg duren. Een minutieuze voorbereiding zal ook later een plezierig onderdeel van hun ondernemingen blijven.

Uiteindelijk worden de gestolen motorblokken en wielen in twee ritten veilig naar het Van Beuningenplein gebracht. De wielen worden opgeborgen in het vloerluik onder de meterkast bij Frans, de motorblokken gaan direct naar het knutselhok op zolder. Na nog even naar de aanwinsten gekeken te hebben gaan Jan en Frans bij de familie Meijer binnen, waar tante Marie een kopje thee zet. Ze vraagt wat de jongens vandaag gedaan hebben. Frans vertelt haar dat hij met Jan naar de gewichthefvereniging Hercules is geweest. Een leugentje om bestwil, zullen we maar zeggen. De moeder van Frans kent Hercules goed, omdat Harry Ploos, haar ex-man, daar ook altijd heeft getraind. Harry is in zijn gewichtsklasse Nederlands kampioen gewichtheffen geweest. Over hun criminele gedrag spreken Jan en Frans natuurlijk met geen woord.

Op zondagochtend keert Jan de 25 gulden beloning voor de tip uit. Cor gaat met het geld naar de film in het St. Elisabeth Patronaat, een buurthuis aan het Marnixplantsoen. *De drie musketiers* wordt gedraaid. Er zijn altijd dat soort films: *Tarzan, Rin Tin Tin, Ali Baba en de veertig rovers*. Voor de pauze meestal een lachfilm met Laurel en Hardy of Charlie Chaplin. Na afloop kondigt een van de organisatoren dan altijd met een stem vol dramatiek aan welke film er het volgende weekend wordt vertoond: 'Volgende week is er een kleurenfilm!' De aanwezige jeugd juicht dan en met z'n honderden tegelijk stampen ze op de houten vloer dat het een hels kabaal is. Cor trakteert zijn vriendjes op een bioscoopje en in de pauze op snoep en limonade.

Na de film voetbalt Cor nog wat in de speeltuin op het Van Beuningenplein, waar Jan en Frans hem oppikken om bij de elektriciteitscentrale op de Hemweg te gaan vissen op snoekbaars. Jan en Frans spreken daar af om een van de motorblokken bij Jan naar zolder te brengen. Ze doen dat dezelfde avond héél stilletjes, om geen argwaan te wekken bij de buren en Jans ouders.

Een paar dagen later laten ze de afgemonteerde Kreidler rustig de trap af rijden, terwijl ze hem met de handrem in bedwang houden. De jongens gooien benzine in de tank en maken een proefrit. Het vijfbakkie loopt als een trein, de kilometerteller komt op de Haarlemmerweg boven de 90. Frans is onder de indruk. Ook zijn bromfiets wordt naar zolder gesleept en binnen enkele dagen omgebouwd. Hij is nog sneller dan die van Jan. De teller slaat uit tot boven de 100 kilometer per uur. Jan en Frans zijn trots als een pauw met een vijfbakkie onder hun brommer. De motorbloknummers zijn inmiddels vervalst: daar zal geen haan meer naar kraaien. Thuis heeft Jan tegen zijn vader gezegd dat hij het motorblok op het Waterlooplein heeft gekocht. Vader neemt daar genoegen mee en stelt verder geen vragen. Jans moeder wel, zij wantrouwt alles en controleert haar zoon met strikvragen. Jan wordt er scherp van. De moeder van Frans stelt totaal geen vragen, gewoon omdat ze geen verstand van vijfbakkies heeft en minder achterdochtig is.

De twee vrienden hebben het eindelijk voor elkaar: ze rijden op motorfietsen rond. Een droom is in vervulling gegaan. Maar niet voor lang. Korte tijd later rijden de jongens op een weg in Santpoort-Noord. Op een scooter komt er opeens een rijkspolitieagent naast hen rijden, die een stopteken geeft en naar de kant gebaart. Daar legt de agent uit dat de autoweg niet voor bromfietsen bestemd is en dat er sowieso veel te hard is gereden. De man heeft een punt. Jan en Frans volgen de agent naar Driehuis, waar een kantoor van de rijkspolitie is. Jan weet wat er komen gaat: er volgt inbeslagname. Als ridder te voet druipen Jan en Frans af en moeten met de trein naar huis.

Jans ouders kijken er niet van op. Pa en moe weten hoe hard Jans Kreidler kan rijden en zaten min of meer al te wachten tot de politie de brommer van de weg zou halen. Jan en Frans kijken anders tegen de zaak aan. Ze vinden het erg naïef van zichzelf dat er niet ten minste één van hen is weggevlucht. Als ze ieder een andere kant op waren gereden, zou één van hen de kans hebben gehad te ontkomen. Ze zijn echter als ‘makke lammetjes’ achter die agent op zijn scooter aan gereden, met als gevolg dat ze nu beide bromfietsen zijn kwijtgeraakt. Dit soort stommiteiten kunnen ze zich niet meer veroorloven. Voortaan moeten ze zich uit alle situaties zien te redden en tijdens hun vele gesprekken beginnen ze verschillende scenario’s door te nemen om de politie af te schudden. Ondanks deze doorwrochte plannen gaan Jan en Frans echter al heel snel weer in de fout. Die verrekte politie ook.

1970

Er wordt weer gefietst of gewandeld. Op vrijdagavonden lopen Jan en Frans de binnenstad in om de bioscoop te bezoeken. Ze zijn gek op gangsterverhalen en na iedere film staan de twee jongens voor de winkelruit van de groentehandel in de Van Hallstraat vaak tot diep in de nacht over een filmscript te filosoferen. Bepaalde scènes worden door de jongens volledig geanalyseerd. Hoe houd je het publiek in een bank in bedwang tijdens een overval? Moet je wel schieten of juist niet? Jans favoriete film is *The Wild Bunch*, een bijzonder gewelddadige film over een mislukte bankoverval. Ook wanneer de jongens staan te vissen in het stroompje bij de elektriciteitscentrale wordt over gangsterfilms of harde westerns gesproken. De kleine Cor van Hout gaat op zulke tochtjes steeds vaker mee en luistert geboeid toe.

Jaap, een voormalig lid van het Kreidlerclubje en de enige die bij Jan en Frans bleef na de ruzies in Cochem aan de Moezel, komt in deze tijd met een tip voor een inbraak. Zijn werkgever, een Peugeotdealer aan de Lijnbaansgracht, tegenover het hoofdbureau van politie, heeft geld in de kluis liggen. Ze kunnen volgens hem eenvoudig binnenkomen door een pen uit een schuifdeur te pielen. Jan en Frans gaan het onderzoeken en Jan ziet dat Jaap gelijk heeft. Jan is op dat moment al de technische man. Wanneer je begrijpt hoe een deur of kozijn in elkaar steekt, ben je als inbreker al heel wat verder.

Het is een vrijdagavond wanneer Jan, Frans en Jaap naar de Peugeotdealer gaan. Jan heeft wat handgereedschap in zijn binnenzak gestoken. Genoeg om zich toegang te verschaffen tot het garagebedrijf. De schuifdeur wordt zo verbogen dat de pen eruit valt. De inbrekers zijn binnen. In het kantoortje waar de muurkluis zit blinderen ze de ramen door die af te plakken met zwart plastic zeil dat ze hebben meegenomen. In de werkplaats staat een snijbrander, dat is makkelijk. Jaap heeft gezegd dat hij daarmee kan omgaan, maar wanneer hij de toorts ontsteekt blijkt de zuurstoffles bijna leeg. Een andere fles is niet te vinden. Dus laten de jongens de muurkluis voor wat die is en gaan het magazijn binnen om daar twee tassen vol te laden met splinternieuw handgereedschap.

De kluiskraak is op een fiasco uitgelopen, maar dat mag de pret niet drukken, dit is mooi gereedschap. Het wordt bij Frans op zolder opgeborgen en Jan neemt een goede set schroevendraaiers mee naar huis om aan zijn eigen gereedschapskist toe te voegen. Als timmerman werk je nu eenmaal met je eigen materiaal.

Frans gaat werken bij de Gebroeders Fromans, een granito importbedrijf in het Amsterdamse Tussen de Bogen. Het is vlak bij het Haarlemmerplein, in de Haarlemmerhouttuinen. Op het bovenliggende spoor worden treinwagons gelost met granitosteentjes, marmerkorrels die uit alle delen van Europa komen in allerlei kleuren en menging. In deze tijd is granitosteen nog erg populair; er worden aanrechten en douche-, winkel- en keukenvloeren mee gemaakt. Granito wordt als cement gestort en naderhand gepolijst met een schuursteen. Frans schept met zijn collega's de steentjes in plastic zakken en stapelt die op. Hij wordt razendsterk van het zware werk. De jongens merken dat tijdens het gewichtheffen bij Hercules: Frans kan opeens meer bankdrukken dan Jan.

Bij het granitobedrijf leren de jongens Peter Hardenbol kennen, een joviale Jordanees en sterk als een beer. Waar Peter gaat, daar gebeurt wat. Jan en Frans gaan weg bij Hercules en schrijven zich in bij de club waar Peter traint. Deze vrij nieuwe sportschool in de Rozendwarsstraat is opgezet door Willem Ruska, de olympisch kampioen judo, maar wordt nu geleid door Harry Tol. Het is er erg modern, met onder meer een sauna en, opmerkelijk in de vroege jaren zeventig, verkoop van sportdrankjes. Er staat ook een ruim assortiment traintoestellen, iets wat bij Hercules ontbreekt. Jan en Frans genieten van de sfeer die er hangt. Je moet een stevige jongen zijn om je hier staande te houden; de clubleden grijpen ieder missertje aan om elkaar op echt Amsterdamse wijze af te zeiken.

In deze omgeving is Peter Hardenbol een grote jongen. Jan en Frans lopen nu bijna iedere doordeweekse avond de Jordaan in om twee tot drie uur met toestellen en gewichten te trainen. In de weekends rijden ze met de leden van de sportschool in colonne naar het Amsterdamse Bos om een trimbaantje te lopen. Harry Tol, van oorsprong een bokser, loopt altijd voorop. Hij brengt Jan en Frans tijdens de avondtrainingen ook de beginselen van de bokssport bij.

Na de training op de sportschool van Harry Tol gaan Jan en Frans steeds vaker met Peter mee naar huis. Hij woont in de Nieuwe Leliestraat, hartje Jordaan, en heeft al kleine kinderen. De chef van Frans en Peter bij het granitobedrijf woont onder hem en komt er ook weleens bij zitten. Jan en Frans luisteren dan gebiologeerd naar zijn verhalen over zijn reizen naar Spanje, terwijl ze halve liters bier drinken.

De jongens zijn nu zeventien, oud genoeg om met Peter de Zeedijk op te gaan en het daar op een zuipen te zetten. Dat loopt iedere keer weer uit de hand. Peter stompt bijvoorbeeld zonder enige aanleiding een zeeman op zijn smoel, waarna het direct hommeles is en het hele café aan het knokken slaat. In het heetst van de strijd nemen Peter en de jongens meestal de benen om buiten samen keihard te gaan staan lachen. Jan en Frans maken zich onder het vechten soms schuldig aan diefstallen; wanneer ze een portemonnee kunnen rollen doen ze dat. Frans heeft dan iemand om zijn nek te pakken terwijl Jan ondertussen in de jas van het slachtoffer rommelt. 'We hadden het niet rijk en we zaten zonder vervoersmiddel,' aldus Jan. De jongens moeten tenslotte op vakantie en verdienen niet al te veel bij hun werkgevers. Daarnaast zijn ze ook gek op bioscoopvoorstellingen en dancings.

Op een goede dag hebben ze in een café aan de Halve Maansteeg een vette portefeuille te pakken. Er zit meer dan 500 gulden in, dat is een maandsalaris! Met dat geld kan de slaapkamer van Frans worden omgebouwd.

Een paar dagen daarvoor zijn Jan en Frans in de Boomstraat bij twee jongens geweest die hun zolder hebben veranderd in een sportzaal met een halterbank, dumbbells, halterstangen en nog veel meer, een compleet sportschooltje voor twee man. Het lijkt Jan en Frans wel wat om ook zoiets te hebben en Frans stelt voor om zijn slaapkamer op het Van Beuningenplein om te bouwen. De jongens gaan meteen aan de gang, ze trekken het behang van de muur en het zeil eruit. Ze decoreren de kamer opnieuw, het plafond wordt gewit en er worden goedkope Heugafelttegels op de vloer gelegd. Het ziet er netjes uit. Dat vinden Frans' moeder, zijn zusjes en broer Harry ook. Jan is erg tevreden met het nieuwe krachthonk.

Tijdens een van hun wandelingen door de buurt zien Jan en Frans een vrachtauto op het Frederik Hendrikplantsoen die met nieuw ijzer geladen is. Na wat nieuwsgierig onderzoek zien de jongens dat er bij de lading een stel roestvrijstalen staven liggen. Ze trekken twee van de zes meter lange staven van de vrachtauto en lopen er slingerend mee huiswaarts. Op het Van Beuningenplein zagen ze de staven in zes stukken van twee meter lang. Met klemmen erop zijn dat prima halterstangen.

Enkele dagen later gaan Jan en Frans naar de firma De Graaf op de Willemsparkweg. Het is een van de weinige plaatsen waar trainingsapparatuur te koop is, bodybuilding is nog niet zo populair. De jongens kopen van het gerolde geld halterstangklemmen en halterschijven met een totaalgewicht van 120 kilogram. Verder nog een paar dumbbells en een trainbank. De aangekochte apparatuur wordt persoonlijk door de heer De Graaf bij Frans thuisbezorgd. Ze krijgen er zelfs een paar dumbbells van 10 kilogram gratis bij. Trots dragen Jan en Frans het zware ijzer bij Frans de slaapkamer binnen. Ter aanmoediging schenkt meneer De Graaf ook nog een blauwe poster met daarop een besnorde bodybuilder die Epancratius heet. Die poster krijgt een prominente plek in hun nieuwe sportschooltje.

Rond deze tijd komt de kleine Cor naar Jan toe. Hij heeft er sinds kort een krantenwijk bij genomen en brengt nu ook het *Nieuws van de Dag* rond in de Willemsstraat. Cor heeft nu drie krantenwijken: twee avondwijken en een ochtendwijk. Aan het begin van de nieuwe wijk, op de hoek van de Nieuwe Willemsstraat zit een sekswinkeltje. De eigenaar – 'waarschijnlijk een pedofiele homoseksueel' – heeft Cor lastiggevallen en betast. Cor, dan twaalf jaar oud, is er overstuur van. Jan gaat er samen met Cor en zijn vriendje Harry Meijer op af en stapt rechtstreeks naar de uitbater, laat zijn stiletto voor de ogen van de sekswinkelier openspringen en zet die op zijn keel. Hij drukt even door zodat de man het mes voelt steken. Bij de wit weggetrokken uitbater breekt het zweet uit.

'Als jij deze jongen nog één keer lastigvalt, kom ik terug om honderd gaatjes in je te prikken. Is dat duidelijk?'

De man knikt. De jongens verlaten het winkeltje weer. Jan is de grote man, Cor en Harry zijn trots op zijn doortastende optreden. Hij heeft hen niet in de steek gelaten.

Er breekt een nieuwe tijd aan. Jan en Frans verlaten de sportschool van Harry Tol. Het wordt te duur omdat zeker de helft van hun salaris voor de vakantie moet worden weggelegd. De jongens kunnen nu op eigen houtje trainen en geïnspireerd door de poster die ze van De Graaf hebben gekregen, dopen ze hun tweemans bodybuildingclub 'Epancratius'. Op de rug van hun donkerblauwe Adidas-trainingspakken laten ze door hun moeders met witte katoenen letters de naam van hun club naaien.

De dagelijkse gesprekken tussen Jan en Frans over krantenberichten naar aanleiding van een inbraak of overval nemen een hoge vlucht nu de jongens nog vaker samen alleen zijn. Vooral een inbraak lijkt hun een aantrekkelijke onderneming. Ondertussen stelen ze alles wat los en vast zit wanneer de gelegenheid zich voordoet.

Op een dag, onderweg naar een visstek in de Mercuriushaven, komen ze langs een werkplaats van de technische dienst van Pakhoed, een enorm overslagbedrijf. De deur staat open en er valt niemand te bekennen. De jongens stelen vier portofoons en nemen ook de kastjes mee om de batterijen op te laden. Daarmee komt een professionele inbraak voor hen een stuk dichterbij; iemand die buiten op wacht staat kan nu via een directe verbinding waarschuwen. Jan en Frans denken daarbij natuurlijk aan de kleine Cor.

De dag na de insluiping staat er een berichtje in *Het Parool* over de diefstal: de portofoons kosten bij elkaar meer dan tienduizend gulden! Dat hadden Jan en Frans niet verwacht.

De jongens beginnen steeds meer uit te kijken naar een inbraak en ze dromen van een kluiskraak. Dagelijks bespreken ze de mogelijkheden en de voor- en nadelen die eraan verbonden zijn. Ze kunnen weleens tegen de lamp lopen, zeggen ze tegen elkaar. En wie betaalt dan je potje pindakaas, wanneer je in een huis van bewaring zit? Een buurjongen van Frans heeft verteld hoe rot het verblijf daar kan zijn. Frans en Jan beloven daarom elkaar altijd te helpen in geval van nood.

Vele vragen spelen er door hun hoofd, enige ervaring met of contacten in de gevestigde onderwereld hebben ze niet. Ze moeten het wiel telkens opnieuw uitvinden. In hun latere carrière zal die doe-het-zelfbenadering trouwens zeer bijdragen aan hun succes: juist door hun gebrek aan contacten in de onderwereld blijven Jan, Frans en Cor lange tijd onder de radar wanneer de politie na een overval de bekende adressen weer eens naloopt. Pas na de Heinekenontvoering worden de jongens onder het vergrootglas gelegd.

Tijdens het uitlaten van Herta valt Jan en Frans op dat de met staal geladen vrachtauto weer op dezelfde plaats geparkeerd staat. Ook dit keer ligt er wat van hun gading op de trailer: uitgesneden stalen platen in drie verschillende maten. Wanneer daar een gat in kan worden geboord heb je een halterschijf. Wel vier keer gaan zij op de fiets op en neer naar de vrachtwagen om voldoende staal op te halen. Op het Waterlooplein kopen ze bij een ijzerhandelaar een 27 millimeter dikke staalboor met een conische achterkant en bij zijn werkgever boort Jan een gat door de stalen plaatjes heen. Wanneer het boren klaar is, lopen Jan en Frans naar ome Fons en tante Ida, het echtpaar dat de groentewinkel op de hoek van de Van Hallstraat runt, en laten daar op de grote aardappelweegschaal de halterschijven wegen. Ze hebben geluk: ze wegen per stuk bijna exact 2, 4 of 6 kilogram. Ze worden mooi lichtblauw geschilderd en met slagcijfers en -letters geven de jongens de gewichten aan. De inrichting van hun trainkamer vordert, maar klaar vinden Jan en Frans het nog lang niet.

De geluksroute

Op een zaterdag gaan Jan en Frans op de fiets naar de Suezhaven, waar Hollandia Schroot een oudijzerhandel heeft. De jongens weten dat achter het hek een gigantische hoop metalen schijven en andere troep ligt. Waarschijnlijk zijn het uitgesneden patrijspoorten van zeeschepen. Plaatselijk maken ze het gaas van de omheining los en Jan schuift de schijven, variërend van in de 20 tot 40 kilogram per stuk onder de omrastering door. Frans staat aan de buitenkant van het hek om ze verder te slepen. Ze nemen een stuk of twintig paar schijven mee, het is een hele berg ijzer en honderden kilo's zwaar. Jan en Frans rijden tot tweemaal toe terug voordat het gewenste gewicht aan ijzer bij Frans op zolder ligt.

Er moeten enkel nog gaten in de schijven worden geboord om ze op een halterstang te kunnen schuiven. Dat is een probleem, omdat Jan bij het boren in de vorige partij de boorkolom van zijn werkgever om zeep heeft geholpen. Hij kan het vergeten nog eens zo'n apparaat te gebruiken.

Een paar dagen nadat ze de schijven bij Hollandia Schroot hebben weggehaald, lopen de jongens een beetje te banjeren op de Vredenhofweg, op zoek naar een gelegenheidsinbraakje, en zien bij een constructiebedrijf een raam openstaan. Ze klimmen naar binnen. Er is geen geld, maar wel staat er een elektromagnetische boorstandaard met een zware boormachine erop. Wat een toeval: die hebben ze precies nodig! Ze kijken of er niemand aankomt en daarna lopen Jan en Frans met de boorinstallatie onder hun armen via de Van Slingelandtstraat, de Van Hogendorpstraat en de De Kempenaerstraat naar het Van Beuningenplein. Deze route wordt hun 'geluksroute'. Voortaan zal deze rituele wandeling worden gelopen voordat Epancratius aan een klus begint. Het lijkt bijgeloof, maar wanneer je geluk tegenkomt, moet je dat eren, is hun opvatting. Later zal het een keer lelijk mislopen als ze per ongeluk vergeten hun geluksroute te lopen. Hoeveel bewijs heeft een mens nodig?

Nu doen Jan en Frans dagelijks, na hun werktijd, hun bodybuildingtraining. Daarna gaan ze hardlopen in het 's avonds afgesloten Westerpark. Ze klimmen dan langs het hek, over de Haarlemmertrekvaart heen. Wanneer ze uitgeput raken, gaan ze op een bankje zitten en beginnen de beraadslagingen. Ze vorderen met hun plan. Er zijn portofoons en gereedschappen, nu moet er nog een snijbrander komen. Ze hebben hun eerste kraak – om het vak te leren – bij een bedrijf op de Vredenhofweg gepland. Bij een van de firma's daar staat een grote kluis.

Speciaal voor dit plan solliciteert Frans bij Hollandia Schroot als brander, iemand die het oude metaal met een snijbrander in hanteerbare stukken snijdt. Hij wordt aangenomen en na enige weken bij Hollandia moet hij een kluis in stukken snijden. Dat blijkt een moeilijk karwei, want brandkasten zijn vaak opgevuld met een speciaal poeder dat keer op keer de vlam van de snijbrander smoort. Frans moet via zijn collega's gaan uitzoeken hoe zo'n kluis aangepakt moet worden.

In de weekenden gaan Jan en Frans op stap met de gebroeders De Vuist. Het zijn oude gabbertjes van Frans, nog uit de Rustenburgerstraat. Bij de De Vuists thuis is het pure armoe. Ze hebben geen tapijt op de vloer liggen en leven op de kale planken. De drie broers De Vuist zijn allemaal langer dan twee meter. Rudy, de oudste, heeft onlangs zijn rijbewijs gehaald en de broers sjacheren nu een beetje in tweedehands auto's. Ze hebben altijd wel twee of drie karren voor de deur te koop staan. Rudy rijdt zelf in een oude lichtblauwe Kever met op de motorkap in plakletters 'Kiss Me Coco'. De broers zijn een onafscheidelijk trio. Jan en Frans rijden in de weekenden vaak met ze mee naar een afgelegen parkeerterrein om autorijles te krijgen en gezamenlijk zijn de vijf altijd op zoek om wat 'bij te verdienen'.

Op een gegeven moment belanden ze weer in de Amsterdamse Mercuriushaven, waar een nieuwe graansilo wordt gebouwd. Het gezelschap ziet tot hun genoegen in een hoek van een ruimte op de bouwplaats een snijbrander liggen. Er zit een behoorlijk stuk slang aan. 'Die hebben wij nodig!' zegt Frans. Voor de De Vuists is het geen probleem. Ze kijken even goed om zich heen en dan gaat de laadklep aan de voorkant van de Volkswagen Kever open.

Als de snijbrander veilig op de zolder van Frans ligt, gaan Jan en Frans met de De Vuists de stad in. Eén van hen koopt een kaartje voor het Theater Tuschinski en opent de nooduitgang aan de achterzijde, zodat de andere vier gratis naar binnen kunnen. Het blijft sappelen.

De dag na de diefstal van de snijbrander maakt Jan bij Frans op het Van Beuningenplein een aantal planken uit de zoldervloer los om een geheim luik te maken. In de ruimte tussen de balken verbergen de jongens de snijbrander en de portofoons. Frans en Jan gaan vaak op zolder kijken hoe de gereedschappen erbij liggen. Hun uiteindelijke doel blijft een kluiskraak op de Vredenhofweg.

Terwijl Jan en Frans verder boetseren aan hun debuut in de onderwereld, sluit Cor zich aan bij hun trainingen en na een tijdje begint hij een echte 'Epancratius' te worden. Jan en Frans zijn flink ouder dan Cor en zij beschouwen de kleine jongen als hun leerling. Cor vaart op hen als ze voordoen hoe hij de oefeningen moet uitvoeren. Hij voetbalt nog steeds met Harry Meijer in de speeltuin op het Van Beuningenplein, maar hij heeft echt plezier in het trainen met gewichten samen met de oudere en stoere Jan en Frans.

Wanneer de bouwvakvakantie aanbreekt, pakken Jan en Frans hun koffers voor een vliegreis. Het is best spannend, ze hebben nog nooit in een vliegtuig gezeten. De chef van Frans heeft op het werk en op de doorzakavonden bij Peter Hardenbol mooie verhalen over Spanje verteld. Na veel gedub hebben Jan en Frans bij een reisbureau wat reisgidsen ingekeken en een reis geboekt naar Torremolinos, halfpension in een hotel. Het komt op iets meer dan 400 gulden de man.

De eerste de beste dag valt Jan op het strand in slaap. Hij wordt zo rood als een kreeft en klappertandt van de koorts. Volkomen uitgevloerd ligt hij in de hotelkamer op bed te rillen wanneer Frans 's avonds met wat meiden naar hem toe komt. Die smeren Jan helemaal in met yoghurt, wat inderdaad helpt en de pijn verzacht. Twee dagen blijft hij in arren moede op zijn hotelkamer uit de zon. Daarna waagt Jan zich weer op het strand, onder een parasol.

Frans heeft minder last van de zon en zwemt de hele dag. Na een paar dagen koopt hij een duikbril, een snorkel en een harpoen, die met een rubberring wordt weggeschoten. Frans blijft de godganse dag bezig met de jacht op inktvissen, die hij bij een strandtent dan weer ruilt voor zes flesjes bier. Zo wordt er toch wat geld verdiend. Af en toe snorkelt Jan ook. 's Avonds vermaken de jongens zich in de plaatselijke discotheken. Op een dag lopen ze van het hotel naar het strand en zien ze in een geparkeerde auto een gouden polshorloge liggen. Ze kunnen het niet laten, tikken een ruitje in en steken de Omega in hun zak. Later, terug in Amsterdam, verkopen ze het horloge op de hoek van het Waterlooplein tussen de loshandelaren voor goed geld. Daarna stelen ze bij een goudhandelaar op het plein nog een gouden horlogeband, die ze weer met een andere loshandelaar ruilen tegen een transistorradio. Vanaf dat moment klinkt er muziek in hun trainingshonk.

Thuis in Nederland is er ook eindelijk bericht dat Jan voor de rechter moet verschijnen. Het gaat om zijn eerste Kreidler Florett, die een jaar eerder door een motoragent in beslag is genomen. Op een dinsdagochtend gaat hij naar het gerechtsgebouw aan het Kleine-Gartmanplantsoen, waar nu Holland Casino zit. De rechter blijkt het ontbrekende gele NL-plaatje helemaal niet zo erg te vinden en gelast teruggave van de bromfiets. Omdat er een opvoerset op zit, krijgt Jan wel een geldboete van 25 gulden. De opvoerset moet bovendien verwijderd worden, besluit de rechter, maar voorlopig heeft Jan weer een Kreidler onder zijn kont.

Het wordt gewoonte dat Jan onmiddellijk na het avondeten in zijn Epancratius-trainingspak naar het huis van de familie Meijer snelt om te gaan bodybuilden. Als ze daar nog niet klaar zijn met het avondeten wacht Jan op de bank, die bijna tot op de vloer doorzakt. De moeder van Frans brengt na de maaltijd vaak een kopje thee naar de trainende jongens. Dagelijks staan die voor de spiegel te kijken naar hun spieren. De kleine Cor van Hout kijkt vol bewondering mee en traint zichzelf rot om ook een sixpack te krijgen. Jan en Frans vertellen de kleine Cor nog niet dat ze een kluis willen kraken, al hebben ze hem daar straks wel bij nodig. Cor zal op de Haarlemmerweg met een portofoon op de uitkijk moeten staan. Bij onraad kunnen Jan en Frans dan over het terrein van de Maggi-fabriek ontkomen.

Tijdens hun voorbereidingen gaan Jan en Frans voor de zoveelste keer naar de Vredenhofweg om nog eenmaal te kijken naar de kluis die ze op het oog hebben. Ze moeten daarvoor over een tweeënhalve meter hoog hek klimmen. De jongens zijn in hun talrijke voorbesprekingen tot de conclusie gekomen dat je boven op een hek het meest zichtbaar bent. Maar Frans gaat te snel over het hek en valt op straat – gelukkig op de terugweg, anders was hij niet meer weggekomen met die pijn in zijn pols.

Op de eerste hulp van het Wilhelmina Gasthuis worden later die avond foto's genomen. Er blijkt een gecompliceerde breuk in een klein botje van de pols te zitten. De linkeronderarm van Frans verdwijnt in het gips. De behandelend arts vertelt bovendien dat het een langdurige kwetsuur betreft; hij mag erop rekenen dat het wel een jaar kan duren voor zijn pols volledig hersteld is.

Frans komt in de ziektewet terecht en krijgt tachtig procent van zijn behoorlijke salaris bij Hollandia Schroot uitgekeerd. Maar hij kan geen gewichten meer tillen, zoveel is duidelijk.

Jan traint nog steeds dagelijks, enkel nog met Cor. Nu hij in de ziektewet loopt, koopt Frans er een hondje bij, een lieve bulterriërpup: Jacko. Een hondje met een lange stamboom en naar later zal blijken ook een vechtlust die bij het ras niet ongewoon is. Frans heeft nu twee honden: een Mechelse herder, teef, en een bulterriër, reu. Cor gaat op een gegeven moment liever met hem en de honden op stap dan dat hij zich met Jan aan het ijzer verrot traint. Ze trekken meestal naar de opgespoten landerijen achter Sloterdijk, waar de honden op hazen en konijnen mogen jagen. Op een dag dat ook Jan erbij is, komt de Mechelse herder Herta, met Jacko achter haar aan hobbelend, met een levende haas in haar bek aangelopen.

'Trek die haas uit elkaar en geef de honden er wat stukken van te vreten,' zegt Frans tegen Cor.

Cor kijkt ongelovig naar Frans. 'Moet ik die haas stukscheuren?!'

Frans houdt stug vol en met een vertrokken gezicht begint Cor ten slotte aan een achterpoot van de haas te rukken. Het beestje lijdt zichtbaar veel pijn.

'Sla hem dood!' roept Jan. 'Waarom moeten we dat dier martelen?'

'Dat is niets bijzonders, in de natuur gebeurt dat dagelijks door de wilde dieren,' zegt Frans.

Jan werpt tegen dat wilde dieren altijd beginnen met het doden van hun prooi. Zijn vader doet dat met de kerstdagen door met een loden pijp een konijn achter de oren te slaan.

Terwijl Frans zijn honden in bedwang houdt, ligt de haas te stuiptrekken in het gras. Cor pakt een steen en geeft het dier een paar flinke klappen op zijn kop. Dood ligt het beestje nu op de grond.

'Je moet hem nog wel in stukken scheuren en aan de honden voeren,' zegt Frans.

Het bloed spettert in het rond. Herta en Jacko krijgen stukken haas en de honden gaan in het gras liggen genieten van het verse vlees.

Cor wast in een sloot het bloed van zijn handen. Wanneer ze na de wandeling weer thuiskomen, lopen de jongens door naar Pola, de ijssalon in de Van Hallstraat. Ze kopen drie grote bekers Italiaans ijs met slagroom en eten die met smaak op. Het voorval met de haas is al bijna weer vergeten, maar Cor is meer mans geworden, vinden Jan en Frans.

2.

'NOOIT MEER DE DE FLINESSTRAAT!' – NAJAAR 1970

Zolang Frans in het gips loopt, staat de kluiskraak op de Vredenhofweg in de wacht. De vrienden wandelen veel en trekken in de weekenden soms op met de gebroeders De Vuist. Jan en Frans krijgen dan autorijles in de Volkswagen Kever van de broers, meestal op het zondags verlaten parkeerterrein van de Makro aan de De Flinesstraat. Geen wonder dat hun tijdens een van die rijlessen een verlaten bouwkeet op een schuin tegenovergelegen bouwterrein opvalt.

Bij nadere inspectie zien de jongens door een venster van de bouwkeet dat er allerlei gereedschappen op de vloer staan, waaronder een lasaggregaat. Het venster heeft een spanjoletsluiting en door een klein ruitje te breken verschaffen de jongens zich toegang. Hebzuchtig bekijken Jan, Frans en Rudy de Vuist de elektrische zagen, boren en schaven; het is meer dan wat in een enkele keer meegenomen kan worden. Jan en Frans besluiten daarom het lasaggregaat 's avonds op te halen. Ze zetten het wel alvast op een stoel bij het open venster, zodat het eenvoudig uit het raam getild kan worden en Frans niet met zijn gipsarm de keet binnen hoeft te klimmen.

Als de eerste buit door de De Vuists naar het Van Beuningenplein is gereden en bij Frans op zolder is gestald, vragen Jan en Frans of zij de Kever van Rudy niet kunnen kopen. Akkoord. Die avond kan de auto bij de familie De Vuist in de Christiaan de Wetstraat worden opgehaald, voor 300 gulden. Het is inmiddels bijna vijf uur, tijd om te gaan eten.

Thuis bij de maaltijd spuit Jan de gewone kleine leugentjes. Hij heeft die middag rijles gekregen in de auto van een vriend op een verlaten parkeerterrein; dat is in ieder geval waar. Zolang Jan geen brokken maakt, zijn Jans ouders allang blij. Dat hij onmiddellijk na de maaltijd verdwijnt, verbaast hen ook niet, dat is altijd zo. Maar dat Jan een auto gaat kopen om daarmee een gestolen lasaggregaat te vervoeren, kan natuurlijk niemand vermoeden. Jan is een zeventienjarige timmermansgezel met goede maatschappelijke vooruitzichten, maar zonder rijbewijs.

Op het afgesproken tijdstip verschijnen Jan en Frans bij de De Vuists. De 300 gulden komt op tafel en Jan krijgt de sleuteltjes van de auto overhandigd. Onzeker start hij de motor; dit is zijn eerste ritje buiten een verlaten parkeerplaats en ook zonder dat er iemand naast hem zit om aanwijzingen te geven. Hortend en stotend trekt de Volkswagen op, maar na een paar honderd meter krijgt Jan het gevoel dat het wel goed gaat. Frans begint tevreden op het dashboard te kloppen. De Kever rijdt voortreffelijk.

Langs het Amstelstation rijden ze naar het bouwterrein. Eerst verkennen ze de situatie. Behalve een zoenend paartje in de verte is er niemand te bekennen. Ze parkeren de Kever vlak naast het geprepareerde venster van de bouwkeet en Frans helpt met zijn gezonde arm het loodzware aggregaat in de laadruimte van de Kever te tillen. Zuchtend staan de jongens nog even om zich heen te kijken, deze klus verloopt voorspoedig. Ze stappen in en vertrekken naar huis.

Op de hoek van de Weesperzijde en de Mr. Treublaan moet de Kever stoppen voor een rood licht. Plotseling staan er aan beide kanten naast de auto twee mannen in burgerkledij met getrokken pistolen. Jan en Frans worden onder schot gehouden. 'Dat is de smeris!' De agenten schreeuwen dat de jongens uit moeten stappen. Er zit weinig anders op dan gehoorzamen. De mannen maken zich bekend als rijkspolitieagenten en zeggen dat ze op heterdaad getuige zijn geweest van een inbraak. Jan en Frans horen het verslagen aan en kijken elkaar even diep in de ogen. Dan slaat Frans de oudste van de twee, die het dichtst bij hem staat, met zijn gezonde arm in het gezicht. De agent is even gedesoriënteerd. Op hetzelfde moment geeft Jan de jongere man een stomp en die gaat tegen de grond, wat Jan de gelegenheid geeft weg te rennen. Twintig meter verder kijkt hij om en ziet hij dat de twee agenten samen Frans in bedwang houden. Wanneer Jan verder de Mr. Treublaan in holt, is duidelijk dat niemand hem achtervolgt.

Jan weet niet wat hij moet doen. In het urenlange overleg op de opgespoten vlaktes achter Sloterdijk is een aanhouding op heterdaad nooit besproken. Hij zet het op een lopen naar de nabijgelegen Christiaan de Wetstraat en vertelt thuis bij de gebroeders De Vuist wat er is gebeurd. De De Vuists reageren geschrokken; wanneer Frans begint te praten, zijn zij ook het haasje.

'We moeten naar Frans' woning toe om de zolder op te ruimen,' daagt het Jan opeens. 'We moeten zo veel mogelijk gestolen spul laten verdwijnen.'

Twee van de broers De Vuist rijden in een oude Alfa Romeo met hem mee naar het Van Beuningenplein. De broertjes lopen door naar de zolder, terwijl Jan even de woning van de familie Meijer binnengaat. De moeder van Frans ligt met hoofdpijn op bed. In de deur van de slaapkamer vertelt Jan haar dat Frans door de politie is gearresteerd bij een inbraak. Tante Marie kijkt hem even geschrokken aan en trekt dan het beddengoed over haar hoofd. Jan staat er verloren bij en zegt dat hij de zolder gaat opruimen omdat er gestolen goed ligt. Tante Marie kreunt slechts. Jan loopt de trap op, pakt zijn sleutelbos en opent de zolderdeur. Binnen graaien hij en de De Vuists twee jutezakken vol met gestolen spullen bij elkaar. Als eerste verdwijnen de portofoons met de oplaadstations. Het handgereedschap dat bij de Peugeotdealer op de Lijnbaansgracht is gestolen, laat Jan op het gereedschapsbord hangen, dat valt toch niet te traceren.

Na het overhaaste bezoek aan de familie Meijer moet de gestolen waar gedumpt worden. In de Staatsliedenbuurt is dat eenvoudig. De Alfa Romeo rijdt aan het begin van de Van Hallstraat het kasseienweggetje op naar het industrieterreintje, dat in de volksmond 'het Dok' wordt genoemd. Er zitten daar enkel kantoren, magazijnen en werkplaatsen. Het is er 's avonds uitgestorven. De auto rijdt door tot aan het gesloten hek bij de Kostverlorenvaart. Al het gereedschap dat is verzameld om een kluiskraak uit te voeren, verdwijnt in de vaargeul; het zal niet de eerste en zeker niet de laatste keer zijn dat er op deze manier belastend materiaal wordt geloosd. De De Vuists kijken toe, wensen Jan het beste en rijden terug naar huis. Hij blijft achter aan de vaart en begint in de buurt rond te dolen. Hij weet niet wat te doen. Moet hij naar de politie of maar naar huis? Hij weet zich, nu het praktische handelen achter de rug is, geen raad meer. Het loopt inmiddels tegen middernacht. Hij moet in ieder geval eerst naar huis, dat staat vast.

Thuis aangekomen gaat Jan de huiskamer binnen en maakt zijn ouders wakker. Hij biecht het verhaal op. Moeder barst in woedende tranen uit; zulke dingen doet haar Jantje toch niet? Ze roept dramatisch dat het allemaal aan Frans ligt, hij woont immers in het Fort.

Na het eerste rumoer neemt Jans vader het woord: 'Ik breng je naar het politiebureau.' Hij is een keurige ambtenaar en een rechtschapen man, zijn besluit staat vast. Wanneer vader in de kleren is, wordt Jan achter op zijn bromfiets gecommandeerd.

Zo rijden ze naar het Hoofdbureau van Politie aan de Amsterdamse Marnixstraat. Het gebouw is 's nachts gesloten, maar wanneer vader aanbelt, verschijnt even later een brigadier in de deurpost. Hevig ontdaan, met tranen in zijn ogen, vertelt vader dat zijn zoon na een arrestatie de benen genomen heeft. De brigadier kijkt even goed naar Jan, doet een stapje terug en wenkt het tweetal naar binnen. Nadat Jans naam aan de balie is genoteerd en een korte beschrijving van het delict is opgenomen, wordt Jan naar het cellenblok gebracht. In de cel klapt hij een bruine canvas brits van de muur en gaat liggen.

De volgende dag wordt Jan in een politiekevertje naar Ouderkerk aan de Amstel gereden om overgedragen te worden aan de rijkspolitie. Daar, in een klein politiebureau met maar twee cellen, betrekt Jan de cel naast Frans. Na een tijdje krijgt hij een geel papier in zijn handen gedrukt: een bevel tot gevangenhouding voor achtenveertig uur. Later in de middag begint zijn verhoor. Jan bekent de inbraak in de bouwkeet onmiddellijk, omdat ontkennen weinig zin heeft. Hoe het mogelijk is dat een zeventienjarige jongen zonder rijbewijs in een Volkswagen Kever rijdt, moet natuurlijk ook verklaard worden. Jan vertelt dat de auto van onbekenden is gekocht. Achter de al wat oudere rechercheur die de ondervraging leidt, een van de agenten van de arrestatie op de Mr. Treublaan, staat een aantal dozen op de grond met daarin het gereedschap dat Jan bij Frans op zolder heeft laten liggen. De gereedschappen die uit de keet zijn gestolen liggen erbij en daarnaast staan de grote betonschaar en een oude politiesabel tegen de muur. Er wordt doorgezaagd over de vraag hoe Jan en Frans aan al die ijzerwaren gekomen zijn, maar Jan houdt vast aan het verhaal dat het meeste op het Waterlooplein is aangeschaft. Wanneer deze weinig coöperatieve houding van Jan de ondervrager te gortig wordt, zegt de rechercheur: 'Ik kijk dwars door je heen en zie dat je zit te liegen.'

'Nee, ik lieg niet,' volhardt Jan. 'We hebben dat gereedschap echt op het Waterlooplein gekocht.'

Er zit niet veel vooruitgang in het verhoor en daarom richt de agent zich maar op de klap die Jan aan de jongere man heeft gegeven. Dat was een gewone agent, vertelt de rechercheur. Jan biedt zijn excuses aan, dat had hij natuurlijk nooit mogen doen. Daarna begint het verhoor min of meer van voren af aan, tot het weer uitmondt in precies dezelfde ontkenningen: 'Ik zeg u toch, het gereedschap is op het Waterlooplein gekocht.'

'Jan, ik draai al wat langer mee in dit vak en heb al meer jongens meegemaakt zoals jij. Vertel de waarheid nu maar, geloof me, dat lucht op. Daarna voel je je beter.'

Jan wordt niet geraakt door de woorden en blijft ontkennen. 'Jullie waren zeker dat vrijende paartje?' vraagt hij wanneer het verhoor wordt beëindigd.

'Ja, dat waren wij,' bevestigt de rechercheur.

'Een goede truc.' Hij en Frans zijn er volledig ingetuind.

Op weg naar zijn cel ziet Jan via een openstaand luikje Frans in de ruimte naast hem zitten. Eenmaal opgesloten, merkt Jan dat het luikje van zijn cel, dat in de muur naast de deur gemetseld zit, niet vergrendeld is. Hij kan het zo openduwen. Jan begint het deuntje te fluiten dat Frans vaak floot toen hij nog bij het granitobedrijf van de Gebroeders Fromans werkte. Het melodietje wordt met gefluit beantwoord. Jan vertelt Frans dat hij bij hem thuis grote schoonmaak heeft gehouden en de meeste inbraakgoederen in het water heeft gegooid. Wanneer ze vasthouden aan het verhaal dat het resterende gereedschap op het Waterlooplein is gekocht, kunnen ze alleen voor de inbraak in de bouwkeet worden gepakt. Frans is opgelucht en bedankt Jan voor zijn doortastende optreden; hijzelf heeft gelukkig nog niets toegegeven. Ze moeten de verhoren gewoon uitzitten en bij hun verhaal blijven.

Opeens wordt er gerommeld aan de deur van het cellenblok. Snel worden de stalen luikjes dichtgeklapt, maar Jans vinger komt ertussen en hij bloedt als een rund. De mannen van de rijkspolitie komen langs om het avondeten te brengen. Omdat het maar een klein bureautje is, kookt de vrouw van de wachtmeester voor de arrestanten. Het blijkt goede Hollandse pot en er zit zelfs een toetje bij. Het is 1970 en er lijkt enige sympathie te bestaan voor de twee domme, zeventienjarige jongens: wie fout doet is niet per se slecht. De volgende dag kijkt Jan al naar de maaltijd uit. Nu kan hij niet anders dan de rijkspolitieagenten vragen om verband voor zijn bloedende rechtermiddelvinger.

De volgende dag zijn er minder verhoren, omdat de politieagenten op bezoek gaan bij de ouders van Jan en Frans. De oudere rechercheur leeft zichtbaar mee met de familie Boellaard. Hij en zijn collega kijken nog wat rond in de kamer van Jan, ze openen zijn klerenkast en werpen er een vluchtige blik in. Even stokt de adem van Jans jongere broertje, want hij weet dat wanneer je die kast kantelt, er een Webley luchtpistool onder ligt.

De agenten verlaten de slaapkamer weer snel. Beneden zit de oudere rechercheur nog even met een kopje thee aan tafel en vraagt hoe Jan het op zijn werk doet. Dat gaat allemaal goed, vertelt moeder. Het gesprek komt erop dat Jan zo'n potige jongen is en de jongere agent vertelt hoe hij met een enkele klap tegen de grond is geslagen. Dat komt van het bodybuilden, onthult moeder trots. De agenten glimlachen flauw en verlaten de woning, ze weten genoeg.

Op de derde dag krijgt Jan weer een geel papier uitgereikt; het bevel tot inhechtenisneming is met twee dagen verlengd. Dat gaat niet goed, denkt Jan. Hij klapt het luikje open, fluit en vraagt Frans om uitleg. Ervaring met de kinderrechter leert dat ze binnenkort naar de rechter-commissaris moeten, die kan dan besluiten tot overplaatsing naar een huis van bewaring. Het vooruitzicht om langere tijd opgesloten te zitten doet Jan sidderen. Tot overmaat van ramp horen de agenten van de rijkspolitie de arrestanten met elkaar praten. Ze luisteren allicht even mee, maar wanneer blijkt dat er niet over strafbare feiten wordt gepraat, verliezen ze hun geduld en worden de luikjes vergrendeld. Alleen op de wereld.

De rijkspolitie heeft inmiddels via de Volkswagen Kever de gebroeders De Vuist opgespoord. Die hebben open kaart gespeeld, hun aandeel in de inbraak bekend en de verkoop van de VW Kever bevestigd. Dat Jan en Frans nog geen achttien zijn, kunnen ze nauwelijks geloven. Maar daarnaast hebben de De Vuists verklaard dat Jan en Frans het voornemen koesteren 'gangster te worden'. Jan wordt uit de cel gehaald, hier wil de oudere agent het fijne van weten.

'Jullie willen dus gangster worden?'

'Hebben wij dat gezegd? Dat is grote onzin! Dat liegen ze!' reageert Jan, die zich zijn opschepperige bui best herinnert.

De agent blijft Jan rustig aankijken. 'Vergeet niet, Jan, dat ik dwars door je heen kijk wanneer je zit te liegen.'

Jan blijft zijn carrièreplannen echter stug ontkennen en wordt weer teruggeleid naar zijn cel. Het is ontzettend saai in de kleine ruimte: een gemetselde kruk aan een in de muur gemetseld, stoepblauw tafeltje en een dakraam in het plafond, dat is het. De dag is niet om door te komen. Jan verlangt ernaar weer vrij te zijn.

Al die dagen hebben de jongens geen gelegenheid gehad zich te wassen. Wanneer ze op de vierde dag naast elkaar in een busje van de rijkspolitie worden gezet, valt het Jan op dat Frans een veel zwaardere baard heeft dan hijzelf.

Het busje rijdt Amsterdam-Centrum binnen en stopt uiteindelijk op de Leidsekade voor een achteringang van het gerechtsgebouw. Jan is er eerder geweest voor zijn Kreidler. De jongens worden in afzonderlijke cellen opgesloten.

Na een uurtje wordt Jan opgehaald en door een bewaker naar de eerste etage gebracht, waar in een kantoor twee mannen zitten van wie een zich voorstelt als rechter-commissaris. Wanneer hij opkijkt van het dossier, vraagt hij Jan nog eens precies te vertellen wat er in de De Flinesstraat is gebeurd. Jan steekt hetzelfde verhaal af dat hij eerder aan de rijkspolitie in Ouderkerk heeft verteld. De rechter-commissaris hoort het aan zonder vragen te stellen, het lijkt een formaliteit. Nadat het proces-verbaal is opgemaakt, mag Jan vertrekken. Hij zal gedagvaard worden om voor de rechter te verschijnen. Geen huis van bewaring, denkt hij opgelucht. De bewaker leidt hem naar buiten, de zware eiken deuren openen zich en Jan stapt het stenen trapje af. Hij snuift de buitenlucht in, hij is weer vrij. Na een half uur vergeefs wachten op zijn vriend begint hij richting huis te lopen.

In de Keucheniusstraat belt Jan aan bij het ouderlijk huis. Moeder opent de deur door aan het touw te trekken, Jan loopt schuldbewust naar boven en stapt de huiskamer binnen. Moeder begint hem daar onmiddellijk de huid vol te schelden. Schreeuwen is haar grootste wapen, volgens Jan. Vroeger greep ze nog weleens de mattenklopper, maar nu zijn haar kinderen daarvoor te sterk of te snel. Volgens moeder is Frans de bron van alle kwaad: 'Met zulke vrienden groei je op voor galg en rad!'

Jan probeert verwarring te stichten door te zeggen dat het helemaal niet enkel de schuld van Frans is. 'We hebben het samen gedaan. Ik ben net zo schuldig als hij.'

'Dat is niet waar!' schreeuwt moeder. 'Frans komt niet voor niets uit het Fort!' Er valt geen speld meer tussen haar rechtlijnige oordeel te krijgen.

Rond half zes komt vader thuis. Jan ligt op dat moment nog op zijn zolderkamer naar het plafond te staren. Even later wordt hij via de intercom opgeroepen: het eten staat op tafel. Jan vertrekt direct naar beneden en gaat zonder wat te zeggen zitten. Vader kijkt Jan streng aan en begint daarna zijn avondmaaltijd op te eten. Iedereen zwijgt. Moeder heeft Jans lievelingskostje gemaakt: zuurkoolstamppot, zo is zij ook wel weer. Jan zit heerlijk te eten; in tijden van rampspoed is lekker eten altijd een troost, zeker voor een Boellaard.

Na de maaltijd zegt zijn vader dat hij ten eerste een week huisarrest krijgt. Jan kijkt zijn vader verschrikt aan. 'Daarbij verbied ik het je om nog langer met Frans om te gaan.'

'Dat is niet eerlijk,' antwoordt Jan. 'Frans is mijn vriend.'

'Toch is het zo,' zegt vader.

Jan antwoordt dat hij dat dus niet doet.

'Toch moet het.'

'We zullen zien,' zegt Jan.

Er wordt weer gezwegen aan tafel. Jan heeft Frans sinds de rit naar de rechter-commissaris niet meer gezien. Of zijn vriend al thuis is, weet hij niet.

De volgende dag gaat Jan weer gewoon naar zijn werk toe. Vader heeft de maandag na de inbraak de werkgever van Jan geïnformeerd over wat er is voorgevallen en meneer Steur is dezelfde avond nog bij de familie Boellaard op bezoek gekomen. Bij een bakkie koffie zijn de aannemer en Jans ouders het erover eens dat Jan een goede jongen is, een harde werker en een veelbelovend vakman. Dit akkefietje kan weinig anders zijn dan een eenmalige misstap. Vader is meneer Steur erg dankbaar voor zijn begrip. Steur blijkt een ouderwets soort verantwoordelijke werkgever en het is duidelijk dat hij dit hardwerkende gezin niet wil laten vallen.

Wanneer Jan 's avonds van zijn werk naar huis rijdt, ziet hij Frans en Cor met Herta en Jacko bij de brug in de Van Hallstraat lopen. Hij stopt en Frans en Cor lopen lachend op hem af. Frans is ook door de rechter-commissaris naar huis gestuurd. Zijn moeder is flink uit haar slof geschoten, maar uiteindelijk valt alles mee. Jan vertelt dat het bij hem thuis helemaal niet meevalt. 'Dat huisarrest moet ik uitdienen, maar onze vriendschap geef ik niet op, Frans.'

Jans vrienden knikken, ze begrijpen dat het allemaal niet makkelijk is. Die dag kijkt Jan voor het eerst sinds jaren een hele avond televisie.

Na het weekend worden Jans beperkingen alweer versoepeld en krijgt hij permissie de straat op te gaan. Hij gaat meteen naar de familie Meijer en treft Frans en Cor uiteindelijk aan in het Westerpark. De hond van Frans is weer eens aan het vechten. Hij heeft zijn handen eraan vol. Cor komt meteen lachend naar Jan gelopen en drukt hem de hand: 'Geen straf meer, Jan?'

In het park zoeken de jongens een bankje op en praten elkaar bij. Het lijkt maar het beste af te wachten wat de rechter beslist. Frans kondigt zelfs aan dat hij zich rustig gaat houden en even geen criminele zaken meer zal ondernemen. Een voornemen waarbij Jan zich aansluit.

De inbraak in de bouwkeet wordt overigens pas begin '72 door de rechter behandeld, zo'n anderhalf jaar nadat het feit heeft plaatsgevonden. Jan en Frans worden tot een voorwaardelijke straf veroordeeld, met proeftijd en een geldboete van 400 gulden. De geldboete is voor Jan en Frans gelijk, de voorwaardelijke straf en de proeftijd vallen voor Frans iets zwaarder uit vanwege zijn verschijning voor de kinderrechter destijds. De gebroeders De Vuist komen er elk met een geldboete van 300 gulden vanaf; hun aandeel in de misdaad is geringer en zij hebben zich ook niet schuldig gemaakt aan verzet bij hun arrestatie.

'Sodeju, dat was me wat. Daar zijn we goed vanaf gekomen,' verzucht Jan wanneer hij weer buiten het gerechtsgebouw staat.

De inbraak in de bouwkeet aan de De Flinesstraat blijkt vooral een leerzaam incident. 'Denk aan de De Flinesstraat!' zal in de komende jaren een gevleugelde uitspraak worden, die veeleer aanspoort tot voorzichtigheid in het kwade dan tot gehoorzaamheid aan de wet.

De feestdagen

Twee dagen voor kerst zit Jan in de huiskamer aan de Keucheniusstraat met vuurwerk te spelen. Hij houdt het lontje van een kanonslag bij een kaars en knijpt het dan gecontroleerd uit. Opeens vliegt het lontje van het bommetje onverwachts weer in brand en nu is het te kort om nog uit te knijpen. Het ontploft, terwijl Jan het probeert weg te gooien, vlak naast zijn hand. Het is een chaos in de huiskamer, de papiersnippers van het vuurwerk liggen overal over de vloer en meubels verspreid. Jans moeder stormt woedend binnen: of Jan gek geworden is! Hij krijgt de hele lading over zich heen.

Maar de scheldpartij verstomt wanneer Jan begint te kermen van de pijn. Moeder ziet dat zijn hand verbrand is. Hij houdt hem onder de koude kraan, wat enige verlichting geeft. Bij de eerste hulp in het Wilhelmina Gasthuis aan de Eerste Helmersstraat constateert de arts een tweedegraads verbranding van Jans rechterhand. Er wordt crème op gesmeerd en daarna gaat er een dikke prop vette watten omheen, die met verband tot aan zijn elleboog wordt omzwachteld.

De dag na het incident kan Jan weinig anders dan zich ziek melden. Diezelfde 24 december komt er al een controleur van de bedrijfsvereniging bij hem thuis. Het bezoekje geeft vijf weken de tijd om een oproep van de bedrijfsarts af te wachten.

Op Tweede Kerstdag gaan Jan en Frans naar de discotheek Lucky Star aan het Leidseplein. Twee meiden die ze daar aanspreken vragen zich lachend af of de jongens misschien tegelijkertijd een ongeluk hebben gehad, zoals ze daar staan: de een in het gips, de ander in het verband. Lachend legt Frans uit dat dit niet het geval is. Hijzelf loopt er al bijna een half jaar zo bij en Jan is ‘onvoorzichtig’ geweest met vuurwerk. Frans is erg welbespraakt. De meiden trekken die avond met de jongens van de ene disco naar de andere. Het wordt een gezellige nacht.

Oudejaarsavond brengen Jan en Cor door bij de familie Meijer thuis, met alle broertjes en zusjes van Frans erbij. Er wordt gezamenlijk gegeten en met een hapje en een drankje naar de televisie gekeken. Om elf uur neemt Cor afscheid omdat hij aan het werk moet: beneden in de tuin van het buurthuis Ons Huis achter de ijzeren poort ligt een grote stapel kerstbomen op hem te wachten. 'Een geweldige berg,' vertelt Cor trots.

Om half twaalf gaan ook Jan en Frans naar beneden om te kijken hoe de jongens van het Van Beuningenplein autobanden, oude meubels en vooral kerstbomen op een hoop aan het stapelen zijn. Cor sleept met wat andere jongens de op het plein geparkeerde bakfiets van een in de buurt werkende morgenster naar het vreugdevuur. Met een mannetje of zes wordt het ding op de brandstapel getild.

'Die zal op een andere manier zijn geld moeten gaan verdienen,' zegt Jan. Frans lacht.

Even voor twaalven wordt er benzine over de berg gegoten en om precies twaalf uur gaat de brand erin. Het is al snel een vlammenzee. Jan, Frans en Cor wensen elkaar gelukkig nieuwjaar en kijken nog even naar het vuur. Het vriest, maar het is lekker warm in de straat.

Het wordt tijd om ook de familie gelukkig nieuwjaar te wensen en de vrienden nemen voor een kwartiertje afscheid van elkaar.

In de Keucheniusstraat zit de familie Boellaard aan tafel en kijkt af en toe door de ramen naar het vuurwerk. Jan krijgt een dikke pakkerd van zijn moeder, maar draait zijn gezicht af. Hij heeft het niet zo op natte zoenen.

'Dit jaar geen domme dingen doen met Frans, Jan. Dat je maar een goeie jongen mag zijn.'

'Ook gelukkig nieuwjaar, moeder.'

Aan goede voornemens geen gebrek. Jan graait wat oliebollen uit een schaal, werkt die naar binnen en na een minuut of tien vertrekt hij weer. Van een afstandje kijkt hij toe hoe Frans en Cor zich vermaken met bommetjes. Van zelf vuurwerk afsteken is hij dit jaar genezen.

3.

'WIE NIET STEELT OF ERFT, ZAL WERKEN TOT HIJ STERFT' – 1971

Begin '71 lopen ze nog steeds allebei in de ziektewet; Jan in het verband, Frans in het gips. De twee vrienden laten dagelijks Herta en Jacko uit achter station Sloterdijk en Cor spijbelt regelmatig om mee te kunnen. Tijdens deze lange wandelingen wordt Cor, die pas dertien is, voor het eerst geheel in vertrouwen genomen. Stomverbaasd hoort hij over het in de soep gelopen plan om een kluis te kraken, hoe Frans zijn pols heeft gebroken en Jan later alle benodigde gereedschappen in de vaart heeft gegooid. Cor is door Jan en Frans wel bij de plannen voor hun kluiskraak ingecalculeerd, maar wordt daar pas tijdens de lange wandelingen van op de hoogte gesteld. Hij zou een rol bij de kraak hebben moeten spelen door op de uitkijk te staan met de portofoon, die nu jammer genoeg in de vaargeul ligt. Cor luistert scherp toe en raakt er best opgewonden van. Op een van de wandelingen wordt afgesproken dat er een plan moet komen voor de toekomst van de drie jongens.

'Wie niet steelt of erft, zal werken tot hij sterft.' Jan heeft deze spreuk gelezen op een balk in café Vulkaan 50 op de De Wittenkade. Geen van de vrienden hoeft later een erfenis te verwachten, zoveel is duidelijk. De logica gebiedt dus de criminele plannen weer op te vatten, maar Frans ziet al het gedoe rond een kluiskraak niet meer zitten.

'We slepen ons een ongeluk om een snijbrander en ander gereedschap naar binnen te krijgen,' zegt hij. 'Daarna snijden we een kluis open, maar we weten van tevoren nooit wat erin zit. Het blijft een grote gok. Hij kan net zo goed leeg zijn.'

Begin '71 is het giroloket bij een sigarenhandelaar in de Van Hallstraat overvallen en daarbij is cash geld buitgemaakt. Dat directe geld is veel beter, daar zijn de drie het snel over eens. De man die de roofoverval heeft gepleegd, woont echter in de Staatsliedenbuurt en wordt kort na de misdaad thuis gearresteerd omdat iemand hem heeft herkend. Gearresteerd worden is na hun noodlottig verlopen inbraak in de bouwkeet een spookbeeld voor Jan en Frans. Je verveelt je dood in een cel. Je mag dan ook nooit om de hoek je slag slaan en iets illegaals mag alleen worden ondernomen mits goed voorbereid, met een minimumrisico op ontdekking. 'Denk aan de De Flinesstraat!'

Cash geld stelen vinden de jongens beter dan bijvoorbeeld een vrachtwagen met televisies kapen. Eerst loop je te leuren om die dingen voor een goede prijs kwijt te raken en daarna kan de koper je verlinken bij de politie. Kortom: vragen om moeilijkheden. Cash geld hoef je niet voor een fractie van de waarde van de hand te doen; als de nummers niet zijn genoteerd, kan niemand bewijzen dat je het gestolen hebt, en je kan er alles voor kopen wat je hartje begeert, ook een televisie. 'Bovendien krijg je een bonnetje waarmee je een aankoop aan kan tonen,' merkt Cor op.

Er zijn nog geen concrete plannen, maar terwijl het debat op de vlaktes achter Sloterdijk langs deze lijnen vordert, verwerft de spreuk 'Wie niet steelt of erft, zal werken tot hij sterft' de status van strijdkreet. Jan, Frans en Cor hebben andere denkbeelden over hun leven dan alleen maar werken.

Na vijf weken ziektewet gaat Jan naar de controlerend geneesheer van het Sociaal Fonds Bouwnijverheid. De bedrijfsarts neemt niet eens de moeite om het verband eraf te halen: over vier weken terugkomen. Jan vindt inmiddels het leven met slechts één gezonde hand in bepaalde opzichten een stuk makkelijker dan het leven met twee handen, maar hij begint wel zijn training te missen. Als het ziekenhuis hem na een maand genezen verklaart en de bedrijfsarts desondanks nog veertien dagen rust voorschrijft, staat Jan diezelfde avond met één handschoen aan zijn rode hand, samen met Cor, op de trainkamer van Frans te bodybuilden. Het gaat goed. Na de training gaan de jongens als vanouds naar het Westerpark om een uurtje te rennen.

Frans gaat mee met de honden. 's Avonds zit de boel in het Westerpark wel op slot, maar aan het hek zit een ketting die nooit vast aangespannen zit. Er is ruimte genoeg om de honden doorheen te laten. Jan en Frans passen er niet doorheen, Cor nog wel. Jan en Frans moeten via de buitenkant over de Haarlemmervaart langs het hek klimmen. Dat is voor Frans met zijn pols in het gips een hele toer.

Begin maart gaat bij Frans het gips eraf en na nog enkele weken verklaart de bedrijfsarts hem genezen. Zijn werkgever, Hollandia Schroot, wenst hem echter niet terug te nemen. Frans komt zodoende een week of zes in de werkloosheidswet terecht. Daarna gaat hij bij een aannemer in de Van Beuningenstraat aan de slag en belandt hij in de Bijlmermeer in de betonreparatie. Hij heeft daar een vaste werkmaat, een oudere man. Karel is als een vader voor Frans en leert hem naast betonreparatie ook metselen en stukadoren. In een mum van tijd verandert Frans in een vakmannetje. Het normale, burgerlijke leven van de jongens draait weer. Frans pakt het bodybuilden weer op en Jan en Cor zijn blij dat ze weer met z'n drieën aan het trainen zijn. Vanaf nu gaan de jongens er dubbel en dwars tegenaan. Ze trainen om de dag; de spieren hebben ook rust nodig om te groeien.

Jan en Frans gaan wekelijks naar de bioscoop, meestal naar een gangster- of cowboyfilm. Ze zitten dan op het 'plaatsje nekkramp', stalles, dat bestaat dan nog. Tot laat in de nacht staan ze voor het raam van de groentewinkel op de hoek van de Van Hallstraat te praten en alle plotwendingen door te nemen. De films zijn een voortdurende bron van inspiratie. 1971 is het jaar van *The French Connection*, *Klute* en de eerste *Dirty Harry*-film. De jongens leven zeer voorzichtig, maar fantaseren roekeloos over een misdadig leven.

Jan, Frans en Cor zijn echte vissers en regelmatig staan de jongens bij het stroompje van de elektriciteitscentrale aan de Hemweg of in de Mercuriushaven bij de graansilo's. (Vanwege al het graan dat van de schepen in het water valt, barst het daar van de vis.) Tegenover de ingang van het Westerpark is een hengelsportzaak, waar de mooiste hengels en molens in de etalage liggen. Jan en Frans zien een inbraakje hier als een mooie gelegenheid voor Cor om te bewijzen dat hij bij hen, de grotere mannen, hoort. Cor heeft volgens Jan en Frans de extra training nodig, hij moet rijp gemaakt worden voor 'het grote werk'. Daarnaast loopt hij zonder strafblad nauwelijks risico, terwijl Jan en Frans nog zitten te wachten op een dagvaarding van de rechter. Het mes snijdt aan twee kanten.

Cor is enthousiast over het plan. Het is weliswaar een inbraak, maar de buit is voor eigen gebruik. Dat druist niet in tegen de nieuwe principes die tijdens de lange wandelingen zijn afgesproken. De jongens zullen nooit meer iets stelen dat verkocht moet worden, daar zit een te groot risico aan vast. Cor wil echter wel zoveel hengels stelen dat hij er een paar kan weggeven. Vooruitlopend op de klus belooft Cor zelfs al aan familie en vrienden dat ze binnenkort een hengeltje van hem krijgen. Beloftes waarvan Jan en Frans voorlopig nog niets weten.

De winkel is afgesloten met een dik hangslot. Aan de overkant kunnen de portiers van de gasfabriek de hengelsportzaak zien, dat is iets om rekening mee te houden, maar een hangslot is nooit een probleem geweest voor Jan en Frans. 'Hun' betonschaar is helaas door de rijkspolitie in beslag genomen, maar Jan kan op zijn werk voor een weekendje een mooie betonschaar lenen.

Bij de bezoeken aan het Westerpark hebben de jongens gezien dat de portiers van de gasfabriek om acht uur naar het nieuws op de televisie kijken, en na wat gedrentel voor de hengelsportzaak zet Cor op een seintje van Jan en Frans om precies 20:02 uur de betonschaar op het kettingslot. Het valt niet mee de zware ketting door te knippen. Vanaf de overzijde van de trekvaart zien Jan en Frans hoe Cor een paar keer aan het slot op de hengelsportzaak morrelt en opnieuw de betonschaar op de ketting zet. 'Hij krijgt hem niet door,' fluistert Frans.

Wanneer Cor omkijkt naar Jan en Frans en met zijn hoofd nee schudt, wenkt Frans hem om naar de andere kant van het water te komen.

'Dat slot is veel te dik, ik krijg het niet doormidden,' zegt Cor.

'Je moet ook op de ketting knippen,' zucht Jan.

'Heb ik ook gedaan, natuurlijk. Ik krijg er geen deukje in. Dat slot is echt te stevig.'

'Laat mij maar proberen,' antwoordt Frans geërgerd, terwijl hij de betonschaar overneemt. 'Blijven jullie hier,' gebiedt hij.

Even later keert ook Frans terug van een vergeefse poging om het slot door te knippen. Jan en Frans besluiten het samen te proberen en even later hangen zij puffend en steunend met zijn tweeën aan de betonschaar, terwijl Cor op de brug over de trekvaart staat om de boel in de gaten te houden. De ketting geeft geen krimp, evenmin als het slot. Na nog een zinloze poging lopen Jan en Frans bezweet naar Cor toe.

'We houden het voor gezien, die ketting krijgen we niet door,' zucht Jan. 'Zelfs niet met zijn tweeën.'

'Puik slot,' lacht Frans bewonderend. 'We gaan naar huis.'

'Nee, we proberen het nog een keer,' volhardt Cor.

'Zinloos,' werpt Frans tegen, enigszins verbaasd wanneer hij de toon van zijn jonge vriend hoort.

'We moeten dat slot doorknippen!' zegt Cor nu zeer beslist. 'Ik heb Harry en Jaap een hengel beloofd en jouw vader ook, Jan. We kunnen niet naar huis zonder hengels.'

'Heb jij mijn vader een hengel beloofd?'

'Ja, jouw vader heeft mijn fiets gemaakt. Dat was best wat werk. We hebben hengels nodig.' De tranen staan nu in Cors ogen en Jan en Frans weten niet wat ze met hun vriendje aan moeten.

'Hoe kun je nu hengels beloven die we nog niet hebben?' vraagt Frans.

'Ik dacht dat ik dat ik die deur wel open kon knippen. En we gaan ze nu toch pikken?' Cor kijkt Jan en Frans vragend aan.

Het eind van het verhaal is dat na nog wat vergeefse pogingen om het slot door te knippen Jan en Frans er de brui aan geven en de man honderd gulden aan Cor lenen om hengels te kopen. Deze poging om Cor rijp te maken voor het grotere werk is lelijk in hun gezicht ontploft.

Een goede fysieke conditie is een eerste vereiste voor 'de klus', die er hoe dan ook gaat komen. Vanaf het moment dat Frans weer mee kan doen, wisselen de jongens het trainen en het vissen om de dag af en na iedere training met gewichten volgt vanaf nu een 'militaire training' in het 's avonds verlaten Westerpark. Geïnspireerd door buurtgenoten die beroepsmilitair zijn geworden en sterke verhalen vertellen over de keiharde fysieke training in het leger, ontwerpen de jongens hun eigen stormbaan. Honderden meters kruipen ze op hun ellebogen door het gras. Er staat een soort voetbaldoel in het Westerpark, een donkerblauwe wand met gaten erin, en na een rondje bankjes springen en tijgeren moet er iedere keer weer over dit doel heen geklommen worden.

Tijdens de trainingen dragen ze alle drie hun donkerblauwe Adidas-trainingspak met op de rug in kapitale witte letters 'Epancratius'. Onder die naam zullen ze de komende jaren een onafscheidelijk drietal zijn, dat elkaar bijna dagelijks ziet, lief en leed deelt, hoogtepunten beleeft, samen de dood in de ogen kijkt en ten slotte, na een 'clean run' van twaalf jaar misdaad, in één klap nationale beruchtheid bereikt.

Jan is begin 1971 al enkele maanden achttien jaar en in het bezit van een rijbewijs. Zijn grote wens is natuurlijk een eigen auto en dan het liefst een met wat uitstraling. Hij heeft daarvoor al ruim 2.000 gulden bij elkaar gespaard. In die tijd werkt Jan in Haarlem aan een noodfiliaal voor C&A, de reguliere winkel is door brand verwoest. Jan rijdt iedere werkdag op zijn bromfiets naar de Ookmeerweg, om in de auto van zijn collega 'Ome' Joop verder te rijden naar Haarlem.

Bij Ome Joop in de straat ontmoet Jan voor het eerst zijn grote liefde, de Mercedes. In eerste instantie kondigt deze liefde zich aan in de gestalte van een Mercedes 220s van het bouwjaar '57. Een oud bakkie dus, maar met een schuifdak, leren stoelen, een wortelnoten dashboard en donkergetinte ruiten. De eigenaar blijkt een monteur te zijn van de Agam Mercedes-Benz-garage en vertelt dat hij de motor nog onlangs heeft gereviseerd. Het is een dure auto geweest, daarom is de vraagprijs ondanks de leeftijd nog altijd 1.500 gulden.

Jan en Frans stappen in de auto voor een proefrit. Frans zit op de achterbank. Het leer van de bekleding ruikt lekker, vindt Jan. Hoewel hij niet veel vergelijkingsmateriaal heeft, merkt hij meteen dat dit andere koek is dan de VW Kever of de andere autootjes waarin hij rijles heeft gekregen. Dit rijdt fantastisch. Na terugkeer op de Ookmeerweg worden de onderhandelingen geopend. Uiteindelijk wordt de koop gesloten op 1.350 gulden. Nog dezelfde middag komt Jan terug met het geld om zich eigenaar van een Mercedes te mogen noemen. Hij zal zich ontwikkelen tot een opmerkelijk behendig chauffeur.

In de week na de aankoop regelt Jan de wegenbelasting en de verzekering. De zondag daarna maakt hij de eerste grote rit om zijn Mercedes te leren kennen. Hij gaat met zijn ouders en George op bezoek bij familie van zijn moeder in Gorkum en kachelt flink door. Snelheidsbeperkingen op de autosnelwegen zijn in 1971 nog niet aan de orde. Ter hoogte van Rotterdam wordt moeder misselijk en geeft over in een zakje, dat zij even later door het raam langs de snelweg naar buiten slingert. Daarna klaart ze weer een beetje op, totdat ze na een stief kwartiertje merkt dat ze haar bovengebit mist. Gevloek en getier, maar de kans om de prothese ooit nog terug te vinden is nul, God mag weten waar die kan liggen. Het weerzien met ome Dirk en tante Sjaan vergoedt veel die middag.

Op de terugweg begint het al te schemeren als Jan de grenzen van het vermogen van zijn Mercedes onderzoekt. Op een open stuk snelweg haalt hij 190 kilometer per uur, toch komt er een auto naast hem rijden. Het is een Porsche van de rijkspolitie. Een agent maakt in gebarentaal duidelijk dat Jan naar de kant moet. O God, wat nu weer, denkt Jan. Even schudt zijn wereldbeeld op zijn grondvesten. Hij is gewend dat agenten zijn vervoersmiddel in beslag nemen. Langs de kant vertelt de agent dat er een achterlicht stuk is, of Jan een reservelampje heeft? Natuurlijk heeft Jan dat.

Die zomer maakt Jan meer zondagse tochtjes met de familie. Met zijn vieren bezoeken ze de Efteling. De Mercedes zuipt benzine, maar Jans vader betaalt mee en de benzineprijs is dan nog 60 cent per liter. Het zijn leuke uitstapjes en Jan zal deze vriendelijkheid jegens zijn vader, moeder en jongere broertje ook volhouden. Welke zoon neemt zijn ouders en kleine broertje nu mee op vakantie naar de Adriatische kust, terwijl hij net zo goed met zijn vrienden op vakantie kan gaan? Zelfs na de eerste bankovervallen gaat hij door met uitstapjes in de Mercedes. Nu Jan een auto heeft gaat hij ook wat vaker uit vissen met zijn vader, meestal op de pier bij IJmuiden. Frans en Cor gaan dan mee. Eigenlijk houden de tochtjes met de familie pas op wanneer Jan vaste verkering krijgt.

In '71 leert Jan Harry Ploos kennen. Jan heeft deze markante figuur nog niet eerder bij de familie Meijer thuis gezien. Harry is de vader van de broertjes en zusjes van Frans. Frans zelf is van een koekfabrikant die een tijdje met zijn moeder vree toen ze bij hem werkte, en haar heeft laten zitten toen zij zwanger bleek. Dan valt Harry Ploos, de tweede belangrijke man in tante Maries leven, nog mee. Frans heeft het niet zo op hem, omdat die zijn moeder heeft verlaten om bij een andere vrouw in te trekken.

Jan mag Harry meteen al wel. Dat Harry tijdens een bezoek aan het Van Beuningenplein opeens geïnteresseerd in het trainkamertje van Frans opduikt, is niet verwonderlijk. Harry is ooit nationaal kampioen gewichtheffen geweest. Na even aangekeken te hebben hoe de jongens bezig zijn, gaat Harry op de drukbank zitten. 'Doe er maar honderd kilo ijzer op,' zegt hij en drukt zonder moeite tienmaal omhoog. Jan en Frans kunnen dat hoogstens twee keer.

Na een tijdje zoeken Jan en Frans Harry op in zijn woning in de Jacob van Wassenaar van Obdamstraat. Die lijkt een soort van voddenpakhuis, zoveel rommel staat erin. Stapels dozen waar je tussendoor moet manoeuvreren, allemaal door Harry verzameld. Op straat staan zes met zeilen afgedekte auto's waar Harry ooit nog wat mee wil. Op stilstaande auto's ben je in de jaren zeventig nog geen wegenbelasting verschuldigd, vandaar die zeiltjes, en Harry gebruikt die auto's ook echt nooit; hij verplaatst zich slechts per fiets. Daarnaast is hij in de tuin bezig met het aftimmeren van een bootje, een project dat volgens hem nog wel twee jaar kan gaan duren, 'omdat alles goed moet gebeuren'.

Hoe vreemd dit ook allemaal lijkt, de grootste verrassing volgt in de kelder, wanneer Harry opeens zijn kaliber .38 revolver tevoorschijn haalt. De aandacht van Jan en Frans is onmiddellijk gegrepen. Het is een oude single action revolver, een six shooter, waarvan je met de hand de slaghamer, de haan, naar achter moet trekken om te kunnen schieten.

Je ziet ze weleens in cowboyfilms. Het is de beroemde Colt Peacemaker waar Buffalo Bill, Judge Bean en later generaal Patton mee rondliepen. Er kan slechts één kogel per keer geladen worden omdat de trommel vast in de revolver zit en het is meer een collector's item dan een wapen voor een bankovervaller. Desalniettemin is Jan ondersteboven van de aanblik van het wapen en hij vraagt dan ook meteen of hij het kan kopen. Ondanks aandringen van Jan en Frans blijft Harry onverbiddelijk: 'Dit wapen is niet te koop.'

De relatie met Harry blijft zich ontwikkelen. Jan krijgt een aanrijding met zijn Mercedes en Harry brengt als lasser uitkomst door de carrosserie te repareren. Harry gaat ook steeds vaker mee op de vistochten naar de pier van IJmuiden. Daar staat hij, terwijl de vissers wachten op vangst, honderduit te vertellen over zijn niet altijd even regelmatige leven. Hij is niet meer dan een randfiguur in de criminele wereld, maar Jan hangt aan zijn lippen.

Jan en Frans raken steeds meer gebiologeerd door Harry's revolver en de six shooter begint onderdeel te worden van de discussies tussen Jan, Frans en Cor. Na de bodybuildingtraining en het hardlopen zitten de jongens op een bankje in het Westerpark te praten. Het is evident dat de drie vuurwapens nodig hebben. Hoe meer ze erover praten, hoe duidelijker dat wordt. Er worden meteen hoge eisen gesteld aan de wapens, maar er lijkt geen mogelijkheid te zijn om eraan te komen. Contacten in de criminele wereld ontbreken en de droom lijkt vast te lopen. Ten slotte besluiten de jongens dat zij zelf op zoek moeten naar wapens, het kan niet anders. Het wordt hun nieuwe opgave in het leven.

Zo gebeurt het dat op een dag Cor van Hout naar Jan en Frans toe komt met belangrijke informatie. Bij een oom en een tante van hem, die ook in de Van Beuningenstraat wonen, liggen twee geweren thuis. De oom van Cor is namelijk lid van een schietvereniging. Het is nieuws dat met

Jans moeder Maria Cornelia van Dorst, een ondeugend kind, op ongeveer twaalfjarige leeftijd. De gelijkenis met haar tweede zoon, Jan Boellaard, is opmerkelijk.

Jans moeder vlak na de oorlog, opmerkelijk slank. Als ze later terugdacht aan de oorlog konden haar ogen vol schieten. 'Als je niet eet dan ga je dood,' zei ze dan.

Floris Boellaard en zijn vrouw Maria. De baby op vaders knie is de nog maar enkele maanden oude Jan (Johannes Cornelis) Boellaard. Broer Hennie zit bij moeder op schoot.

Jan en zijn acht jaar jongere broertje George in de teil op de warande van 1e Keucheniusstraat 47, Amsterdam

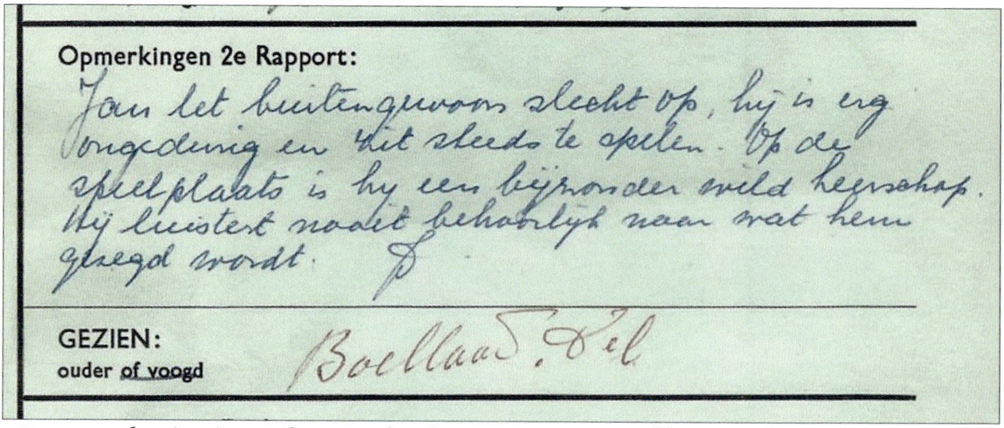

Opmerkingen 2e Rapport:

Jan let buitengewoon slecht op, hij is erg ongedurig en zit steeds te spelen. Op de speelplaats is hij een bijzonder wild heerschap. Hij luistert nooit behoorlijk naar wat hem gezegd wordt.

GEZIEN:
ouder of voogd Boellaard. Pel

Een aantekening in een lagere schoolrapport van Jan. Juffrouw Dolman, lerares op de Van Bosseschool, heeft een uitgesproken hekel aan Jan. Wat op zich nog wel te begrijpen valt met zo'n druk kind.

Jan liet op kosten van zijn ouders een foto maken van zichzelf met twee vriendjes.
De jongen links werd politieman, Jan niet.

Begin jaren zestig, tegenover het huis in de Keucheniusstraat. Kinderen die hutten bouwen met meerdere etages. Er viel weleens iemand uit de boom. Tegenwoordig heb je daar in de straat gecertificeerd kinderveilig speelplaatsmeubilair en rubber tegels.

Op het dak van 1e Keucheniusstraat 47 stond een duiventil.

December 1967. Sinterklaas en Kerst met de grootouders. Jan is de jongen die op beide foto's mallotig doet.

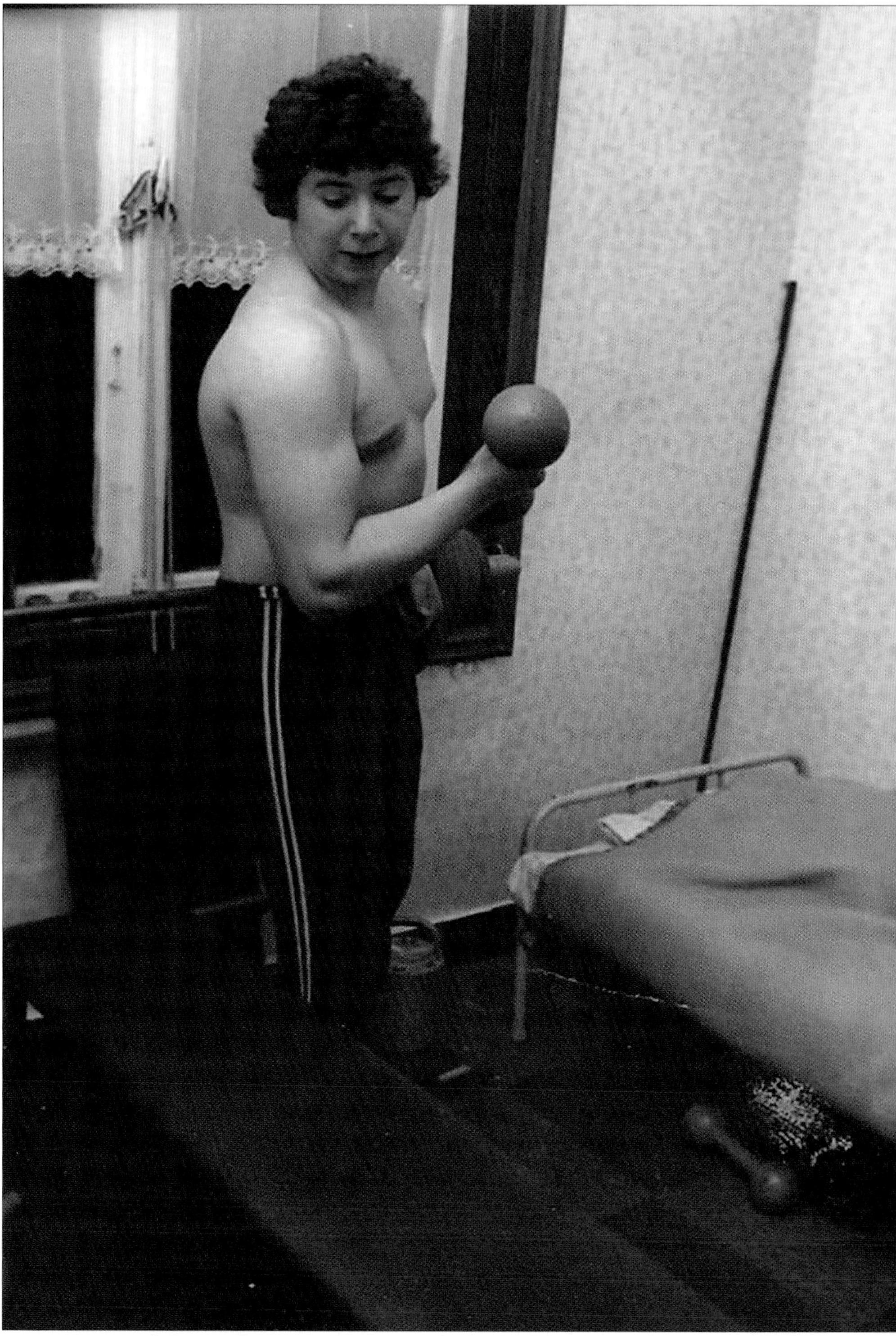

Jan op het trainkamertje bij Frans thuis, druk in de weer met dumbbells.

geestdrift door Jan en Frans wordt opgepikt. De Mercedes van Jan wordt vanaf dat moment zodanig geparkeerd dat je door de winkelruiten van de op de hoek gelegen ijzerhandel Van Oenen nog uitzicht hebt op de voordeur van de oom en tante van Cor. Het regent dagen aaneen, de auto beslaat met condens, maar het afleggen van de woning wordt stug volgehouden. De jongens hebben in de Mercedes genoeg te bespreken en vervelen zich geen moment. Na enkele weken weten ze dat er op maandagavond niemand in de woning is. Dit is het moment waarop toegeslagen kan worden. Jan verzorgt een passende loper voor de straatdeur, de deur naar de woning zal met een eenvoudige koevoet geforceerd moeten worden.

De volgende maandagavond zitten Jan, Frans en Cor in de Mercedes op dezelfde plek. De familie van Cor komt naar buiten en verdwijnt in een auto naar een onbekende bestemming, hun woning staat de komende uren leeg. Na een aantal minuten lopen Frans en Cor naar de deur van het afgelegde pand. De loper werkt en Frans en Cor verdwijnen uit het zicht. Het hart bonst nu bij Jan in zijn keel. Je kan maar beter mee naar binnen gaan dan voor de deur blijven wachten, is zijn ervaring. Na een minuut of vijf gaat de voordeur weer open. Frans houdt een opgerolde deken onder de arm en wandelt meteen in de richting van het Van Beuningenplein. Cor trekt de deur achter zich dicht en volgt. Achteraf hoort Jan dat een enkele beweging met de koevoet genoeg is geweest en dat zijn vrienden ook nog naar geld hebben gezocht, maar behalve een potje met muntgeld niets hebben gevonden.

Vanuit zijn auto kan Jan zien dat de inbraak onopgemerkt is gebleven. Hij start de Mercedes en rijdt achter zijn vrienden aan. Ze worden niet gevolgd. Op zolder wordt de deken op tafel uitgerold en de twee geweren komen tevoorschijn. Jan staat er vreemd naar te kijken, het zijn single shot .22 kaliber sportgeweren. De jongens zien zichzelf niet met zulke geweren een bank binnenstappen om een overval te plegen, bovendien is er geen munitie. Na enig beraad worden de geweren afgekeurd en wordt besloten dat ze weer verdwijnen, omdat het risico dat ze ooit tijdens een huiszoeking ontdekt worden te groot is. Het potje met spaargeld blijkt zo'n 400 gulden te bevatten. Dat is aardig voor een stel straatjongens, maar meer ook niet.

Later die week neemt Frans van zijn werk een lengte pvc-rioleringsbuis mee. Nadat de geweren erin gestopt zijn en er een pak zout bij gestopt is tegen het vocht, wordt er op beide uiteinden van de buis een dop gelijmd. De buis wordt voorlopig bij Frans onder de zoldervloer, op het plafond van de benedenburen, weggeborgen. Met wat vuil en stof eroverheen geveegd kan niemand met het blote oog het luik ontdekken.

Na hun avondlijke trainingssessie verkennen de jongens het Westerpark om een plek te vinden waar de geweren kunnen worden begraven. De keus valt op een rustige plaats langs de spoordijk, in de bosjes en geheel aan het oog onttrokken, een plek waar nooit iemand komt. Het is nabij de spoorbrug van de Spaarndammerstraat. Je kan daar op een parkeerplaatsje bij de tandartsendienst onopgemerkt iets uit een auto laden. Vervolgens moeten de jongens over een hek van twee meter het Westerpark binnenklimmen. Even verderop staat een bouwkeet van het Westerparkpersoneel, waaronder scheppen en harken worden bewaard. Die hoeven dus niet meegenomen te worden.

Als het plan vaststaat wordt de rioleringsbuis in Jans Mercedes naar de tandartsendienst vervoerd. Cor staat op de uitkijk en Jan en Frans graven met de geleende scheppen een kuil van zo'n anderhalve meter diep. Daar zal men niet zo snel op stuiten. Het is een zware klus. Ten slotte gaat de rioleringsbuis met geweren in de kuil, die daarna weer wordt dichtgeschept. Jan en Frans stampen de grond goed aan en met een takkenbos vegen ze de bodem glad om alle sporen uit te wissen. Ze gooien er nog wat bladeren over. Goed zo, dat heeft een natuurlijke aanblik, dat lucht op, deze actie is geslaagd. Ze brengen de scheppen terug en verlaten moe van het graven het Westerpark.

Het zal niet de laatste keer zijn dat laat in de avond iets langs de spoordijk begraven wordt. Het begraven van wapens of buit zal tot en met de Heinekenontvoering een vast onderdeel worden van de modus operandi van onze criminelen. Dit was een zinloze diefstal, maar het is ook de eerste stap in de ontwikkeling van een eigen stijl, en de vastberadenheid om aan wapens te komen is er zelfs door toegenomen.

Frans is inmiddels ook achttien jaar oud en volgt autorijles, maar na een half jaar heeft hij nog geen examen afgelegd. Het behalen van een rijbewijs zal voor Frans een ramp worden. Dat zal later in het verhaal nog wel blijken.

Jan slaapt nog steeds op het zolderkamertje, dat niet veel groter is dan de politiecel in Ouderkerk. Af en toe heeft hij bezoek van Frans of Cor. Veel valt er niet te doen op het kleine vloeroppervlak. De meeste ruimte heeft Jan in het voormalige duivenhok, dat hij kan bereiken via het zolderraam. In het forse hok heeft Jan een knutselwerkplaatsje ingericht, dat qua rotzooi wel wat lijkt op de kelder van Harry Ploos. Zo nu en dan neemt Jan een kleine verbouwing aan, die hij met Frans en Cor uitvoert. Zo verdienen de vrienden tussen hun voorbereidingen op 'het grote werk' door wat geld bij. Jan verdient inmiddels bij de aannemer op de Sloterkade 185 gulden per week. Het karwei in Haarlem voor C&A is voltooid en hij staat weer aan de machines in de werkplaats. Daar rijdt hij op zijn Kreidler naartoe; het benzineverbruik van de Mercedes is een te grote aanslag op zijn salaris.

Vanuit de werkplaats stuurt de boekhouder van de aannemer Jan soms naar de bank. Hij krijgt dan een cheque mee om het geld voor de lonen en vakantiebonnen op te halen. Soms gaat hij naar de Nederlandsche Middenstandsbank op de hoek van de Sloterkade en de Hoofddorpweg, dan weer eens naar het girokantoor op het Surinameplein. Jan kijkt zijn ogen uit wanneer de vaak tot de rand gevulde geldlade voor zijn neus wordt opengetrokken. In het begin van de jaren zeventig heeft men in Nederland nog niet van kogelvrij glas gehoord. Er zit bij de NMB zelfs geen ruitje voor de balie.

> 'Ik kon me gelukkig beheersen,' schrijft Jan in zijn aantekeningen. 'Bij het girokantoor aan het Surinameplein idem dito. Er was daar een klein glasplaatje op de balie om enige afstand te creëren tussen de kassier en de klant. De geldlade zat er vlak achter. Zo nu en dan moest ik er tienduizenden guldens ophalen. Ik speelde wel met de gedachte natuurlijk, maar als ik het achterover had gedrukt, was ik dezelfde dag nog door de politie opgehaald.'

4.

PISTOLEN EN REVOLVERS – 1972

Begin '72 verschijnen Jan en Frans voor de rechter. Niet alleen vallen de straffen erg mee, kort daarna ontvangen ze ook een brief van justitie waarin staat dat een deel van de in beslag genomen goederen zal worden vrijgegeven. Het betreft niet alleen de Volkswagen Kever, maar ook alle gereedschappen waarvan niet is aangetoond dat het om ontvreemde waar gaat. Daar zit, o ironie, ook de meterlange betonschaar bij die ooit door de kleine Cor is gestolen en al snel weer gebruikt zal worden.

Wanneer de De Vuists helpen de vrijgegeven goederen thuis te brengen, schenken Jan en Frans hun de Volkswagen Kever, als kleine compensatie voor de boetes die zij door de domheid van Jan en Frans hebben moeten betalen. Wie laat zich nu ook snappen? Als Frans al het gereedschap weer bij hem op zolder aan het bord ziet hangen, merkt hij tevreden op: 'Zo, dat is weer thuis.'

Jan komt op een klus terecht naast het onroerendgoedkantoor van Maup Caransa, op de Herengracht. De bordeauxrode Rolls-Royce waarin Caransa rijdt baart opzien en het vergulde firma-embleem op de auto voegt een vleugje extra klasse toe. Jan leert op de klus een jonge metselaar kennen die vertelt dat hij weleens met zijn oudeheer mee op jacht gaat en dat er dan met dubbelloops jachtgeweren op allerlei wild wordt geschoten. Jan wil er alles van weten en vraagt uiteindelijk waar je die geweren koopt. Dat blijkt dichterbij te zijn dan hij heeft durven dromen: op de Middenweg in Amsterdam-Oost. Die wapenhandel staat niet in de *Gouden Gids*, beseft Jan onmiddellijk. Daarin staat slechts een wapenhandelaar op de Herengracht, maar na verkenning met Frans is vastgesteld dat die winkel louter geweren op voorraad heeft, en de behoefte van Epancratius gaat uit naar revolvers en pistolen. De handelaar op de Middenweg voert volgens de jonge metselaar ook handvuurwapens in het assortiment. Dat is gouden informatie.

Diezelfde avond worden Frans en Cor van het grote nieuws op de hoogte gesteld en rijdt het drietal met Jans Mercedes naar Oost. De auto wordt op veilige afstand in de Linnaeusstraat geparkeerd en te voet gaat het verder de Middenweg op. Tussen de Oosterbegraafplaats en Park Frankendael ontdekken ze een vrijstaand, wat naar achter gelegen herenhuis met een kleine etalage, waarin een dieper in de winkel staand rek met geweren is te zien. Het is wapenhandel Munts, hier moeten ze zijn.

Na deze ontdekking wandelen de jongens nog wat rond om gevoel voor de locatie te krijgen. Ze nemen het huis van een afstandje in beschouwing en spreken af er zaterdag een zakmes te gaan kopen.

De stemming zit er goed in, eindelijk gloren er mogelijkheden. Jan en Frans gaan fluitend naar hun baas, de kleine Cor gaat monter naar de mavo. Er wordt nog harder getraind. Nee, deze jongens zullen – met dank aan de in beslag genomen Kreidlers in Driehuis en het debacle in de De Flinesstraat – niet meer 'als makke schaapjes' meelopen. Bij het plegen van een criminele daad moet de fysieke conditie daarom minstens gelijkwaardig zijn aan die van de opponent: de politie.

In het kader van dit nieuwe elan lassen Jan en Frans op donderdag een extra oefening in voor Cor, omdat hij nu eenmaal bijna vijf jaar jonger is. Hij moet op klaarlichte dag een collectebus stelen die voor een of ander goed doel op de Nieuwendijk staat. Van de buit zal naar de Chinees worden gegaan en de rest zal onderling worden verdeeld. Veel blijkt het uiteindelijk niet te zijn: iets meer dan 200 gulden, na aftrek van de Chinees een mager extraatje.

Zaterdagochtend verzamelen de jongens zich al vroeg op het Van Beuningenplein. Jan is op vrijdag uitbetaald, dus hij heeft wat ruimte om een zakmes aan te schaffen. Cor zal niet mee de winkel in kunnen omdat hij nog maar veertien jaar is, dat zou een vreemde indruk kunnen maken. Wanneer rond een uur of half twee Jan en Frans over het grindpad naar de wapenhandel lopen, wandelt de jongste vennoot van Epancratius daarom rondjes in de buurt van de Middenweg. Het doel van Jan en Frans is niet alleen te zien wat er bij wapenhandel Munts te halen valt, ook de situatie in en rond het pand moet verkend worden. De taak van Jan is om mogelijke wegen naar binnen te ontdekken, hij is tenslotte de technische man.

Het is behoorlijk druk in de wapenhandel. Sommige klanten dragen groene jagerskledij. Jan en Frans lopen naar een glazen toonbank waarin pistolen en revolvers liggen uitgestald. De jongens kijken hun ogen uit. Veel verstand van de getoonde waar hebben zij niet, maar dat dit het echte werk is, is wel duidelijk. Na het bezoek aan de wapenhandel zal Jan regelmatig Amerikaanse wapenbladen kopen en langzamerhand een kenner worden, maar nu is hij niet meer dan een kwijlende leek.

'Die wil ik hebben,' fluistert Jan tegen Frans.

Frans is verliefd geworden op een ander pistool. Langs de muren van de winkel staan wel honderd geweren op een rij. Als Frans er een uit het rek pakt, komt er onmiddellijk een man op hem af die vraagt of hij een bijzondere machtiging heeft.

'Een bijzondere machtiging, wat is dat?' vraagt Frans.

De verkoper begrijpt dat Jan en Frans niet voor een vuurwapen komen en informeert waarmee hij hun van dienst kan zijn. Een zakmes. De man leidt Jan en Frans naar een toonbank met messen. De keus van

Jan en Frans valt op een Zwitsers legermes met veel hulpstukken. Bij de Oosterbegraafplaats treffen ze even later de rondwandelende Cor en vertellen hem enthousiast wat ze gezien hebben: wel dertig revolvers en pistolen! Het goede adres is gevonden.

De voorbereidingen van de inbraak beginnen. Jans Mercedes staat geparkeerd bij een snackbar schuin tegenover de wapenhandel en de jongens noteren wanneer de lichten boven de wapenhandel uitgaan, wanneer iemand het pand verlaat en wanneer er een politieauto voorbijrijdt. Na een paar weken ontstaat een patroon. De stationcar van de eigenaar verlaat op woensdag en donderdag door het hek het perceel en keert pas rond elf uur 's avonds terug. Er zitten dan steeds twee personen in. Maar het licht in het woongedeelte blijft al die avonden branden; een feit dat na een maand observatie nog steeds tot twijfel leidt. Er zal een keer over de schutting aan de achterzijde van het huis geklommen moeten worden.

Op een woensdagavond rijdt de stationcar met de twee personen weer weg. De kleine Cor wordt vooruitgestuurd. Als er wordt opengedaan, zal Cor vragen of er ook maden worden verkocht om te vissen. Hij belt aan bij de voordeur, maar ook na een tweede keer blijft het stil. Na overleg met Frans en Jan wordt hij weer naar het huis gestuurd, pakt wat grind van het pad en gooit steentjes tegen de ruit waarachter licht brandt. Ook nu blijft het stil, rapporteert Cor.

Jan en Frans besluiten de kans waar te nemen. Ze lopen rustig naar het huis en kijken eerst eens geïnteresseerd in de etalage. Tegelijkertijd wordt via de spiegelende winkelruit gecontroleerd of iemand het tweetal in de peiling heeft. Dat lijkt niet het geval. De jongens draaien zich om en speuren de tegenoverliggende gevels van de Middenweg af. Zit er iemand achter de ramen te kijken? Er is niemand te zien en in een wip zitten Jan en Frans boven op de twee meter hoge schutting. De klimtraining over het voetbaldoel in het Westerpark werpt vruchten af. Van de schutting stappen ze eenvoudig op de afscheidingsmuur die de tuin omringt, en Jan en Frans laten zich op het terrein van de wapenhandelaar zakken. Cor staat van een afstandje de situatie buiten het pand in de gaten te houden.

Jan inspecteert het huis op manieren om naar binnen te komen terwijl Frans de tuinen van de achterburen in de Pasteurstraat aan een onderzoek onderwerpt. Het huis heeft een tuindeur die naar buiten toe openslaat. Jan haalt zijn Zwitserse legermes door de naad achter de scharnieren om te voelen of er dievenklauwen tussen deur en deurpost zitten. Dat blijkt niet het geval, Jan weet genoeg.

Eenmaal in de Mercedes is de opwinding groot. 'Cor, we zijn daar met een minuutje binnen, één minuutje!' zegt Jan. De jongste vennoot glundert. Bovendien heeft Frans een vluchtweg gevonden, omdat het dak van de garage in de tuin aansluit op een schuin garagedak aan de parallel gelegen Pasteurstraat. In geval van nood is het mogelijk via de achterkant te ontkomen. De weg naar huis is bijzonder vrolijk.

De volgende dag wordt er energiek getraind. Na afloop trekken de jongens zich terug op een rustig plekje langs de spoordijk, waar Jan overigens voor het eerst een meisje heeft geneukt. Er zijn nogal wat vragen te beantwoorden. Hoe moeten de gestolen vuurwapens worden vervoerd? Vooral geweren zijn van die lange dingen. Zullen ze het met de auto doen? Of op de bromfiets? Het plan is op de rails gezet, maar de details moeten worden ingevuld, en vooral moet er een goede vluchtweg uitgestippeld worden. Vanuit de Watergraafsmeer is het een flink stuk rijden naar de Staatsliedenbuurt. Het gaat dwars door Amsterdam en dat zijn heel wat kilometers risico.

Vrij snel besluiten de jongens om de aftocht uit te voeren op de Kreidlers. Het alternatief is een auto stelen, maar die worden nu eenmaal vaker gecontroleerd dan bromfietsen. Dat Jan zijn eigen auto gebruikt is uitgesloten. Als je je op een brommer aan de snelheid houdt, kijkt geen politieagent naar je om. Ook nemen de drie het besluit dat iedere vennoot van het misdaadsyndicaat honderd gulden moet bijdragen om walkietalkies aan te schaffen. Dat kan bij Loe Lap in de Reguliersbreestraat, waar een set van die apparaten 298 gulden kost, een fors bedrag in 1970.

De dagen na het beraad doorkruisen Jan en Frans de stad op zoek naar vluchtroutes. Er zijn twee scenario's. Het eerste gaat uit van het slechtst denkbare geval, namelijk dat Cor via de walkietalkie alarm slaat. Dan zullen Jan en Frans via het garagedak naar de Pasteurstraat vluchten en op de brommers die daar klaarstaan het hazenpad kiezen, door de woonwijk scheuren en dan gas geven dwars door het volkstuinencomplex, om via weer een woonwijk bij de Ringdijk uit te komen. Vervolgens zullen ze een kippenbruggetje oversteken naar de Transvaalkade en verder naar het Oosterpark rijden. Daar laten ze de bromfietsen achter en gaan ze te voet verder. Wanneer alles veilig is, kan daar in Jans Mercedes gestapt worden, die bij het Onze Lieve Vrouwe Gasthuis wordt geparkeerd. Aldus het rampscenario.

Wanneer de inbraak voorspoedig verloopt, zal de terugtocht wat minder omslachtig zijn en wat rustiger. Dan zal er over de Middenweg rechtsaf door de Van 't Hofflaan naar de Pasteurstraat gelopen worden. Met de tassen op de tank van de Kreidlers rijden ze vervolgens naar de Kruislaan. Daarna via het fietspad door naar de Weespertrekvaart, om vervolgens de Amstel aan te houden tot het Waterlooplein en via de smalle stegen en straten in het centrum en de Jordaan de Staatsliedenbuurt te bereiken.

Beide routes zijn vrijwel niet met een auto te volgen. Het gaat over fietspaden en een smal bruggetje, overal staan amsterdammertjes. De leden van Epancratius zijn zeer tevreden. Er moeten nog wel tassen gekocht worden. Dat gebeurt bij De Grote Tas in de Oude Hoogstraat, waar Jan en Frans twee sterke en grote boodschappentassen aanschaffen. Bij terugkomst van de Middenweg moeten die vol zijn.

Jan heeft de gereedschappen die nodig zijn om de achterdeur te forceren bij elkaar gezocht. De Kreidler Floretts hebben een grote beurt gehad en de benzinetanks zijn volgegooid. Alle voorbereidingen zijn getroffen. De volgende woensdag zal het zover zijn: een serieuze inbraak.

In het weekend voorafgaand aan de kraak worden de walkietalkies getest. Ze hebben voldoende bereik voor de klus die op stapel staat. Het tijdstip voor de kraak wordt bepaald op acht uur 's avonds, omdat dan de meeste mensen naar het avondjournaal kijken en niet uit het raam hangen. Het is inmiddels ook al behoorlijk koud weer, wat betekent dat die ramen sowieso gesloten zijn. Dat is een zorg minder. Veel politie rijdt er ook niet langs het pand. Eén auto per half uur, hooguit, en die zal doorrijden wanneer er niets opvalt. Op de dinsdagavond voor de inbraak wordt de Mercedes van Jan op de parkeerplaats bij het Onze Lieve Vrouwe Gasthuis neergezet. Die staat daar goed als laatste toevlucht in geval van het rampscenario.

De woensdag van de inbraak treffen ze elkaar na de warme maaltijd bij Frans op zolder. De twee tassen met het gereedschap en de walkietalkies staan klaar. Nog anderhalf uur te gaan, haast is nergens voor nodig. Eerst wandelen Jan, Frans en Cor hun rituele geluksroute, daarna rijden ze op de Kreidlers de vluchtroute in omgekeerde richting naar de Pasteurstraat. Cor zit achterop bij Frans en wordt met een walkietalkie in zijn zak afgezet op de Middenweg. In de Pasteurstraat worden de bromfietsen van het slot af voor de deur van een garage neergezet. Bij een vlucht via het garagedak staan ze meteen klaar.

Met hun tassen in de hand benaderen Jan en Frans het pand van wapenhandelaar Munts. Het rondje over de Middenweg en de spiegelende etalageruit brengen niets verontrustends aan het licht. De situatie wordt in orde bevonden. In een wip zit Frans op de schutting. Jan geeft hem de twee tassen aan en klimt daarna ook omhoog en van daaraf op het afscheidingsmuurtje. De jongens laten zich in de tuin van het herenhuis zakken. Frans stelt zich met zijn rug tegen de garagedeur op en houdt om het hoekje kijkend de omliggende huizen in de gaten. Op de Middenweg staat Cor. Hij mag zijn walkietalkie pas uit zijn zak halen op het moment dat er echt iets dreigt. De afspraak is dat Cor in dat geval herhaald de woorden 'groen licht' zal doorgeven. Geen 'rood licht', want mocht er iemand meeluisteren dan zou die meteen visioenen krijgen van georganiseerde misdaad. 'Groen licht' is een code die niemand zal doen vermoeden dat er hier iets ernstigs aan de hand is. Het is tot in het oneindige gerepeteerd.

Ondertussen is Jan begonnen met het openen van de deur. Met handschoenen aan boort hij aan de scharnierkant met een geruisloze booromslag een gat van 32 mm in de deur. Door dat gat duwt hij een metalen staafje met in het midden een ijzerdraad eraan naar binnen. Als laatste tikt hij met een hamer en een priem de drie pennen uit de scharnieren. Hij moet wat meewrikken met een schroevendraaier, maar de deur is in een mum van tijd open. Nadat hij de kettinkjes en de schuiven aan de slotzijde heeft losgemaakt en de deur weer in zijn scharnieren heeft gehangen, kunnen Frans en hij naar binnen. Ze sluiten de deur achter zich. Vanuit de huizen aan de Pasteurstraat valt nu niets meer te zien.

Ze bevinden zich in een werkplaatsje waar onder andere een metaaldraaibank staat. Aan een muur hangt een machinegeweer, een Schmeisser, van Duitse makelij. De jongens herkennen het uit oorlogsfilms. Op zoiets is gehoopt en Frans begint meteen te glunderen. Het wapen verdwijnt als eerste in zijn tas. Jan loopt met een hamer in zijn hand van kamer naar kamer en stelt vast dat het huis inderdaad verlaten is. Gerustgesteld richten ze nu hun aandacht op de winkelruimte. De twee tassen worden volgeladen met handvuurwapens, wat spuitbusjes wapenolie, twee dikke geweertelescopen, wat zakmessen en dolken. Dubbelloops jachtgeweren worden geknakt in de tas gestopt. Het is, kortom, gratis winkelen. Een in de zaak hangende jagerstas wordt gevuld met verschillende kalibers munitie. De walkietalkie stopt Frans erbij. De jongens richten een behoorlijke bende aan, van alles wordt op de grond gegooid. Inbrekers gaan zo te werk, dat hebben ze in films gezien.

Ze zijn behoorlijk nerveus daarbinnen. Het is hun meest serieuze klus tot dan toe, dat voelen ze in hun keel, en ze hebben dan ook veel haast om weer weg te komen. Via de geforceerde deur wordt het pand verlaten, de muur en schutting worden weer op militaire wijze genomen. Op de schutting pakt Frans de loodzware tassen aan, niet beseffend dat Jan vergeet de jagerstas aan te reiken. Frans loopt vooruit naar de Pasteurstraat, waar de bromfietsen klaarstaan, Jan komt een meter of twintig erachteraan. Onderweg passeert hij Cor, die staat te grijnzen wanneer hij ziet dat Jan een erg zware tas draagt. Zwijgend passeren zij elkaar omdat afgesproken is dat er gedaan zal worden alsof zij elkaar niet kennen. De Kreidler van Frans loopt al op het moment dat Jan arriveert. Ook Jan start zijn bromfiets. De zware tassen worden voor op de benzinetank gelegd en Cor stapt bij Frans op de brommer.

Pas langs de Weespertrekvaart valt het Jan op dat Cor geen tas in zijn handen heeft.

'Waar is die tas met munitie?'

'Godverdomme!' zegt Frans, 'die zijn we vergeten!'

'Wat een ramp!' Onmiddellijk wordt er gestopt voor spoedberaad. Jan stelt voor de tassen met wapens even te verstoppen en terug te gaan naar de Middenweg. Het voorstel wordt afgeketst: 'Denk aan de De Flinesstraat.' Toen werd herhaling hen fataal, dat nooit weer. Het is een domper, de terugweg wordt in mineur vervolgd.

Als op de zolder van Frans de looplamp in het stopcontact is gestoken, is het tijd voor de inventarisatie. Vooral het machinegeweer wordt met ontzag bekeken, alsof het zo kan beginnen te ratelen. Jan ziet dat er een dop in de loop geschroefd zit, waarschijnlijk om het wapen zo slechts geschikt te maken voor losse flodders. Hij pakt een schroevendraaier van het gereedschapsbord en schroeft de dop los.

'Daar is niets mee aan de hand,' zegt Jan, kijkend in de loop. 'Die is nog goed te gebruiken.'

Na telling blijkt dat de jongens ruim dertig handvuurwapens hebben, twee dubbelloops jachtgeweren en een Schmeisser machinegeweer. Daarnaast is er een assortiment aan zakmessen, dolken, richttelescopen, busjes wapenolie en schoonmaaksetjes. Aan veel van de wapens en accessoires, zal later blijken, hebben zij niets. Bovendien ontbreekt munitie. Het is al laat geworden. De buit wordt onder de zoldervloer weggelegd, uiterst behoedzaam, zodat de buren beneden geen gerommel op hun plafond horen. Hierna sluit Frans de zolder af en keren Jan en Cor huiswaarts. Jan meldt zich even bij zijn ouders en gaat daarna direct naar zijn zolderkamer om te slapen. Hij is doodop. In bed bladert hij nog wat in een Amerikaans wapenblad. Echt lezen kun je het niet noemen, omdat Jan nog niet genoeg Engels kent, maar op de foto's herkent hij al sommige van de wapens die nu bij Frans onder de vloer liggen.

De dag na de inbraak staat er een stukje in de krant. De eigenaar van de wapenhandel waarschuwt daarin tegen het gebruik van het Schmeisser machinegeweer. Hij zegt dat het levensgevaarlijk is om daarmee te schieten en dat het geweer geprepareerd is voor het verschieten van losse flodders. Voor Jan oud nieuws, maar hij vindt het toch attent van de man. Je zal het maar over het hoofd zien, zo'n loze dop.

De avonden na de inbraak worden doorgebracht op de zolder van Frans. Geleidelijk brengen de jongens hun nieuwe bezit in kaart. Er zitten ook zo'n vijftien anatomisch gevormde wedstrijdpistolen .22 en .33

bij. Daar hebben ze niets aan, het zijn ook logge apparaten om te zien. Maar bij de buit zit ook het echte werk. Die vuurwapens worden liefdevol uit elkaar gehaald en de onderdelen krijgen een spuitje wapenolie. De jongens zijn er lekker mee bezig. Uiteindelijk mag iedere vennoot van Epancratius drie wapens kiezen. Wat er met de overige gebeurt, moet nog besloten worden. Jan kiest een FN Browning 9mm, een Smith & Wesson kaliber .38 special en een Walther P22. Hij legt ze op zijn zolderkamer op het verlaagde zachtboardplafond. Bijna iedere avond heeft hij de wapens wel even in handen en speelt ermee.

Er zijn nu wapens, maar de munitie ontbreekt nog en een pistool zonder patronen is zoiets als een hamer zonder spijkers. Daar heb je maar weinig aan, weet Jan als timmerman. Het is niet voldoende om als bankrover met een stuk ijzer te zwaaien, af en toe moet je ook een kogel in het plafond kunnen jagen. De mannen van Epancratius zijn bijzonder doordrongen van deze waarheid en hun nabije toekomst zal dan ook een grillige zoektocht worden naar het juiste kaliber patronen. Een échte gangster heeft een pistool dat écht schiet, dat is een waarheid als een koe.

5.

MUNITIE – 1972

Kort na de inbraak op de Middenweg gaan Jan en Frans met een van hun revolvers naar Harry Ploos. Ze laten hem een gloednieuwe Smith & Wesson .22 zien. Die hebben de jongens zogenaamd voor 400 gulden gekocht. 'Dat is niet duur,' peinst Harry, terwijl hij het wapen door zijn handen laat gaan. Jan en Frans vragen of ze wat kogels mogen hebben. De gierige Harry geeft hun er niet meer dan zes. Als ze meer patronen willen, wil hij wel een keer meerijden naar België, waar hij wat winkels kent. Met die zes kogels zijn Jan en Frans al erg blij en dezelfde avond nog verschieten ze de patronen in de Staatsliedenbuurt, op de Buyskade, want waar anders in de buurt kun je ongestoord wat kogels afvuren? Dat zulke kleine kogeltjes nog zo hard knallen is een verrassing.

De volgende zaterdag vertrekken ze al om acht uur in de Mercedes van Jan. In de buurt van de Antwerpse dierentuin stappen de drie mannen bij de eerste de beste wapenhandel naar binnen. Harry vraagt er om drie doosjes .22 *high power* patronen en twee dozijn .12 kaliber voor dubbelloops jachtgeweren. Bij dat laatste gaat het om zogenoemde 00-hagelmunitie en Brenneke-patronen met kogels die zo dik zijn als de loop van het jachtgeweer zelf. Daar kun je zo je wijsvinger in steken. Wanneer Harry echter om 9mm Parabellum-munitie vraagt, vertelt de verkoper dat die patronen slechts aan vergunninghouders verkocht mogen worden. Harry biedt daarop de winkelier 500 frank extra voor een doos, maar de verkoper kijkt hem vreemd aan en zegt dat zoiets absoluut niet kan.

Daarna bezoekt het drietal nog een paar andere wapenhandels. Overal stoot Harry het hoofd wanneer hij om 9mm Parabellum- of .38-munitie vraagt. De verkoop van 9mm patronen is gereglementeerd, omdat deze munitie ook in automatische wapens gebruikt kan worden. Zoals in een Schmeisser MP40, denken Jan en Frans stilletjes. Ten slotte kopen ze maar drie universele holsters, zodat ze hun pistolen voortaan ongezien op het lichaam kunnen dragen.

Tegen drieën gaat het gezelschap weer op huis aan. Omdat er aan de Nederlands-Belgische grens nog weleens wordt gecontroleerd verbergen ze op een stil bosweggetje de munitie in het reservewiel. Bij een tankstation verderop pompt Jan de band weer lichtjes bij.

Nadat ze Harry thuis hebben afgezet en het reservewiel op het Van Beuningenplein naar de zolder hebben gedragen, wipt Jan de band van de velg en haalt hij de munitie eruit. Frans pakt de doosjes aan en controleert of de patronen in de trommels van de .22 revolvers passen. Dat is uiteraard het geval. Maar voor de mooiste wapens ontbreekt de munitie nog. Ze hebben nog steeds geen 9mm Parabellum-munitie, geen .38 special en geen .357 magnum. Toch is dit een vruchtbare dag geweest. Jan pakt een doosje .22 mee, brengt het reservewiel weer naar de auto en gaat naar huis. De munitie legt hij op het verlaagde plafond van zijn zolderkamer naast zijn drie wapens.

Die zaterdagavond gaat hij met Frans naar de bioscoop. Als Jan na het gebruikelijke, oeverloze afscheid voor de groentewinkel op de hoek van de Van Hallstraat naar bed gaat, laadt hij op zijn zolderkamer eerst zijn Walther met .22 patronen. Hij legt het pistool onder zijn kussen. Eén wapen dat klaar is om gebruikt te worden.

De volgende dag zien Jan en Frans Cor op het plein en vertellen hem over de Antwerpse aankopen. Cor wil die natuurlijk met eigen ogen zien en het drietal vertrekt naar de zolder. Het luik in de vloer wordt vrijgemaakt en Frans haalt de munitie tevoorschijn. Cor pakt zijn drie wapens aan: een Heckler & Koch 9mm pistool, een Colt Python kaliber .357 magnum en een kaliber .22 pistool van het merk FN. Alleen de FN kan nu geladen worden. Cor trekt de slede van dit pistool naar achter en laat die terugspringen door op een knop te drukken. Hij doet dat een paar keer achter elkaar, tot Jan hem zegt ermee op te houden. 'Mensen kunnen horen dat je een vuurwapen hebt.' Cor stopt met zijn spelletje en opent de zolderdeur om te zien of er iemand staat.

Na een uurtje krijgen de jongens genoeg van het geklooi met de wapens. Ze trekken hun trainingspakken aan en lopen met Herta en Jacko naar de opgespoten zandvlaktes achter Sloterdijk. Frans heeft zijn Walther P22 meegenomen. Op een afgelegen plek schieten de jongens wat op een rondslingerend olievat; het blijkt nog knap moeilijk om dat te raken. Nadat een half doosje munitie is verschoten, houden de jongens het voor gezien. Volgende week weer naar België rijden wordt te begrotelijk.

De komende tijd draaien de gesprekken tijdens de wandelingen achter Sloterdijk om de vraag waar ze de ontbrekende munitie vandaan moeten halen, maar bij gebrek aan een antwoord wordt er soms een voorschot genomen op de ontwikkelingen. De kleine Cor heeft het vaak over een gijzeling of over een ontvoering, de kranten staan er in deze tijd vol mee. Een ander punt van aandacht is wat er zal gebeuren wanneer ze een bank beroven en de politie de buurt heeft omsingeld. Ja, dan zullen ze in die bank opgesloten zitten. Cor is er voorstander van om zich net als in de film schietend een weg te banen, desnoods met een heel leger politie achter hen aan. Dat is geen goede oplossing, vinden Jan en Frans, hoewel het natuurlijk zomaar zou kunnen gebeuren. Ze besluiten voor deze eventualiteit altijd een grote tas vol extra wapens mee te nemen en desnoods een gijzeling te beginnen. Er moet nog wel op de wereldkaart gekeken worden waar de jongens in dat geval naartoe willen, maar dat ze een vrije aftocht zullen eisen, is bij deze afgesproken. Het moet gewoon nog worden uitgewerkt en komt op de agenda.

Rond deze tijd, het is vlak voor zijn vijftiende verjaardag, komt Cor mank naar Jan toe. Cor heeft in het jeugdbuurthuis De Schroef gevochten omdat er vals werd gespeeld met eenentwintigen. Zijn tegenstander trok een omgebouwd gaspistool en schoot hem in zijn linker bovenbeen. Hij laat Jan het kleine wondje zien.

'Ik ben die gozer nog achterna gerend, maar ik kwam niet meer vooruit. Die jongen is door de politie opgepakt,' vertelt Cor. Hij toont een krantenberichtje uit *De Telegraaf*.

Als hij enkele weken later genezen is, neemt Cor wraak op zijn belager. Wanneer hij de jongen bij toeval treft in een discotheek, stompt hij hem in elkaar. Cor wordt door de politie opgepakt en verdwijnt voor vier dagen in een cel. Naderhand wordt de kloppartij door de officier van justitie geseponeerd. Cor hoort er nooit meer wat van. Jan en Frans complimenteren hun vriendje, hij spreekt de taal van de vuisten goed.

'Ik was trots op mijn leerling,' herinnert Jan zich later.

Het jaar is bijna ten einde, 1973 komt in zicht. Frans en Jan rijden nog een paar keer naar België, nu met Cor erbij. Geen van de jongens spreekt Frans en ze beperken hun tochten tot het Nederlandstalige gebied, maar dat rijden ze dan ook plat. Nergens in Vlaanderen blijkt echter een wapenhandelaar te vinden die een oogje toe wil knijpen. Dus kopen ze alvast maar extra magazijnen voor hun pistolen. Als je aan het grote werk begint, moet je naar hun inschatting toch zo'n honderdtien patronen de man kunnen verschieten, en die zal je klaar voor gebruik bij je moeten hebben. Maar waar halen ze in godsnaam die Parabellum- en high power-munitie vandaan?

De kerstdagen naderen. Jan slaapt op zijn zolderkamer en is best gelukkig. Op Eerste Kerstdag daalt hij het trappenhuis af voor het traditionele kerstontbijt, met veel toastjes en kerstbrood van bakkerij Flaat uit Sloterdijk, het beste dat er is. Aan tafel vragen vader en moeder naar Jans plannen voor vandaag. Het zal een dag worden als alle andere: hij heeft zijn trainingspak al aan, hij gaat bodybuilden bij Frans. Pas om een uur of half zes wordt hij bij zijn grootouders verwacht in de Cliffordstraat, waar dit jaar het kerstmaal is gepland. De familie uit Duitsland is overgekomen en het zal erg druk worden. Het is corvee, maar Jan belooft er op tijd te zijn.

Cor is al bij Frans, de eerste feestelijkheden zijn bij alle drie de families voorbij. Er wordt een complete training afgewerkt, maar wat moet er met de rest van de dag worden gedaan? Cor bezorgt sinds kort ook *De Echo*, een Amsterdams weekblad met lokale nieuwtjes en vooral veel reclame. Hij heeft een stapel kaartjes met nieuwjaarswensen bij zich. De jongens besluiten die 's middags rond te gaan delen in Amsterdam-Zuid, niet Cors eigen wijk, maar ze schatten de kans op een goede nieuwjaarsfooi in het welvarende Zuid hoger in dan in Amsterdam-West. Uiteindelijk sprokkelen ze meer dan driehonderd gulden bij elkaar. Jan haalt zijn afspraak bij zijn grootouders op het nippertje.

Later die avond kleden Jan en Frans zich om voor een bezoek aan discotheek Toi Toi op de Prinsengracht. Frans slaat een meisje aan de haak en vertrekt al snel weer. Jan blijft tot sluitingstijd hangen en gaat alleen naar huis. Voor hij gaat slapen leest hij nog wat in de Amerikaanse blaadjes. Daarna pakt hij zijn wapens van het verlaagde plafond en trekt voor de spiegel zijn Walther uit de holster. Hij herhaalt dat een paar keer in hoog tempo. Het Belgische holster glijdt perfect.

In de tijd tussen kerst en Nieuwjaar zijn Jan en Frans vrij; de bouwcao bepaalt dat er niet gewerkt wordt. Als leerling van de mavo is het voor Cor kerstvakantie, hij stort zich in de kerstbomenjacht. Tussen de bedrijven door gaat hij nog wel een paar keer mee naar het Westerpark om daar achter de gesloten hekken mee te trainen. Nu alle bladeren zijn gevallen kan je vanuit het park zo de plek zien waar de jongens de rioleringsbuis met de sportgeweren hebben begraven, de begroeiing biedt geen enkele beschutting meer. Als ze het overtollige deel van de op de Middenweg gestolen wapens ook willen begraven, kunnen ze dat maar beter niet meer hier langs de spoorlijn doen.

Al die wapens kunnen niet bij Frans op zolder blijven liggen. In het water kiepen is ook zoiets, denk maar aan de portofoons, dan ben je ze definitief kwijt. Beter er*mee* verlegen dan er*om* verlegen.

Frans en Jan kopen allereerst bij een dumpzaak een twintigtal metalen munitiekistjes. Frans heeft bij zijn werkgever een aantal emmers met tweecomponenten-kunsthars voor betonreparatie achterovergedrukt, dat gebruikt kan worden om de munitiekistjes volledig mee in te smeren zodat ze tegen wegroesten in de grond zijn beschermd. Een hele middag wordt aan het schiften van de wapenvoorraad besteed. Het blijkt een moeilijk karwei dat aanleiding geeft tot lange discussies. Welke wapens moeten nu ingepakt worden en welke niet? De anatomisch gevormde wedstrijdpistolen worden als eerste ingepakt, daar hebben de jongens sowieso niets aan. De eerste kistjes worden dicht gestukadoord met kunsthars. Uiteindelijk houden ze drie handvuurwapens de man over, plus het Schmeisser machinegeweer en de twee dubbelloops jachtgeweren. De munitiekistjes passen niet meer onder de vloer en worden daarom zolang open en bloot in een hoek van de zolder opgestapeld.

Des te urgenter wordt het om een geschikte plek te vinden om ze te begraven. De keuze valt op de Zeeweg in Bloemendaal, tweehonderd meter uit de as van de weg. Ze schaffen een schep en een nieuwe walkietalkie aan. Bij onraad op de Zeeweg zal Cor een sein geven en kunnen Jan en Frans door de duinen vluchten naar Santpoort-Zuid en van daar, te voet of met de trein, naar huis gaan. Zijn Mercedes zal Jan direct als gestolen moeten opgeven. Zelfs de geselecteerde vuurwapens en de munitie zullen in allerijl moeten verdwijnen. De jongens vinden dat ze een groot risico nemen met het wapentransport.

De operatie wordt opgeschort tot het nieuwe jaar, omdat Jan, Frans en Cor in ieder geval oudejaarsavond nog in vrijheid willen vieren. De laatste dagen brengen de jongens door met het zoeken van een rustige route naar Bloemendaal met weinig kans op aanhouding. Wel tien keer rijden ze op en neer. Ten slotte kiezen ze een weg die loopt via Sloterdijk door Haarlemmerliede, Spaarnwoude en de Waarderpolder naar de Haarlemse binnenstad en van daar naar de Bloemendaalse Zeeweg: een zigzaggende sluiproute. Het is een weg die de jongens de komende jaren nog menigmaal onder hoogspanning zullen rijden.

Op oudejaarsavond blijft Jan tot een uur of elf thuis. Moeder vindt het niet leuk dat hij vertrekt, maar er valt weinig tegen te doen. Ook bij Frans thuis staat de televisie aan. Jan krijgt er een halve liter bier aangereikt, die hij snel achterover klokt omdat ze naar buiten willen. Daar is Cor samen met buurtgenootjes al bezig een brandstapel op te bouwen.

Om precies twaalf uur gaat de fik erin. Cor staat er glunderend bij te kijken.

'Een groot vuur, hè? Een hoop gesjouw, maar dan heb je ook wat!'

Jan en Frans stemmen lachend in. 'Gelukkig nieuwjaar!' De jongens zoenen elkaar op de goede afloop, eerst maar eens van het wapentransport.

'We hebben dit jaar veel geluk nodig,' zegt Frans en stelt voor de geluksroute te lopen. Tijdens de wandeling zien de jongens tevreden dat het vuur van de Rochussenschool kleiner is dan dat van het Van Beuningenplein. Bij terugkomst gaat Jan even bij zijn ouderlijk huis binnen. Hij wenst vader, moeder en Hennie en George het allerbeste en blijft een stief kwartiertje bij de tv zitten, terwijl hij ondertussen een paar oliebollen naar binnen propt. Om kwart voor een staan zijn twee maatjes weer voor de deur om een wandeling door nachtelijk Amsterdam te maken. Via de smalle straatjes in de Jordaan komen de drie op de Dam terecht. Daar staat een grote kerstboom van het Leger des Heils.

'Cor, steek die boom in de fik! Vooruit.'

Van een afstandje kijken Jan en Frans toe hoe Cor kranten tussen de takken van de enorme den steekt. Die branden best, maar de kerstboom zelf weigert vlam te vatten. Tot een uur of drie slentert het drietal nog door de stad voor ze huiswaarts keren. Onderweg spreken de jongens af dat dit een bijzonder jaar zal worden.

Begin januari staan Jan en Frans op een zaterdagochtend rond zes uur op om de Mercedes vol te laden met de dichtgeplamuurde munitiekistjes. Daarna wachten ze tot Cor *De Telegraaf* bezorgd heeft. Rond zevenen rijdt het drietal naar Bloemendaal, waar Jan zijn auto in een parkeerhaven op de Zeeweg zet. Cor loopt met zijn walkietalkie door naar de vooraf uitgekozen observatiepost. Tot nog toe hebben de jongens geluk gehad, ze staan met hun handeltje op de Zeeweg. Cor geeft het signaal 'groen licht', wat nu 'veilig' betekent. Jan en Frans pakken vlug ieder twee munitiekistjes uit de achterbak en brengen die naar het wapendepot in spe. Met inachtneming van het veiligheidsprotocol via de walkietalkies wordt dit proces nog vier keer herhaald. Na de laatste wandeling de duinen in ligt er een forse stapel ijzer. Het graven is zwaar werk en Jan en Frans werken om beurten. De kuil is uiteindelijk zo diep dat Jan er tot aan zijn schouders in kan staan. Dan gaan de kistjes de kuil in. En daar liggen ze nu waarschijnlijk nog steeds – of Cor moet ze ooit hebben opgegraven.

6.

DE REIS NAAR GARDA – 1973

De eerste maanden van 1973 verlopen rustig. Een rimpeling is de diefstal van Jans brommer, die normaliter met een ketting vastligt aan de lantaarnpaal op de hoek van de Van Hallstraat: stelen en bestolen worden in de Staatsliedenbuurt. Frans wordt door zijn werkgever ontslagen, komt in de WW terecht, wandelt veel met zijn honden en vindt later werk in een voddenloods aan de Van Slingelandtstraat. Cor zit in zijn examenjaar voor de mavo, maar wandelt onder schooltijd vaak mee met Frans, of ze gaan samen vissen. Van een overval is het jammer genoeg nog niet gekomen, maar de jongens hadden al schathemeltjerijk kunnen zijn. Als ze de goede munitie toch maar zouden hebben! De .22 patronen worden te licht bevonden voor het echte werk, ze moeten de Schmeisser met zijn zwaar kaliber kunnen inzetten, dat is een absoluut minimumvereiste voor een overval.

Op een gegeven moment laat Harry Ploos vallen dat in Italië de verkoop van munitie nog vrij is, en nog diezelfde avond besluiten de jongens dit jaar naar het Zuiden op vakantie te gaan. Omdat ze daar flink willen inkopen, moet er budget komen. Het voddenbedrijf waar Frans werkt, loopt als een trein. De extra handen van Jan en Cor zijn er welkom in de avonduren en zo verdienen ze gemiddeld 150 gulden per week bij. Door het werk in de voddenloods raakt het bodybuildingprogramma wel ernstig verstoord. Stormbaan lopen in het Westerpark is er ook niet meer bij. Maar van het werken met vodden en oud papier word je ook sterk.

Het plan is een tocht in de Mercedes van Jan naar het Gardameer, volgens een collega bij het voddenbedrijf een waar subtropisch paradijs. Jan verandert intussen van baan omdat hij bij een andere aannemer honderd gulden per week meer kan verdienen. Het werk is ook nog eens eenvoudiger. Vaak is hij al vroeg in de middag klaar met het inzetten van zijn zachtboard plafonds. Dan heeft hij de rest van de middag vrij of kan hij eerder beginnen in de voddenloods en nog meer bijverdienen. Al het extra geld zet Jan weg. De drie jongens werken zich te pletter om straks hun machinegeweer te kunnen laden. Bovendien zal het de eerste vakantie worden waarop ook Cor meegaat en het drietal is van plan eens flink de bloemetjes buiten te zetten.

Vlak voor de bouwvakvakantie krijgt de Mercedes van Jan echter ernstig panne. De wagen staat met een vastgelopen motorblok langs de stoep en repareren is zo ingrijpend en duur dat al het vakantiegeld eraan zal gaan. Met meerderheid van stemmen wordt daarom besloten de auto voorlopig voor de deur te laten staan en de jacht op munitie voorrang te geven. Dat is slecht nieuws voor Cor, omdat er nu eenmaal maar twee personen op de Kreidler van Frans passen.

De eerste zaterdagochtend van de bouwvak vertrekken Jan en Frans op de brommer naar Italië. De families en ook Cor zwaaien de twee vrienden uit. De tent die een paar jaar eerder is aangeschaft, is uit de mottenballen gehaald en met een snelbinder achter op de bagagedrager vastgesnoerd. Over het zadel ligt een krantentas die volgestouwd is met kleding en kampeergerei. Al met al een zwaar beladen brommer met ook die twee potige kerels erop. Het is weliswaar een Kreidler Florett, maar eigenlijk een 50cc motorfiets, met de vijfversnellingsbak en kickstarter. Dat is maar goed ook, want die zullen ze nodig hebben met de Alpen in het vooruitzicht.

De jongens rijden om beurten. Bij Maastricht bakken ze in de berm op een Campingaz-brandertje wat eieren en die eerste dag bereiken ze Koblenz. De volgende dag rijden ze door tot Karlsruhe, waar ze bij een zelfgemaakte maaltijd ook wat Duits bier achteroverslaan. Jan en Frans vermaken zich tot dusverre uitstekend, ook al is Frans 's ochtends zoals altijd stipt om kwart over zes wakker en vraagt Jan hem dan of hij wel goed bij zijn hoofd is. Gaandeweg leert Jan zich echter naar het slaapritme van zijn reisgenoot te voegen.

Voorbij Baden-Baden worden de hellingen steiler en langer. Er zijn stukken waar de motorfiets het niet meer trekt en dan moet de achterste man afstappen of zelfs duwen. Al die bepakking ook. En het echte gebergte, de Alpen, is nog niet eens bereikt. Langs de Bodensee richting Oostenrijk volgt nog een relatief vlak gedeelte, maar daarna komen de hoge bergen in zicht en vanaf Innsbruck is het echt raak; de Brennerpas valt niet te omzeilen. Dat daar heel veel Amsterdamse vloeken tussen de bergen geëchood hebben, moge duidelijk zijn. Nee, dan de afdaling, die is één rechte, juichende streep Italië in. Pas vlak voor Bolzano komen de vrienden terug op aarde als blijkt dat de bobine 'lekt' en vonken maakt naar het frame van de bromfiets, iets wat Jan vindingrijk oplost door op die plaats een stukje rubber van de snelbinder aan te brengen. In Bolzano kopen ze een nieuwe bobine en dan is het al niet ver meer naar het Lago di Garda.

Als ze in Riva de noordelijke top van het Gardameer bereiken, geloven Jan en Frans hun ogen niet. Het uitzicht op het meer is oogverblindend, zoiets moois hebben ze nog nooit gezien. Het water is hemelsblauw en de oprijzende oevers pastoraal. Op een terrasje spreken ze wat Nederlandse toeristen aan die adviseren niet in Riva te blijven, omdat de wolken er tegen de bergen blijven hangen en het er dus soms hard regent. Je kan beter naar de grote camping in Garda gaan, dat is wat zuidelijker en warmer, al meer richting de Povlakte. En dus hameren de twee vrienden hun tentharingen in de grond op een enorm complex aan de boorden van het meer, waar vooral Nederlanders en Duitsers verblijven. Die avond eten ze in het campingrestaurant een bonensalade met friet en een gegrild kippetje en bestellen een mandflesje rode wijn. Rozig zoeken ze het bed op.

De volgende dag ontwaakt Frans tegen zijn gewoonte in pas rond elf uur. De jongens worden in feite hun bed uit gestoomd, zo heet is het in de tent. Ze verlaten ijlings hun slaapplaats en lopen naar het restaurant. Jan bestelt meteen twee pizza's en na die verorberd te hebben, beginnen de jongens om zich heen te kijken. De camping blijkt een vrolijke boel te zijn. Veel gezellige Hollanders en gemoedelijke Duitsers die het prima met elkaar kunnen vinden. 's Avonds zoeken de kampeerders elkaar op en tot ver na middernacht zitten ze drinkend en babbelend 'rond het kampvuur'. Jan en Frans voegen zich zonder probleem in die gemeenschap. De eerste dagen nemen zij het ervan: eten, drinken, zonnen, zwemmen. Dit is vakantie.

Garda is een stadje van niks, maar er is een bioscoop. Het *Poliziottesco*-gangsterfilmgenre, dat in het begin van de jaren zeventig opkomt, gaat verder waar de spaghettiwestern ophoudt en is véél harder dan wat Jan en Frans gewend zijn, terwijl films als *The French Connection* en *Dirty Harry* er toch ook mogen zijn. In *Banditi di Milano* beginnen de boeven op omstanders te schieten om de politie af te schudden en storten onschuldige voorbijgangers en automobilisten bloedend en kermend neer terwijl de politie machteloos bij hen achterblijft. Zulke films zie je in Amsterdam dan nog niet en Jan en Frans verlaten dan ook diep onder de indruk het kleine bioscoopje.

Pas op de vijfde of zesde dag is het tijd voor serieuzer zaken. Via Bardolino rijden de jongens op de Kreidler naar Verona. In een winkel tegenover de wereldberoemde Romeinse arena hangen de vuurwapens in prachtige vitrines uitgestald. Jan en Frans lopen te watertanden, maar de wapens zijn slechts met een vergunning te koop. Munitie is wonderlijk genoeg wel vrij leverbaar, al had Harry Ploos toch weer niet helemaal gelijk; voor 9mm Parabellum geldt ook in Italië een restrictie. Een tegenvaller. Maar patronen voor de .357 revolvers blijken in Italië geen problemen op te leveren. Jan en Cor kunnen na de vakantie in ieder geval hun Smith & Wessons en Colt laden. Ook worden vijf dozen .38 special aangeschaft voor wat andere pistolen. Uiteindelijk stappen de twee jongens met een tas vol nieuwe vuurkracht de winkel uit. Nog steeds geen munitie voor de Schmeisser en de FN Browning, maar toch, de reis is niet voor niets geweest. Bovendien blijkt de prijs van de patronen erg mee te vallen.

In Garda ontdekken de jongens het luxe plezier van het waterskiën. Er hoeft wat minder op het geld te worden gelet en er wordt nu goed gegeten en gedronken. Overdag kopen de jongens een krat bier en wat flessen wijn en laat in de nacht gaan ze meestal dronken slapen. Dit is het walhalla en achter in de tent ligt de munitie. Het is een geweldige vakantie.

In de tweede week maken de jongens nog een tocht rond het meer, waarbij ze in ieder groter plaatsje op zoek gaan naar een wapenhandel. In Riva worden nog eens tien doosjes .357 magnum aangeschaft en ook nog tien doosjes .38. Ook kopen ze daar prachtig mooie, professionele Bianchi-holsters, voor de 9mm FN Brownings. Er zal een dag komen dat ze die Parabellum-munitie in handen hebben, daar vertrouwen Jan en Frans op.

Nog drie dagen brengen de jongens door met waterskiën en zonnebaden voor de terugtocht naar Nederland begint. Er zijn in totaal vijfendertig doosjes munitie ingekocht en ook exquise schouderholsters aangeschaft. Hier kunnen Jan en Frans mee thuiskomen. De pakjes worden in de tent gerold en met een snelbinder vastgebonden op de bagagedrager. Best zwaar eigenlijk, vijfendertig doosjes met patronen.

Na Riva voelen Jan en Frans al dat de bromfiets steviger moet werken en na Bolzano begint de Kreidler te slingeren, terwijl de echte moeilijkheden pas verwacht worden boven op de Brennerpas. Jan en Frans stappen af voor een inspectie. Er blijken vijf spaken in het achterwiel te zijn geknapt. Er zit weinig anders op dan weer af te dalen naar Bolzano; de kans om ergens anders een bromfietswinkel te vinden, is gering.

Bij de handelaar waar eerder een nieuwe bougie is aangeschaft, wordt nu de hele winkelvoorraad reservespaken opgekocht. Die zijn gelukkig iets dikker dan de originele. Langs de kant van de weg zetten de jongens de eerste vijf van de voorraad in het achterwiel en daarna gaat het weer verder.

Ruim voor de Brennerpas moeten langs de weg alweer vier nieuwe spaken in het achterwiel worden gezet. Dit gaat helemaal niet goed. Voor een reparatie aan het achterwiel moet eerst alle bagage worden verwijderd, de krantentas van het zadel gehaald en het achterwiel losgeschroefd. De ketting moet eraf worden gelegd en het wiel eruit gehaald. Vervolgens moet de band worden geleegd en van de velg gehaald. Pas daarna is het mogelijk een spaak te vervangen. De aangeschafte munitie is te veel voor de bromfiets, dat is duidelijk.

Vrijwel de hele Brennerpas moet de Kreidler geduwd worden, welk nadeel als voordeel heeft dat er in ieder geval even geen spaken knappen. In Innsbruck zoeken de vrienden afgepeigerd een camping op. Op hun ANWB-kaart stippelen ze een alternatieve terugweg naar Nederland uit met hopelijk minder hoogteverschillen. Ze gaan vroeg naar bed en doordrongen van de ernst van de situatie besluiten ze ook de rest van de reis niet meer te drinken. De vakantie is voorbij, maar Jan en Frans zijn nog niet thuis.

De volgende ochtend zitten ze om zeven uur alweer op de Kreidler. Aan de Zwitserse grens worden ze niet gecontroleerd, het gaat nu richting

Zürich. Zo om de paar uur begint het achterwiel te slingeren en blijkt er weer een spaak gebroken; het is een terugkerende frustratie. Om de haverklap moet de duopassagier op de heuvelachtige wegen ook van de bromfiets stappen. Ze halen Zürich, maar vraag niet hoe.

De volgende dag is niet anders. In de etappe naar Nancy wordt veel gelopen en gaat het achterwiel een keer of drie uit de bromfiets. De reservespaken raken op. Soms slaat de moedeloosheid toe en moeten de vrienden elkaar overeind houden. 's Avonds besluiten de twee de volgende ochtend eens goed uit te slapen, ze plegen roofbouw op hun lichaam zo.

Ook de volgende dag vliegen de spaken er weer doorheen. In Thionville slaan ze een nieuwe voorraad in. Vlak buiten de stad Luxemburg vinden ze een camping. De jongens eten in een restaurantje een biefstukje met groenten en nemen een ijsje toe. Alhoewel ze aan het eind van hun Latijn zijn, spreken ze af de volgende dag weer om zeven uur te vertrekken. De route voert via Bastogne en Spa naar Luik en ook dit zware Ardennenparcours is weer een aan het moreel vretende kuiten- en spakenbreker. Iedere reparatie neemt ruim een half uur in beslag. Luik wordt dan ook met een gevoel van grote opluchting bereikt, de volgende dag wacht het vlakke Nederland.

In Luik ontdekken Jan en Frans wat wapenhandelaren, interessant genoeg om nog eens terug te komen. Voor zij de tent opzoeken, heffen Jan en Frans de alcoholban op met een paar biertjes in een lokale kroeg. Morgen zijn ze weer thuis.

Vrijdagochtend om zeven uur vertrekken de twee vrienden naar Amsterdam. In Utrecht worden de laatste spaken verwisseld en tegen vieren in de middag komt de Kreidler aan op het Van Beuningenplein. De krantentas met bagage en de tent met daarin de vijfendertig doosjes munitie worden meteen in veiligheid gebracht op de zolder van Frans.

Als ze hun vochtige tent hebben uitgespreid over de zoldervloer wordt er in code op de deur geklopt. Het is Cor, die gehoord heeft dat zijn vrienden weer thuis zijn. Met pathos vertellen Jan en Frans over hun ontberingen, maar Cor heeft meer interesse in de nieuwe patronen en holsters dan in verhalen over bezwijkende achterwielen. Hij wil de contrabande onmiddellijk zien. Jan en Frans weigeren echter beledigd de tent weg te vouwen en de zoldervloer weer te openen. Het is wel mooi geweest voor vandaag. Ze voelen zich een beetje gekwetst door het gebrek aan medeleven. De zolder gaat op slot.

Terwijl hij zijn bagage bij Frans achterlaat, gaat Jan naar de Eerste Keucheniusstraat 47-1. Hij heeft een huissleutel, maar om het dramatisch effect te verhogen belt hij aan. Moeder trekt de deur open en kan haar geluk niet op wanneer zij haar Jantje weer ziet. Jan zelf is opgelucht weer thuis te zijn en zoent overdreven zijn mama. Voor hetzelfde geld zouden Frans en hij ergens bij een grenspost gecontroleerd zijn, was de munitie ontdekt en zat hij nu in een buitenlandse cel op onderzoek of uitlevering te wachten. Het idee weer veilig thuis te zijn grijpt hem zichtbaar aan.

Jan begint te vertellen over Italië. Op moeder en zijn kleine broertje maken de verhalen grote indruk, want zij zijn nog nooit naar het buitenland op vakantie geweest. Die Jan is toch wel een bijzondere jongen dat hij zulke reizen onderneemt. Over de overbelasting van de bromfiets en de knappende spaken houdt Jan wijselijk zijn mond, dat kan alleen maar vragen oproepen. Na als een dragonder de warme maaltijd te hebben weggeschrokt, gaat hij naar zijn zolderkamer. Hij is blij weer op een echt bed te zitten en duikt er die avond bijtijds in. Na het weekend moet hij ook weer aan het werk.

De volgende dag hebben ze om tien uur bij Frans thuis afgesproken. Wanneer Jan daar aankomt is Cor al op het bodybuildingkamertje. Na een volledig circuitje borst-, buik- en beenspieroefeningen gaan de jongens naar zolder. De Bianchi-holsters en wat doosjes munitie worden stilletjes van het plafond van de benedenburen gepakt. Cor is onder de indruk van wat hij ziet en vindt dat zijn vrienden goed werk geleverd hebben. Hij is blij zich voor 250 gulden te mogen inkopen in de uitbreiding van het arsenaal, een uitstekende investering.

Zaterdagavond gaan de jongens uit. De wandeling door de stad voert naar de Wallen en draait erop uit dat Jan en Frans bij een vrouw naar binnen gaan. De maagdelijke Cor, die net zijn mavodiploma op zak heeft, blijft voor de deur wachten, zoals wel vaker.

Na het hoerenbezoek gaat het drietal naar een kroeg aan de Bloedstraat en drinken ze het ene biertje na het andere. Het is erg laat wanneer Jan de voordeur van zijn ouderlijke woning opent en naar zijn zolderkamer gaat. In bed pakt hij van het nachtkastje nog wat wapenblaadjes. Het Engels begint al te wennen.

De laatste zondag van de bouwvakvakantie wandelt ook Jan mee naar Sloterdijk. Cor heeft minister Luns op televisie horen zeggen: 'Wie op wapens bespaart zal dat met vlees terugbetalen.' Jan en Frans vinden dat pure waarheid en de consensus is dat er met een overval gewacht moet worden tot ook het machinegeweer geladen kan worden. Het gesprek keert terug naar de mogelijkheid van een omsingeling en de vrije aftocht die dan geëist moet worden. Voortschrijdend inzicht heeft inmiddels de mogelijkheid van Panama naar voren gebracht, maar of dit wel zo'n goed idee is moeten de jongens nog verder onderzoeken.

Hoe verderfelijk ons drietal ook geweest moge zijn: als 'verantwoordelijke ondernemers' nemen ze in hun overwegingen steeds meer de risico's van hun plannen in beschouwing en leren ze van gemaakte fouten. Dat doet niet iedereen. Na de arrestatie volgend op hun inbraak in de bouwkeet aan de De Flinesstraat zijn Jan, Frans en Cor zich er extra van bewust dat eerder gemaakte vergissingen vermeden moeten worden. Begrijp het goed, verantwoordelijke en weldenkende burgers zijn het niet, maar zo onderhand beginnen de jongens toch wel een verhoogd gevoel voor hun 'veiligheid' te ontwikkelen. In hun latere carrière zal dat leiden tot uitgebreide planning vooraf.

7.

DE FIRMA HUMBLET TE LUIK – 1973-1974

Donderdag stoppen Jan, Frans en Cor al voor negenen met het balen persen en gaan naar de zolder van Frans om de vuurwapens te laden met de Italiaanse munitie. Het vloerluik gaat omhoog en de wapens komen voorzichtig een voor een onder de vloer vandaan. Met voldoening schuiven de jongens de eerste .357 patronen in de Smith & Wesson Magnums. Komende zaterdag zullen ze op de vlaktes achter Sloterdijk gaan proefschieten. De wapens krijgen nog een spuitje olie, worden in een vette doek gewikkeld en weer onder de vloer verborgen.

Die zaterdagochtend begint zoals gewoonlijk met een uur bodybuildingtraining en wat rondjes lopen in het Westerpark. Rond het middaguur eten de drie een door de moeder van Frans gemaakte uitsmijter en daarna wandelen ze met de honden naar Sloterdijk. Ieder draagt een vuurwapen tussen zijn broekband en Jan en Frans hebben beiden een doosje patronen op zak: kaliber .38 en .357 Magnum. Na een uurtje komen ze op een geschikte plek, waar je iemand van een kilometer afstand kan zien aankomen. Er wordt geschoten op een rondslingerend vat. De groot kaliber revolvers hebben een enorme kracht. Vooral de terugslag van de .357 blijkt fors; je moet echt naar voren leunen om die op te vangen.

Na zo'n vijftig patronen houden ze ermee op. Iets raken blijkt nog steeds moeilijker dan verwacht, maar de jongens zijn nu toch wat vertrouwder met het afvuren van de wapens.

Op maandag meldt Cor zich bij het Arbeidsbureau en een week later begint hij bij het Sociaal Fonds Bouwnijverheid, dat zetelt in de Jodenbreestraat, naast het Rembrandthuis. Hij krijgt een saai administratief baantje bij de Uitvoering Ziektewet. Het afgepaste kantoorleven is niets voor Cor en hij blijft dan ook bijwerken in de voddenloods, waar hij lol kan trappen met zijn vrienden. Cor blijft zelfs balen persen, ook wanneer de familie Van Hout rond deze tijd naar de Zilverschoonstraat in Amsterdam-Noord verhuist.

Een kantoorbaan is afschuwelijk. Op een avond heeft Cor een wervingsadvertentie van de Koninklijke Marine bij zich. Jan en Frans krijgen onmiddellijk visioenen van 9mm Parabellum-munitie: die patronen moeten bij de marine voorhanden zijn, dat kan niet anders. Een prima idee dus, daar solliciteren.

Enige tijd later rolt Cor gladjes door zijn medische keuring in de kazerne aan de Sarphatistraat. De vierdaagse fysieke keuring die hij daarna in het Utrechtse Hollandsche Rading ondergaat, doorstaat hij ook met vlag en wimpel; het bodybuilden en tijgeren door het park betalen uit. Jan en Frans feliciteren hem uitbundig. Cor neemt ontslag bij het SFB en tekent voor zes jaar bij de marine. Wanneer hij veertien dagen na de keuring door zijn stiefvader Martin Erkamps naar het Marinevliegkamp Valkenburg bij Katwijk wordt gereden, staan zijn familie en Jan en Frans hem uit te zwaaien. Cor heeft dan net zijn zestiende verjaardag gevierd.

Na drie weken heeft hij zijn eerste verlof, en het eerste wat Jan en Frans willen weten is hoe het staat met de 9mm Parabellum. Cor heeft een dummy bemachtigd die als demonstratiemodel in een leslokaal gebruikt wordt, maar dichter bij de kroonjuwelen is hij nog niet gekomen. Hij heeft überhaupt nog geen wapens in handen gehad. Voorlopig bedient Cor als hofmeester in de messroom de officieren, helpt hij in de keuken met de vaat en maakt hij bedden op. Een desillusie. Hij had commando-trainingen verwacht en hij wilde de wereldzeeën verkennen, maar dat zit er vanwege zijn jonge leeftijd nog niet in. Aan bedden opmaken heeft hij altijd een schijthekel gehad. Wie niet?

Dus blijven Jan en Frans op eigen houtje jagen op 9mm Parabellum. Hun zoektocht strekt zich inmiddels uit naar het Franstalige gedeelte van België. Met de door Cor aangeleverde dummypatroon in de hand kunnen de Franstalige Belgen nu tenminste niet meer doen alsof ze het niet begrijpen. Maar onverhoopt blijken ook Waalse middenstanders wetgetrouwe burgers, die onverbiddelijk om een wapenlicentie vragen.

Tijdens een van die strooptochten, het is inmiddels november, loopt het tweetal door Luik en vinden ze een dierenwinkel die hengels én vuurwapens verkoopt. Het is een halve zelfbedieningszaak, waar zo'n vijftig verschillende soorten handvuurwapens te koop zijn, wel honderd geweren in de rekken staan en in een glazen kast stapels 9mm-munitie liggen. Jan en Frans besluiten kort daarop een weekendje naar Luik te gaan om te onderzoeken of de winkel zich leent voor een inbraak.

De firma Humblet, op de rue de la Cathédrale 63-67, ligt op een hoek. Om de hoek is een rustige zijstraat en even verderop is een pleintje met een hotel, waar Jan en Frans hun intrek nemen. In de zijstraat is een poort naar het magazijn van de dieren-, wapen- en hengelsportzaak. Het frappante is dat de dubbele deur daarin slechts is afgesloten met een ketting en een hangslot; het magazijngedeelte binnenkomen lijkt Jan en Frans een fluitje van een cent. De winkelruimte wordt echter van het magazijn gescheiden door een rolhek, dat van dik staaldraad is gemaakt. Daar zal je met een betonschaar doorheen moeten. Jan en Frans hebben de betonschaar nog op zolder liggen, teruggekregen van de rechtbank na de inbraak in de De Flinesstraat, niet uit díe inbraak afkomstig. In de rustige zijstraat naast de winkel wonen nauwelijks mensen. De straat dient vooral om de winkels te bevoorraden, er kan onopvallend een auto worden geparkeerd.

Jan loopt het complete inbraakplan na en maakt een lijstje van benodigde gereedschappen. Opgewekt keren Frans en hij na het weekendje Luik op zondagavond terug naar Amsterdam.

Bij het volgende verlof van Cor komen de jongens bij elkaar om te trainen, de Epancratius leeft nog. Het is nog steeds klote bij de Koninklijke Marine, vertelt Cor. Hij is een soort werkster of slaafje, het bevalt hem helemaal niet.

'Dat komt goed uit, want we hebben je nodig. We gaan een kraak zetten bij een wapenhandel in Luik. Wij zijn de Epancratius, we kunnen je in onze groep niet missen, vriend.'

Cor fleurt op van deze woorden en besluit ter plekke te gaan aansturen op ontslag bij de marine. Frans en Jan zullen ondertussen doorgaan met de voorbereidingen. Luik is vreemd gebied, daarom zullen de stad en omstreken goed verkend moeten worden. Het is van groot belang vluchtwegen te kennen. Improvisatie is uit den boze.

Frans en Jan rijden nog een paar keer naar Luik en zoeken een stille en veilige route terug naar Nederland. Ze kiezen voor een kleine grensovergang bij Noorbeek. Ondertussen wendt Cor zich tot de marine-arts met klachten van extreme heimwee. Hij is te jong en erg depressief, hij verlangt naar huis. De arts toont begrip.

In de vrije week tussen kerst en Nieuwjaar rijdt Jan met Cor naar het Vliegkamp Valkenburg. Na een derde bezoek aan een psycholoog is er een positief advies geschreven aan het ministerie van Defensie en volgens Cors commandant zal zijn ontslag niet lang meer op zich laten wachten. Nu heeft Cor een paar dagen verlof, maar hij is vergeten zijn cadeautjes voor de familie mee te nemen. In Valkenburg blijkt dat de barakken toegankelijk zijn vanaf de openbare weg. Jan had zich dat anders voorgesteld: meer hekwerk en slagbomen. Hij loopt mee naar binnen. Omdat ze met de auto zijn, maakt Cor van de gelegenheid gebruik alvast wat van zijn privébezit mee naar huis te nemen. De spulletjes van Cor worden in de achterbak van de Mercedes gelegd. Daarna laat Cor zien waar hij werkt: een verlaten marinekeuken en de messroom. Jan begrijpt dat zijn jonge vriend snel weg moet uit deze misère. Bij het naar buiten gaan valt hem een doos op die bij de deur van de keuken staat. 'Dat is klasse erwtensoep,' zegt Cor. Ook maar inladen dan.

Op weg naar huis worden de vorderingen van de inbraak doorgenomen. Jan en Frans hebben het plan technisch klaar. Er moet alleen nog een eerste vluchtauto voor in België gevonden worden. Bij het Belgische Herstal, waar een geschikte plaats in de bossen is ontdekt, willen de jongens overstappen in een eigen auto. De gebroeders De Vuist hebben een Alfa Romeo in de aanbieding, die zouden ze kunnen kopen voor het vervoer van de Staatsliedenbuurt naar België en terug.

Alhoewel de viering van Oud en Nieuw voor de deur staat, rijden Jan en Frans op oudejaarsdag weer naar Luik voor de puntjes op de i. Als ze tegen achten de auto weer in de Keucheniusstraat parkeren, komt Cor al aangelopen, hij heeft bij de jongens van de kerstbomengroep gestaan tot de Mercedes de straat indraaide.

'Het wachten is alleen nog op jou, Cor. Wij zijn klaar om toe te slaan. In Luik hebben we een garage ontdekt waar de auto's geparkeerd staan met een sleutel nog in het contactslot. We hoeven niet meer te doen dan de hefboom van de garagepoort te forceren. Dan zijn we weg.'

Cor vertelt dat hij van zijn commandant heeft gehoord dat het ministerie van Defensie in januari over zijn ontslagverzoek beslist. Dat betekent zo goed als zeker dat het verzoek ingewilligd zal worden en hij per 1 februari weer een vrij man is. Hij is bij voorbaat opgelucht en Jan en

Frans feliciteren hem alweer, nu met zijn ontslag. Hierna gaan de vrienden ieder naar hun eigen familie, om half twaalf zal er weer bij Frans verzameld worden.

Op de vraag van zijn vader waar hij de hele dag is geweest, antwoordt Jan dat hij gewerkt heeft aan de boot van Harry Ploos, een karwei waar nooit schot in lijkt te komen. Hij doet zich tegoed aan de hapjes en de oliebollen, maar vertrekt al snel naar de Meijers. Even later staat het drietal op het plein bij de opbouw van het vreugdevuur. Om precies twaalf uur gaat de brand erin, de kerstbomen knetteren en de meubels en autobanden beginnen te walmen. De vrienden geven elkaar een zoen en wensen elkaar een gelukkig nieuwjaar; 1974 is begonnen. Dit moet hun jaar gaan worden, daarom lopen ze eerst maar eens hun geluksroute voor ze naar de stad gaan. Maar geen gekkigheid, want er staan grote dingen te gebeuren.

1974

In de eerste week van '74 kopen Jan en Frans van de gebroeders De Vuist de witte Alfa Romeo Giulia; kek aan de buitenkant, maar vanbinnen verwaarloosd. De De Vuists krijgen eerlijk te horen dat de auto voor een inbraak zal worden gebruikt. Als de recherche ooit vragen komt stellen, zullen de broers verzonnen signalementen moeten geven van de kopers. De De Vuists zelf lopen geen gevaar; een eventueel signalement van uit Luik wegvluchtende rovers kan nooit op hen slaan, ze zijn alle drie ruim boven de twee meter. Jan en Frans zijn ook niet van plan de auto op hun naam te laten zetten. Het overschrijven van het kentekenbewijs is in die tijd minder strikt gereguleerd dan nu, het opsporingsbelang wordt pas later ingezien.

Half januari bevestigt de Koninklijke Marine het ontslag van Cor: per 1 februari 1974 zal hij eervol de marine mogen verlaten. Dit heuglijke feit wordt op 1 februari gevierd met een etentje in Luik. Jan en Frans hebben een snipperdag opgenomen en trakteren. Maar voordat de jongens een restaurant opzoeken, gaan zij langs bij de firma Humblet. Zogenaamd geïnteresseerd in kampeeruitrusting lopen ze door de zaak, om uiteindelijk toevallig uit te komen op de wapenafdeling. Buiten krijgt Cor de plek aangewezen waar hij zal moeten gaan staan met de walkietalkie. De jongens lopen langs de magazijndeur in het zijstraatje en ten slotte rijden ze langs de garage waar een auto gestolen moet worden. Dit is andere koek dan die suffe marine.

In Amsterdam nemen ze na een training in het Westerpark de plannen nog eens door. Ook de consequenties van een totale mislukking passeren de revue. Ze zullen inbreken zonder wapens op zak. In België staat op een inbraak, denken ze, maximaal vier jaar gevangenisstraf. Dat betekent dat ze hooguit twee jaar uit de roulatie zijn, een aanvaardbaar risico. Ook moeten de wapens weer worden ingegraven, want arrestatie leidt vrijwel zeker tot een huiszoeking. Omslachtig, maar het is niet anders. Omdat Cor weer vrij man is, kan er een datum voor de actie geprikt worden. De stemming zit er goed in. Ze slaan elkaar op de schouder en drukken elkaar de hand. In hun blauwe Epancratius-trainingspakken heffen zij hun strijdkreet aan: 'Wie niet steelt of erft, zal werken tot hij sterft!'

Dat zijn ze niet van plan, want: 'Wij zijn de Epancratius!'

Op 23 februari 1974, carnavalszaterdag, lopen Jan, Frans en Cor eerst de rituele geluksroute voor zij rond zeven uur 's morgens in hun Alfa stappen. Het is guur weer en het vriest. In de auto liggen de tassen die eerder gebruikt zijn bij de inbraak op de Middenweg, met daarin al het gereedschap. Voor de geweren die de jongens willen stelen, is een extra lange plunjezak meegenomen. De inbraak staat rond acht uur 's avonds gepland. Jan en Frans hebben bij hun verkenningen vastgesteld dat de winkelstraat rond die tijd op een zaterdagavond uitgestorven is. Maar dat is niet meer dan een richttijd, het mag best wat later worden, afhankelijk van de situatie.

De jongens zijn niet lang op weg wanneer zij onraad beginnen te ruiken. De uitlaat van de Alfa Romeo lekt bij het motorblok en er dringen uitlaatgassen de auto binnen. Om de haverklap moeten de ramen van de auto open om niet te stikken. Deze continu openlaten is geen optie, de verwarming van de auto is niet opgewassen tegen de poolwind buiten. Desondanks wordt Luik om tien uur heelhuids bereikt. De jongens hebben honger gekregen en hun ogen branden van de uitlaatgassen. Na een stevig ontbijt wordt het plan in gang gezet.

Wanneer ze bij de door Jan en Frans gescoute garage aankomen, blijkt deze helemaal leeg te zijn. Alle auto's zijn weg, een geweldige domper. Wat nu? Tot drie uur 's middags wandelen Jan, Cor en Frans door de stad. Het is koud en Luik is een mistroostig oord.

Als ze terugkeren, staat er nog steeds niets in de garage. Ze zullen moeten terugvallen op het noodplan met de Alfa Romeo Giulia als enige auto. Dat betekent in ieder geval dat de jongens niet naar Herstal hoeven. Wanneer ze de auto in de buurt van de rue de la Cathédrale zetten, hebben ze tot half acht vrij. Wel wordt het nu belangrijker om zo weinig mogelijk getuigen een blik op hun auto te laten werpen. Cor moet klaarstaan bij de geopende achterbak als Jan en Frans uit het magazijn komen. En dan als de bliksem daar weg.

Om zes uur sluiten de winkels in Luik, om zeven uur is het al erg rustig. Een enkele voetganger haast zich nog langs de etalages zonder te kijken, de mensen zijn op weg naar een warme plek bij de kachel. De jongens staan ondertussen te trappelen en met hun armen te zwaaien om zich warm te houden, maar als het zo doorgaat zal de situatie om acht uur ideaal zijn. Cor heeft zijn walkietalkie in zijn binnenzak, de andere zit in een van de tassen die Jan en Frans bij de wapenhandel mee naar binnen zullen nemen. Alles is tot vervelens toe doorgesproken en gerepeteerd, de jongens zijn gemotiveerd en er zal zonder dralen worden toegeslagen.

Om acht uur is de buurt rond de rue de la Cathédrale uitgestorven. De auto wordt daarom nu bijna voor de zijdeur van de wapenhandel gereden. Jan, Frans en Cor kijken elkaar aan en wensen elkaar geluk. Op de goede afloop kussen zij elkaar op de wang. Cor stapt uit en opent de achterklep, Jan en Frans pakken de plunjezak waarin de betonschaar zit. Zonder de schaar uit de zak te halen knippen ze de ketting van de poort doormidden. Cor geeft Jan en Frans nu de twee andere tassen aan, sluit de achterklep en wandelt richting zijn observatieplek. Jan en Frans zien nog net dat hij gaat zitten in een vensterbank voor ze de deur naar het magazijn binnengaan.

Het is alsof ze in een dierentuin terechtkomen! Overal staan kooien met beesten – honden, apen, maar ook leeuwen en tijgers – die flink tekeergaan bij het zien van de inbrekers. Jan en Frans trekken zich er weinig van aan, hun aandacht gaat uit naar het rolhek verderop. Er zal een fors gat in moeten. De draden van het hek zijn inbraakwerend, 16 millimeter dik, en beide bodybuilders moeten aan de betonschaar hangen om ze door te kunnen knippen. Na een minuut of tien kunnen ze erdoor.

Met het zweet op hun voorhoofd lopen ze naar de vuurwapenafdeling. Jan breekt allereerst de glazen kast met de 9mm-munitie open. Frans stopt de doosjes in een van de meegebrachte boodschappentassen. Wanneer die bijna vol is, gooit hij er nog wat zak- en dolkmessen bij. Terwijl Jan door een rek vol geweren gaat om terug te vinden wat hij in zijn Amerikaanse wapenblaadjes heeft uitgekozen, opent Frans de plunjezak. Jan is vooral gespitst op olifantsjachtgeweren en automatische kaliber .12 hagelgeweren, maar hij gaat vrij intuïtief te werk. Thuis zal wel bekeken worden wat hij precies heeft meegenomen. Daarna zijn de vitrines met handvuurwapens aan de beurt. Wanneer de tassen vol zijn maakt Jan met de walkietalkie contact.

‘Groen licht,’ antwoordt Cor.

Als Jan en Frans de loodzware tassen naar het rolluik dragen, schreeuwt Frans opeens. Een dolkmes heeft dwars door een boodschappentas heen in zijn been gestoken, hij bloedt als een rund. Maar ze moeten verder. Door het gat in het rolluik geven ze elkaar de tassen en de plunjezak met geweren aan. Dan begeven ze zich door de kakofonie van brullende apen en blaffende honden naar de zijingang. Frans en Jan kijken waar Cor blijft en zien hem stil op een hoek van de straat zitten. Ze tikken op de ruit, want hij moet de achterbak komen openmaken. Man, schiet eens op! Dan komt hij aangeslenterd en opent hij eindelijk de laadklep; het moment voor Jan en Frans om met de gestolen waar naar buiten te komen.

Terwijl Jan en Frans de tassen en de plunjezak in de laadbak tillen, gaat Cor op de achterbank zitten. Jan neemt plaats achter het stuur, Frans naast hem. De auto start zonder mankeren. Er wordt opgelucht ademgehaald.

Onder het rijden trekt Frans zijn T-shirt aan repen en snoert die om zijn gewonde been. Weldra begint het gelazer met de uitlaatgassen weer; ramen open, ramen dicht. Na een uurtje bereiken ze de grensovergang bij Noorbeek. In geveinsde carnavalsstemming openen de jongens de vensters weer en zwaaiend en zingend naar de douaniers kunnen zij zonder controle passeren. Het is een potje Russisch roulette, maar ze zijn in Nederland.

Ter hoogte van Utrecht komt er een automobilist naast hen rijden, die gebaart dat de achterlichten van de Alfa Romeo niet branden. Bij een tankstation wordt het euvel verholpen. Wanneer zij uiteindelijk Amsterdam binnenrijden, juichen de vrienden van geluk.

De Alfa Romeo wordt in de Van Rappardstraat geparkeerd. Het is na middernacht, te laat om de buit nu naar de zolder van Frans te brengen. Het drietal plakt er nog een wandeling langs de geluksroute aan vast om de verdere plannen te bespreken. Hun ogen branden van het uitlaatgas en omdat ze dorst hebben gekregen van de spanning en de adrenaline door de lijven giert, rijden ze in de Mercedes van Jan naar de Nieuwmarkt, waar ze bij café De Bank wat biertjes drinken. Er heerst een echte overwinningsstemming. Wanneer ze na tweeën terugkeren bij het Van Beuningenplein praten ze nog een tijd na voor het winkelraam van de groenteboer. De volgende dag spreken ze om elf uur weer af.

Als Cor die zondagochtend vijf minuten te laat is, wordt hem dat door Jan en Frans hard ingewreven. 'Afspraak is afspraak.' Cor is pas zestien, dus hij moet nog van alles leren. Op tijd komen voor een afspraak is daarin essentieel.

Na een kopje thee rijden ze met de Alfa naar de mavo aan het Frederik Hendrikplantsoen, waar Cor tot voor kort leerling was. Daar worden de tassen met wapens en munitie en de plunjezak met geweren overgeladen in Jans Mercedes. Met die auto kunnen de jongens zich veilig op het plein vertonen. Eenmaal terug worden de tassen rechtstreeks naar de zolder van Frans gesleept. Ze zijn loodzwaar.

Het grote moment is aangebroken: de tassen worden uitgepakt. De jongens tellen drieëntwintig handvuurwapens en zeven geweren; er is gepakt wat er te pakken viel. Daarnaast is er een assortiment aan zakmessen en dolken, wat wapenolie en een schoonmaaksetje meegenomen. Maar het belangrijkst zijn natuurlijk de dozen 9mm Parabellum-munitie, waar al zo'n lange tijd verbeten op gejaagd is. Eindelijk is het mogelijk het Schmeisser machinegeweer te laden.

De rest van de dag zijn Jan, Frans en Cor bezig met het bekijken van de nieuwe aanwinsten. Al snel krijgen ze het idee dat dit wel erg veel is, samen met de voorraden die in het Westerpark en bij Bloemendaal zijn ingegraven. Er zal een nieuwe keuze gemaakt moeten worden. Per persoon willen de jongens niet meer dan vier handvuurwapens overhouden. Daarnaast zullen de Schmeisser en zes andere geweren binnen handbereik blijven. Na het avondeten en wat rondjes stormbaan in het Westerpark wordt afgesproken een noodpakket wapens langs de spoordijk te begraven en de minder urgente spullen naar de Kennemerduinen te verhuizen. Aan Cor is de taak toebedeeld daarvoor twintig munitiekistjes te kopen.

Wanneer Jan de maandag na de inbraak om een uur of vijf van zijn werk terugkeert, staat Cor hem op te wachten.

'Jan, ik had gisteren wel gezegd dat ik die twintig munitiekistjes zou kopen, maar toen had ik niet bedacht hoeveel dat is. Ik heb er vier, die pasten net in mijn krantentas. Kunnen we niet samen naar die dumpzaak rijden om die andere zestien te halen?'

Jan staat Cor even vreemd aan te kijken. 'Je had toch vijf keer heen en weer kunnen fietsen?'

'Ja, maar daar had ik geen zin in.'

'Luie donder!' zegt Jan. 'Laten we meteen gaan dan. We willen ze zo snel mogelijk in huis hebben.'

En zo gaan ze in de auto naar Amsterdam-Noord. Eigenlijk best een eind fietsen, denkt Jan wanneer Cor bij de dumphandelaar naar binnen is. Jan wil zijn gezicht niet laten zien, er kan altijd wat misgaan bij het wapentransport en dan is het maar beter dat de handelaar weinig meer kan zeggen dan dat een tiener de munitiekistjes gekocht heeft.

Om een verantwoorde keuze te kunnen maken uit de weelde aan vuurwapens, graven de jongens later die week een deel van de voorraad op die al voor de inbraak in Luik veilig was weggeborgen. Het aanbod op de zolder van Frans is nu zeer ruim geworden.

Jan kiest een Colt Combat Commander kaliber .45, een Browning FN kaliber 9mm high power, een Colt Python kaliber .357 magnum (met een looplengte van 2,5 inch) en een Mauser pistool kaliber 9mm kort.

Frans: een Browning FN kaliber 9mm high power, een Colt Python kaliber .357 magnum (met een looplengte van 4 inch), een Mauser Lüger kaliber 9mm Parabellum en een Beretta-pistool kaliber .765.

Cor kiest voor een Browning FN kaliber 9mm high power, een Colt Python kaliber .357 magnum (met een looplengte van 4 inch), een Heckler & Koch kaliber 9mm kort en een Walther kaliber 9mm Parabellum, model P38.

Voor de rest houden Jan, Frans en Cor twee olifantsjachtgeweren met telescopen bij de hand, een Browning en een Mauser, twee automatische hagelgeweren kaliber .12 en natuurlijk 'ons eerste machinegeweer' van het merk Schmeisser, dat kaliber 9mm Parabellum verschiet.

Die avond legt Jan de door hem uitgezochte handvuurwapens en zijn twee holsters op het plafond van zijn zolderkamer. Daarna kleedt hij zich netjes aan; Frans, Cor en hij gaan naar een discotheek. Jan en Frans flikflooien daar wat met meiden, Cor staat er een beetje voor spek en bonen bij. Wanneer Jan en Frans naar hun vriendje wijzen en zeggen dat hij 'best een leuk kereltje is', loopt Cor rood aan. Hij is duidelijk het ukkie van de zaak. Ze lachen als Cor moppert dat ze hem als breekijzer gebruiken. Na deze ervaring gaat hij jarenlang niet meer mee naar een discotheek.

Die nacht staan ze weer lang te praten op de hoek voor de groentewinkel in de Van Hallstraat. Alle wapens en munitie die volgens hen nodig zijn, liggen klaar. Niets staat een daadwerkelijke overval nog in de weg. 'Wie niet steelt of erft, zal werken tot hij sterft. Wij zijn de Epancratius,' klinkt het nog maar eens ter afscheid.

Om een lang verhaal kort te maken: de overtollige vuurwapens gaan onder grond. Een noodvoorraad begraven de jongens langs de spoordijk in het Westerpark. Volgens het bekende, omzichtige protocol – aanrijden via een sluipweg en Cor met een walkietalkie op de uitkijk – worden de andere geweren, revolvers en pistolen opgeslagen langs de Zeeweg in Bloemendaal. Het 'echte werk' kan beginnen.

8.

'RUIKEN' OP HET SURINAMEPLEIN – 1974

De zaterdagmiddag nadat het overschot in de Kennemerduinen begraven is, lopen Jan, Frans en Cor opgelucht, om niet te zeggen euforisch, over het Waterlooplein. Zonder iets bijzonders op het oog te hebben, schuifelen ze tussen de kraampjes door, totdat Cor een doos vol pruiken ontdekt en er een op zijn hoofd zet. Jan en Frans beginnen te lachen en pakken er ook een. Het zijn goedkope exemplaren, bestemd voor etalagepoppen, maar het nut van de valse haardossen is in één oogopslag duidelijk. De jongens kopen er drie. Iets verder op de markt worden meteen ook piepschuimen koppen aangeschaft. De pruiken moeten wel gewassen en bijgeknipt worden, maar daar draait Frans zijn hand niet voor om; hij knipt zijn broertjes en zusjes wel vaker.

Een dag later wandelen ze met de honden over de opgespoten landen. Het is begin maart, de lente komt eraan, alle gewenste wapens en munitie zijn voorhanden, het wordt tijd om een bank te beroven.

'Een bank, jongens, een bank!' juicht Frans.

'Er moet wel veel geld zijn,' zegt Cor. Jan en Frans vallen hem bij, voor minder dan een grote klapper loont het de moeite niet...

'En we moeten goed kunnen vluchten, dat in ieder geval,' benadrukt Frans.

Jan en Cor knikken terwijl ze Herta achter een haas aan weg zien sprinten. Even is het stil terwijl de jongens de jacht volgen.

'Net als die haas moeten we kunnen vluchten naar een veilige plek,' gaat Frans gevat verder. 'Daar verdelen we het geld. Wanneer we eenmaal een bank weten, kunnen we verder werken aan een vluchtroute en een eindbestemming, want we zullen ons als gekken uit de voeten moeten maken.'

'We hebben deze keer écht twee vluchtauto's nodig,' vult Jan aan. 'We kunnen niet blijven rijden in een auto die voor de bank gezien is, anders zijn we er zo bij. Improviseren zoals in Luik kan niet meer, alles moet kloppen.'

De vrienden begrijpen goed dat de risico's groter worden en ze spreken daarom af dat wanneer er ook maar één klein dingetje fout gaat – een auto die niet wil starten of politie in de buurt – de klus zal worden afgeblazen. Te vaak zijn ze al door het oog van de naald gekropen.

'Nooit meer de De Flinesstraat,' zegt Frans.

Tijdens de wandeling begint een boodschappenlijstje te ontstaan. Bovenaan staat het vinden van een geschikt bankfiliaal, een taak die Jan op zich heeft genomen. Omdat er nu pruiken zijn, komt het idee op de vermommingen aan te vullen met plaksnorren en zonnebrillen. Er mogen ook geen vingerafdrukken achtergelaten worden. Jan stelt voor ditmaal dunne katoenen handschoenen te dragen, die kunnen huidskleurig geverfd worden, dan hoeven ze niet met witte handen in de auto te zitten. En met die dunne handschoenen houd je gevoel in je vingertoppen; er zal met pistolen gezwaaid moeten worden en geldladen leeggraaien is ook 'fijn werk', daarover zijn de vrienden het snel eens. Jan weet een orthopedische schoenmaker die ook handschoenen voor mensen met eczeem verkoopt.

Het gesprek keert weer terug naar de wapens. Zoals eerder vastgesteld is een surplus aan vuurkracht wenselijk. De jongens vinden dat ze genoeg munitie moeten meenemen om minimaal honderdtien schoten met de semiautomatische pistolen en dertig schoten met de revolvers te verschieten. Daarnaast willen ze toch zeker vijf magazijnen van tweeëndertig patronen voor het Schmeisser machinegeweer hebben. Eén reservemagazijn voor de Schmeisser is al in België aangekocht, er moeten er nog drie bij komen. En voor de pistolen kunnen ze dus ook nog wat extra magazijnen gebruiken. Bovendien heeft Jan in zijn Amerikaanse wapenblaadjes gelezen dat er zogenaamde *speedloaders* bestaan, waarmee je de trommel van een revolver in een enkele beweging kan laden. Die moeten ook aangeschaft worden, ook daar zijn de drie het over eens. Wanneer het eenmaal zover is, zal in ieder geval ook een plunjezak met wapens mee naar binnen moeten: twee automatische hagelgeweren, geladen met 00- of Brenneke-patronen, en twee scherpschuttersgeweren. Dat laatste besluit maakt het noodzakelijk om binnenkort de telescopen op die geweren af te stellen.

Wat te doen wanneer de politie de bank omsingelt? De discussie tussen de vrienden richt zich weer op dit noodlottige, helaas niet ondenkbare scenario. In dat omineuze geval is het plan iedereen in de bank te gijzelen en 15 miljoen gulden losgeld en een vrije aftocht naar Costa Rica te eisen. (Panama is inmiddels een gepasseerd station.)

'Als de politie scherpschutters op de daken zet, schieten we ze daar met onze eigen scherpschuttersgeweren vanaf. En we hebben ook een stadsbus met een chauffeur nodig om ons naar Schiphol te brengen voor het vliegtuig naar Costa Rica. De gijzelaars binden we met dik vissnoer aan elkaar vast en wij lopen tussen hen in naar de bus of het vliegtuig.'

Een goed plan? Het begin van de jaren zeventig is een tijd van gijzelingen en vliegtuigkapingen, dergelijke ontsnappingen zijn eerder vertoond, dus zo vergezocht is het niet, maar Jan, Frans en Cor, alle bankemployés, toevallige aanwezigen en de politie mogen God op hun blote knieën danken dat het nooit zover gekomen is.

Die ene keer dat Epancratius wel door de politie 'klemgezet' zal worden, komt het dankzij de tot de tanden toe bewapende jongens ook meteen tot een schietpartij die vér boven de Nederlandse verhoudingen uitstijgt.

Na de gruwelscenario's stappen de jongens over naar een onderwerp waarbij hun talenten zich inmiddels aardig bewezen hebben: het praktisch voorbereiden van de gewaagde actie zelf. Voor Jan en Frans moet in de voddenloods een jas worden uitgezocht die later kan worden weggegooid. Voor Cor zelfs twee, omdat hij nog maar zestien jaar oud en erg tenger is, en dus best wat breder mag lijken. Jan en Frans noemen Cor vanwege zijn slungelachtige gestalte weleens 'Poppekop', met dat smalle nekkie, of 'Al Capone', naar de dikke gangster uit Chicago. Resumerend noteren Jan, Frans en Cor de volgende lijst van aandachtspunten in een agenda:

- *Een bank en een goede vluchtweg zoeken. (Jan)*
- *Plaksnorren: 3 maal, plus lijm. (Frans)*
- *Katoenen handschoenen: 6 paar, plus verf. (Jan)*
- *Pistoolmagazijnen: 15 maal 20-schots, voor Browning FN kaliber 9mm Parabellum high power pistolen. Nog aan te schaffen.*
- *Schmeisser machinegeweermagazijnen: 5 maal 32-schots. 3 nog aan te schaffen.*
- *Speedloaders voor de revolvers: 12 maal voor een Colt Python. Nog aan te schaffen.*
- *Jassen om te dragen: 4 maal. (Voor Cor omdat hij zo tenger is een extra jas om hem breder te maken. Mag uit de voddenloods komen.)*
- *Riemen, holsters en tasjes om de pistoolmagazijnen en speedloaders op te bergen. Nog aan te schaffen.*
- *Zonnebrillen, 3 stuks.*
- *Auto's om een bank te beroven: 2 maal, moeten nog gestolen worden.*

- *Plus 1 eigen auto voor na de bankroof: mag de Alfa Romeo zijn die we hebben staan.*
- *Telescopen op de scherpschuttersgeweren instellen.*

Al met al 'een vruchtbaar overleg', om in termen van het poldermodel te spreken; de polder van Sloterdijk welteverstaan. Cor meldt Frans maandag ziek bij de bedrijfsleider van de voddenloods, zodat hij op zoek kan gaan naar plaksnorren, Jan moet de stad in om bankfilialen te verkennen. Er wordt nu vaart gezet achter het plan.

Die maandagochtend vertrekt Jan gelijk met zijn vader van huis om de indruk te wekken dat ook hij naar zijn werk gaat. In plaats daarvan begint er een tocht door Amsterdam die van bank naar bank voert en die een halve benzinetank van de Mercedes opzuipt. Op het Van Limburg Stirumplein stapt Jan eerst een telefooncel binnen om zich bij zijn werkgever ziek te melden. De uitvoerder vertelt dat er die dag een nieuw karwei begint bij Metz & Co, het chique warenhuis op de hoek van de Leidsestraat en de Keizersgracht.

'Misschien gaat het morgen beter met me,' antwoordt Jan, 'dan zien jullie me morgen wel.' Het is allemaal oké en Jan hangt op.

Het is acht uur, de banken openen pas om negenen, maar het idee is om alvast rond te rijden en te kijken voor welke bank al mensen staan te wachten. Dat zullen ongetwijfeld de plaatsen zijn waar het meeste geld te halen valt. Hier begaat Jan een kleine, maar moeilijk te voorspellen inschattingsfout, zal later blijken.

Hij begint zijn tocht bij de bank die hij het best kent, die op de hoek van de Sloterkade en de Hoofddorpweg, maar daar valt op dit vroege uur nog niemand te bekennen. Via Slotervaart en Osdorp keert hij weer terug richting centrum. Op het Overtoomse Veld valt hem op dat er bij het bijkantoor van de Gemeentegiro op het Surinameplein voor negen uur al mensen staan te wachten. Hij parkeert zijn auto in de buurt en kijkt kort na negenen even onopvallend naar binnen. Het ziet er gezond uit; vier loketten met voor iedere kas een rij klanten. Het is duidelijk dat ze geld komen halen, alweer een goed teken, dat hij vanavond aan zijn vrienden zal rapporteren. Jan heeft al eerder een kantoor van de Gemeentegiro overwogen, omdat de bijstandsuitkeringen op donderdagochtend beschikbaar worden gesteld, en die kantoren zijn daar natuurlijk op voorbereid. Mensen met een uitkering halen die onmiddellijk op, zo is dat.

Plichtsgetrouw trekt Jan verder en rijdt weer langs het filiaal van de NMB aan de Sloterkade. Nog steeds een goede optie, omdat het er op dit moment erg druk blijkt. Hij stelt zich op in een rij klanten en vormt zich ondertussen een beeld van de situatie: het is een bank met meerdere loketten, maar met slechts één enkele centrale geldlade, die op een tafel midden in de zaak staat. Dat heeft zijn voordelen. Wanneer Jan aan de beurt is zegt hij dat hij zijn bankboekje heeft vergeten, hij komt later wel terug.

Hierna bezoekt hij een bank op de Amstelveenseweg, maar daar hebben ze slechts twee loketten. Zo blijft Jan de hele dag bezig met het zoeken, bezoeken of slechts spotten van banken. Wanneer hij weer thuiskomt voor de avondmaaltijd, wekt hij de aandacht van zijn moeder. Hij is opvallend schoon na een dag werken. Jan antwoordt dat hij vandaag een karwei begonnen is bij Metz & Co, een naam die bij voorbaat ontzag inboezemt. Jans moeder is er nog nooit binnen geweest. Hij heeft er die dag weinig anders gedaan dan wat verhuiswerk. Het klinkt plausibel.

's Avonds is het tijd voor de vrienden om op het bodybuildingkamertje de vorderingen door te nemen. Frans is in zijn speurtocht naar plaksnorren terechtgekomen op een adres in de Van Woustraat, waar een invalide man ergens op de eerste verdieping pruiken, baarden en plaksnorren maakt. Frans heeft drie dikke snorren besteld, omdat die het beste zullen vermommen. Ze kunnen aanstaande vrijdag worden opgehaald.

Daarna is het de beurt aan Cor, die uit een jutezak twee jassen haalt. Terwijl hij ze aantrekt, kijken Jan en Frans misprijzend toe. 'Je bent nog steeds te schriel. En waar zijn de zakken? Probeer een safari-jas te vinden met veel zakken, want waar moet je anders je pistolen laten?'

De komende dagen kan er naar extra jassen gezocht worden, omdat de jongens in de voddenloods bezig zullen zijn. Er moet bijverdiend worden; de holsters, magazijnen en speedloaders die ze nog willen kopen zijn niet goedkoop. Met zijn drieën kan zo'n duizend gulden op tafel gelegd worden, maar de verwachting is dat dit niet voldoende zal zijn voor alle accessoires.

Diezelfde avond gaan ze na een paar stormbaantjes nog met zijn drieën de stad in om Jans shortlist van bankfilialen te bekijken. Als eerste komt de bank op de hoek van de Sloterkade aan de beurt. Onderweg legt Jan de voordelen uit van deze bank: een eenvoudige vluchtweg en een enkele centrale geldlade, waardoor het geld makkelijk bij elkaar gegraaid kan worden. Frans en Cor zien het niet zitten omdat de kans groot is dat de vluchtauto dubbel geparkeerd moet worden en daardoor de aandacht trekt.

De jongens rijden door naar het filiaal van de Gemeentegiro aan het Surinameplein. Door de ramen van het filiaal zien ook Frans en Cor de vier geldlades in de lange balie zitten.

'De Gemeentegiro betaalt uitkeringen uit,' zegt Jan, 'dus er wordt meer geld opgehaald dan er gebracht wordt.'

Frans en Cor zijn enthousiast. Er is een ventweg, zodat de auto voor de deur neergezet kan worden zonder de rest van het verkeer te hinderen. Maar waarheen te vluchten wanneer de roof gepleegd is? Op de nabijgelegen Staalmeesterslaan ontdekken ze een bouwplaats die rustig lijkt, geschikt om van auto te wisselen. Ze stappen er even uit. De locatie wordt goed genoeg bevonden om verder onderzocht te worden.

Ter plekke besluit het drietal dat het bijkantoor van de Gemeentegiro op het Surinameplein het gaat worden. Op de terugweg naar het Van Beuningenplein krijgt Cor bovendien een lumineuze ingeving: 'We rijden door naar de Kennemerduinen om daar de buit te begraven. Net als onze wapens.'

Jan en Frans vinden dat geen gek idee. Het plan staat nog in de kinderschoenen, maar er is eindelijk een doel, naar dit moment is jaren toegeleefd.

Aan het eind van de week hebben de drie jongens zo'n 500 gulden bijverdiend met het balen persen in de voddenloods. Omdat ze per kilogram worden uitbetaald, zijn ze er hard tegenaan gegaan. Frans is er op vrijdagmiddag een uurtje tussenuit gepiept 'om naar de dokter te gaan' en heeft in de Van Woustraat de plaksnorren opgehaald. Inclusief lijm is dat al 125 gulden.

Als om tien uur het werk erop zit, lopen de jongens nog gezamenlijk hun geluksroute en onderweg doen Herta en Jacko hun behoefte. Zonder dralen keren de jongens daarna huiswaarts. De volgende ochtend zullen ze om zeven uur vertrekken naar Brussel, waar Jan en Frans een grote wapenhandel kennen die de magazijnen en speedloaders kan leveren. Dit soort wapenaccessoires is in België vrij te koop.

Het is een grote zaak met in de kelder een afdeling waar ook machinegeweren worden verkocht aan professionele afnemers, zoals beveiligingsbedrijven en geldtransporteurs. Jan en Frans mogen daar niet komen, de kelder is slechts toegankelijk met een speciale licentie. Cor moet vanwege zijn leeftijd sowieso buiten blijven wachten. Op de begane grond liggen de handvuurwapens in vitrines uitgestald. Alles wat Jan in de Amerikaanse wapenblaadjes is tegengekomen, is er te koop.

De eigenaar van de zaak kent Jan en Frans al. In eerste instantie heeft de man Frans gesproken tegen de jongens, maar voor terugkerende goede klanten maakt hij een uitzondering. Ineens spreekt hij Nederlands. Jan legt het boodschappenlijstje voor de winkelier op de toonbank.

- *15 pistoolmagazijnen, à 20-schots, voor Browning FN kaliber 9mm Parabellum high power pistolen.*
- *3 Schmeisser machinegeweermagazijnen à 32-schots.*
- *12 speedloaders voor een Colt Python revolver.*
- *Tasjes om de pistoolmagazijnen en speedloaders voor een revolver aan een riem te hangen.*

'Willen jullie een oorlog gaan voeren?' lacht de man.

'Nee, we gaan in Nederland doorverkopen,' antwoordt Jan, licht blozend.

De man draait zich om en loopt een opslag binnen. Bij terugkomst legt hij drie magazijnen voor de Schmeisser op tafel. De tasjes om de pistoolmagazijnen en speedloaders aan een riem te hangen moeten worden besteld, vertelt hij, het zal drie weken gaan duren. 'Ik wil het bestellen als jullie er vijftig procent op aanbetalen.'

Jan zegt dat het goed is en de wapenhandelaar pakt zijn orderboek om de bestelling te noteren. Hierna bukt de man om onder zijn toonbank wat in een doos te rommelen. Uiteindelijk komen er niet meer dan negen FN-magazijnen tevoorschijn. Frans kijkt een beetje sip. De man kijkt hem aan, aarzelt, maar zegt dan: 'Misschien heb ik er beneden nog wat meer.'

'Mogen wij even meelopen?' vragen Jan en Frans gretig. De vorige keer is het hun expliciet verboden, maar ditmaal heeft de wapenhandelaar geen bezwaren en even later kijken Jan en Frans hun ogen uit. Wat een weelde, de meest moderne machinegeweren, onder andere uzi's en M16's! Ondertussen heeft de wapenhandelaar weer een kartonnen doos gepakt. Stuk voor stuk haalt hij de ontbrekende zes FN-magazijnen tevoorschijn en uit een andere doos pakt hij de speedloaders. Wanneer de bestellingen zijn verzameld, gaat het weer naar boven.

De wapenhandelaar begint de rekening op te maken. Jan en Frans vragen om een redelijke korting. 'We zijn grootafnemers,' zeggen ze glimlachend.

De man geeft hun 20 procent korting, maar omgerekend in Nederlands geld moeten ze nog steeds 1.800 gulden betalen. Bovendien blijft nog ruim 400 gulden staan voor de tasjes van de pistoolmagazijnen en de speedloaders die besteld moesten worden. Jan en Frans zijn bijna een uur bij de wapenhandelaar geweest. Ze stappen met een kleine, maar zware doos de wapenhandel uit. Bij de auto komt Cor hen al tegemoet.

'Het belangrijkste hebben we.'

Op zondag gaan de jongens weer 'ruiken' op het Surinameplein om met de omgeving vertrouwd te raken. Het plein is het begin van een vluchtroute die zo gestroomlijnd mogelijk naar Sloterdijk zal moeten voeren. Er wordt heen en weer gependeld, maar overeenstemming over de juiste weg bereiken de jongens nog niet, daar moet verder op gestudeerd worden. Die middag is het genoeg geweest, de drie moeten naar huis om met hun families warm te eten.

's Avonds wandelen Jan, Frans en Cor echter alweer door de stad op zoek naar mogelijkheden om auto's te stelen. Voor de overval zijn twee auto's nodig en omdat die 's ochtends vroeg gestolen moeten worden, zoeken ze het niet te ver van huis. Op het Haarlemmerplein is een autohandel die niet al te zwaar beveiligd is en op het Kwakerplein is er ook een. Het beste is natuurlijk om de auto's niet bij één handelaar te stelen, anders weet de politie misschien snel in welke auto de jongens zijn overgestapt. Eén plus één is twee.

Op weg naar huis komt in de permanente discussie een nieuw probleem naar voren. Op de dag van de bankroof zullen de jongens uiteraard niet onder het oog van familie en vrienden gewapend het Van Beuningenplein kunnen verlaten met pruiken en plaksnorren op. Hoe dit nu weer op te lossen? Ze besluiten een kleine caravan te kopen die als kleedkamer dienst kan doen. Daar kunnen 's morgens vroeg hun spullen worden neergelegd zodat ze zich later rustig kunnen vermommen en de wapenuitrusting aandoen. Voor een paar honderd gulden valt er wel ergens een op de kop te tikken, denken ze. Ze beschikken echter niet over een auto met trekhaak. Cor oppert dat er een auto gehuurd kan worden en dat ze de caravan ergens langdurig kunnen parkeren. Het ei van Columbus! Jan en Frans complimenteren hem zo uitbundig dat Cor ervan glundert.

Thuis staan de jongens voor het winkelraam van de groenteboer nog eens door te nemen wat hun de komende week te doen staat. Zaterdag willen ze in alle vroegte de telescopen op de scherpschuttersgeweren instellen. Jan moet daarvoor deze week een schraag timmeren waarop de geweren vastgezet kunnen worden. Een triplex plaat kan als target dienen. De jongens weten een half afgebroken boerderij in de buurt van Ruigoord waar ongestoord kan worden geknald. Na deze afspraken gaan Jan, Frans en Cor ieder hun eigen richting naar huis. Jan sluipt het trappenhuis op om niemand te storen.

De volgende ochtend wordt Jan via de intercom door zijn vader gewekt en als hij beneden komt, staat zijn bordje Brinta al te dampen. Om kwart voor acht rijdt hij in zijn Mercedes naar de klus bij Metz & Co. Tussen de werkzaamheden door brengt hij allerlei hout naar zijn auto, voor de schraag. Er komt schot in de zaak. Die avond begint hij er meteen aan te werken. Hij heeft het idee dat hij er in twee avonden mee klaar kan zijn.

Wanneer hij om tien uur 's avonds eindelijk bij zijn ouders de huiskamer binnenstapt, vragen die zich af waar hij mee bezig is geweest.

'Een timmerklusje waarmee ik 200 gulden kan verdienen.'

'Dat is niet slecht,' zegt vader.

Frans en Cor besteden de avonden aan overwerk in de voddenloods. Over een paar weken is er weer geld nodig om de bestellingen in Brussel af te halen en binnenkort zal ook die caravan aangeschaft moeten worden. Tussendoor zoeken ze naar jassen die tijdens de overval gedragen kunnen worden.

De volgende dag is Jan weer bij Metz & Co. Nog voor de winkel opent voor het publiek drukt hij er drie zonnebrillen achterover. Die avond haalt Cor hem na het werk op om de Alfa op te halen die nog steeds geparkeerd staat voor de mavo aan het Frederik Hendrikplantsoen. Daarin zullen vandaag stoepranden vervoerd moeten worden om de schraag de stabiliteit en stevigheid te geven die nodig is om de terugslag van de geweren te weerstaan.

Bij de nieuwbouw van het Sociaal Fonds Bouwnijverheid wordt aan de weg gewerkt en kunnen wat stoepranden 'geleend' worden. Voor het gebouw tillen de jongens brutaal vier stoepranden in de kofferbak van de Alfa Romeo, die doorzakt tot op de achteras. Voorzichtig rijden ze via de Basisweg richting Ruigoord, waar ze de stoepranden bij de bouwvallige boerderij deponeren. Erg bang dat de zware stenen gestolen zullen worden, zijn de jongens niet. Wat zullen die stoepranden wegen, 60 kilo? Toch camoufleren ze de stenen met wat takkenbossen. Na dit karwei zet Jan Cor af bij de voddenloods. Daar is Frans al sinds half negen die ochtend aan het werk.

'Past dit?' Frans reikt Jan een safari-jas aan.

'Perfect,' antwoordt Jan. 'Neem die jas vanavond maar mee naar huis.' Zelf zal hij thuis verder werken aan de schraag. De Alfa parkeert hij nu op de Visseringstraat en op de zolder van Frans haalt hij de twee scherpschuttersgeweren op; die heeft hij nodig bij het vervaardigen van de schraag waarin ze vastgezet kunnen worden. Hij schroeft de kolven van de geweren. Met die lengtes over straat sjouwen is te riskant en zo is het een veel minder opvallend pakketje.

Donderdag verlaat Jan gelijk met zijn vader het huis en stopt hij weer bij de telefooncel op het Van Limburg Stirumplein om zich ziek te melden bij zijn uitvoerder, Daan. Jan voelt zich beroerd en moet om de haverklap naar de wc. Daan legt zich er maar bij neer. Alweer last van buikloop, het is niet anders. Hierna rijdt Jan met zijn Mercedes naar de Visseringstraat om over te stappen in de witte Alfa Romeo voor zijn zoektocht naar een goed geprijsde caravan, maar er staan niet zoveel caravans te koop. In Amsterdam-Zuid vindt hij er een die 1.500 gulden moet kosten, dat is te duur. Ergens in Diemen stuit Jan uiteindelijk toch op iets betaalbaars, een Kip-caravan voor 500 gulden. Hij belt aan, een echtpaar doet open en Jan biedt hun 250 gulden. Het paar staat even na te denken, tot de man zegt: 'Als je 300 geeft, is hij van jou.'

'Oké, maar dan wil ik dat u hem een slinger geeft naar Amsterdam.'

'Dat is geen probleem,' antwoordt de man. En zo wordt de caravan naar de James Rosskade in Bos en Lommer gereden en daar bij het sportterrein geparkeerd. Jan, Frans en Cor hebben een kleedkamer voor hun eerste optreden.

Om vijf uur gaan ze meteen naar de nieuwe aanwinst kijken. Weer wordt eerst op de Visseringstraat van auto gewisseld en in de Alfa Romeo overgestapt; Jans Mercedes mag absoluut niet in de buurt van de caravan gezien worden, je weet maar nooit. Op de James Rosskade wordt de Alfa gewoon naast de caravan geparkeerd. De jongens stappen uit en lopen om de caravan heen.

Jan pakt de sleutel en opent de deur voor Frans en Cor: 'Na u.'

Het drietal gaat naar binnen. Op de deur is een spiegel geplakt. 'Die hoeven we niet meer mee te brengen,' zegt Frans. Alle gordijnen zitten dicht, niemand kan van buitenaf zien wat er in de caravan gebeurt. Het voldoet aan de eisen, besluiten Frans en Cor. Bovendien staat hij op de James Rosskade ietwat afgelegen, het is geen slecht idee hem hier maar te laten staan.

De volgende dag is Jan weer bekomen van zijn ongestelde maag-darmstelsel en gaat hij weer bij Metz aan de slag. Tegen vijven staat hij in de voddenloods om zijn vrienden op te halen om de situatie rond Ruigoord te verkennen. Cors rol als uitkijk morgen moet eerst goed doorgesproken wordt. Ze beloven de bedrijfsleider in de voddenloods dat ze om zes uur terug zijn om een avonddienst te draaien.

Eenmaal op de Westpoortweg, vlak bij Ruigoord, worden de vrienden het snel eens over de juiste plaats: een bocht van waaruit Cor de hele weg kan overzien. Ze haasten zich daarna terug naar de Visseringstraat, vanwaar Frans en Cor teruglopen naar de voddenloods en Jan naar zijn huis op de Keucheniusstraat. Even later draagt hij de schraag door het trappenhuis naar beneden om hem bij Frans op zolder te zetten. Vader is een loodgietersklusje aan het doen en moeder heeft geen idee waarmee haar zoon aan het zeulen is wanneer zij hem van de trap hoort stommelen.

'Even mijn timmerwerk afleveren.'

Die zaterdag gaat Jans wekker om half zes af. Hij kleedt zich snel aan, eet wat boterhammen die hij mee naar zolder genomen heeft en drinkt er een blikje frisdrank bij. Muisstil gaat hij de trap af. Op straat komt hij Cor tegen, die de slaap nog in de ogen heeft. Ze lopen naar het Van Beuningenplein. Frans staat hen thuis al op te wachten en de jongens gaan meteen door naar de zolder. Cor draagt de plunjezak met geweren, Jan en Frans ontfermen zich over de schraag, die gemaakt is om in de achterbak van de Alfa Romeo te passen. De twee geweren worden op de achterbank gelegd.

Via de Basisweg rijdt de Alfa naar de Westpoortweg, waar Cor in de bocht uitstapt. Hij vat post in de bosjes. Jan en Frans rijden door naar de schietplek. Daar beginnen zij meteen met het plaatsen van de schraag, de stoepranden worden onder de takkenbossen vandaan gehaald en op de onderliggers van de schraag gelegd. Ongeveer honderd meter verderop hebben ze een multiplex plaat aan een eik gespijkerd.

Jan richt het Browning-scherpschuttersgeweer eerst zonder richtkijker en zet het daarna vast in de beugels op de schraag, schroeft de kijker op het geweer en ziet dat het kruisdraad op het doel gericht staat. Hij laadt nu een 8 x 60 patroon in de Browning. Klaar voor het eerste schot.

'Groen licht?' vraagt Frans door de walkietalkie.

'Je hebt groen licht,' antwoordt Cor.

De knal is oorverdovend, maar de schraag beweegt niet. Jan kijkt door de richtkijker en ziet dat het kruis wat naast de inslag van het schot zit. Hij draait wat aan de knoppen op de telescoop en vraagt weer om groen licht.

'Groen licht,' zegt Cor en weer davert een knal over de vlaktes bij Ruigoord. Als Jan weer door de kijker kijkt, ziet hij dat het kruisdraad en het kogelgat nu samenvallen.

'Hebbes. De volgende...'

Terwijl Jan de Mauser vastzet op de schraag, speurt Frans met de Browning in handen door de richtkijker de omgeving af. De procedure wordt herhaald tot ook bij de Mauser het kruisdraad en de kogelinslag samenvallen. Iedere keer een enorme knal, maar het is opwindend, en wanneer Jan de Mauser weer losschroeft, geeft hij Frans een patroon.

'We doen er een uit de vrije hand.'

Frans neemt de patroon aan en laadt zijn geweer.

'Groen licht?' vraagt hij aan Cor.

'Jullie hebben groen licht.'

'Op drie,' zegt Jan, terwijl hij het geweer aan zijn schouder brengt.

'Een, twee, drie.' Er volgt een dubbele knal.

'En nu snel weg.'

Ze trekken een stoeprand onder de schraag vandaan, beginnen die met de steen aan stukken te beuken en verspreiden het nieuwe hout in de omgeving. Met de geweren weer in de plunjezak lopen ze terug naar de Alfa Romeo. Vanmiddag zullen de drie terugkeren om eens naar de multiplex plaat te gaan kijken. Nu vinden ze het te riskant.

Thuis worden de geweren meteen onder de zoldervloer weggeborgen en volgen de jongens hun vaste stramien: eerst een ochtendwandeling met de honden, daarna bodybuilding, gevolgd door rondjes in het park. 's Middags gaan ze weer de polder in. Bij de boom schrikken ze even. Sommige van de kogels blijken er dwars doorheen te zijn gegaan. De perforatie in de multiplex plaat is messcherp, maar daarachter zijn ook grote stukken van de eik weggeslagen. Nog een paar schoten en de boom zou zijn omgevallen. Jan rukt het multiplex van de boom en werpt het even verderop in een sloot. De drie raken niet uitgepraat over de kracht van de geweren.

Vanaf Ruigoord rijdt Jan richting Surinameplein. Na de Mercedes in de buurt op de Hoofdweg te hebben geparkeerd, wandelen hij, Frans en Cor weer eens langs het bijkantoor van de Gemeentegiro, en weer werpen ze een blik in de verlaten bank. Ze zien de balie, daar zullen ze straks met een sprongetje overheen zijn. Geen probleem, ze zijn getraind genoeg. De vraag is nu hoe er aansluiting komt op de sluiproute naar de Kennemerduinen.

Ze rijden naar de Staalmeesterslaan, waar ze de tweede vluchtauto klaar willen zetten. Hoe vanaf daar dan verder richting Sloterdijk? De Staalmeesterslaan volgend in noordelijke richting kom je uit op de Jan

Evertsenstraat. Als je die oversteekt, kom je uit op de Admiraal Helfrichstraat en van daar kun je doorrijden langs het zwembad, tot er bij de Robert Scottstraat afgeslagen moet worden om op de Jan van Galenstraat terecht te komen. Van daar naar de oprit van de ringweg, destijds de E10, en dan via de Coentunnelweg naar Sloterdijk. De mogelijkheid om bij de bouwplaats van auto te wisselen moet serieus genomen worden.

Op de parkeerplaats bekijken de jongens de situatie nog eens grondig en nemen ze nog eenmaal het hele plan door. Deze plek om van vluchtauto te wisselen ziet er goed uit. Ze rijden de hele route tot en met de Zeeweg in Bloemendaal om daar in de omgeving een goede plek te zoeken om de tweede vluchtauto achter te laten en over te stappen in hun eigen, niet geregistreerde Alfa Romeo. Bij een tennispark in Overveen kan die uit het zicht gestald worden voor de laatste wissel. De tweede vluchtwagen moet dan hier ergens achtergelaten worden. De jongens zullen daarna met de buit doorrijden naar de begraafplek op de Zeeweg, waar ook al hun wapens liggen. Ze zijn het eens: zo gaat het gebeuren.

9.

‘DAS IST EIN ÜBERFALL!’ – 1974

Er moet weer ‘gewerkt’ worden, ditmaal het verkennen van nabijgelegen handelaren in tweedehands auto’s en garagebedrijven. Enige ervaring met het stelen van auto’s hebben de jongens niet. Hoe het mogelijk is op straat een auto open te maken en daarna te starten door de contacten te verbinden is hun onbekend. Harry Ploos heeft tijdens het vissen op de pier weleens gezegd dat hij het zal demonstreren, maar omdat het er nooit van komt, zoeken de jongens nu vooral naar tweedehandsautohandels. Het blijft telkens opnieuw het wiel uitvinden voor de drie, een beetje doe-het-zelven.

De jongens vinden het overigens niet echt stelen wat ze van plan zijn, het is meer een soort van lenen. De auto’s zullen slechts even gebruikt worden en daarna achtergelaten. De politie zal er uiteindelijk wel voor zorgen dat de vervoermiddelen weer bij de rechtmatige eigenaren terechtkomen. Aan het eind van de avond hebben de jongens enkele bedrijven ontdekt die geschikt zouden kunnen zijn. Afgesproken wordt dat Frans de gespotte locaties verder onderzoekt.

De volgende dag gaat hij daarom ‘in de ziektewet’ en bekijkt in totaal zeven bedrijven: drie tweedehandsautohandelaren en vier garagebedrijven. Bij twee daarvan laten ze de sleuteltjes gewoon in het contactslot zitten. In de buurt ontdekt hij zelfs nog een nieuw garagebedrijf waar dat ook gebeurt: De Pool in de Heinsiusstraat.

Die zaterdag rijden de jongens nog een keer de gehele vluchtroute op zoek naar knelpunten en verbeteringen, op zondag vissen ze op de pier in IJmuiden. Dat laat hun voldoende tijd om in de namiddag naar garage De Pool te lopen. Misschien is het een goed idee om hier maar meteen twee auto's te stelen, wel zo praktisch. Het probleem dat bij twee gestolen auto's uit één garage ook meteen het kenteken van de tweede auto bij de politie bekend is, kan ondervangen worden door beide auto's van valse nummerborden te voorzien.

Door te posten kunnen de verschillende auto's die bij De Pool geparkeerd staan in kaart gebracht worden, zodat er passende kentekens bij uitgezocht kunnen worden. Die valse nummerborden moeten op de ochtend van de bankroof met een bijzonder sterk dubbelzijdig plakband over de originele nummerborden geplakt worden. Dat plakband heeft Jan op zijn werk liggen. De kans dat de tweede volgauto dan snel herkend wordt, achten de jongens zeer gering. Een idee om serieus te nemen.

Ze maken het niet al te laat vandaag, want ze zijn vroeg opgestaan en moe. Om half elf al zit Jan thuis televisie te kijken, een half uurtje later gaat hij naar zijn zolderkamer. Daar pakt hij zijn vuurwapens en holsters plichtmatig van het verlaagde plafond om nog even voor de passpiegel te oefenen in het snelschieten. Steeds vlugger gaat het. Na een half uurtje oefenen, legt hij de pistolen terug om te gaan slapen.

In de aanloop naar het bezoek aan België worden de Belgische franken nu eens niet door Jan en Frans aan de grens gekocht, maar bij het Gemeentegirokantoor op het Surinameplein. Cor blijft buiten de bank wachten terwijl zijn twee vrienden keurig in een rij gaan staan en ondertussen de tijd nemen om de situatie in het girokantoor in zich op te nemen. Als ze aan de beurt zijn, wisselen ze zeshonderd gulden om. Op die manier ontdekken ze ook dat de vreemde valuta in het kantoor in een triplex kistje tegen de achterste muur staan.

'We mogen dat vreemde geld niet vergeten,' merkt Jan eenmaal buiten op.

'Nee,' antwoordt Frans. 'Zag je wat een pak geld dat was!'

Cor luistert met glimmende ogen mee. De jongens lopen terug naar de Hoofdweg en rijden van daar zonder omweg naar het Van Beuningenplein, na de warme hap moeten ze om zes uur weer aan de slag met de vodden.

Die zaterdag in Brussel haalt de wapenhandelaar een doos uit het magazijn en zet die op de toonbank voor hun neus neer. Uit de doos komen de tasjes om de pistoolmagazijnen en de speedloaders in op te bergen. Die zijn van Amerikaanse makelij, gemaakt van zwart leer en kunnen zo op een leren riem worden geschoven. Alle tasjes zijn bovendien van een drukafsluiter voorzien, zodat tijdens het rennen niets verloren kan worden. Jan en Frans zijn tevreden.

'Er staat nog 5.500 frank open,' zegt de wapenhandelaar.

'Heeft u de 20 procent korting er al afgetrokken?' vraagt Frans.

'Nee, daar heb je nog recht op.' De wapenhandelaar denkt even na. 'Geef me maar 4.000 frank, dan kom je er mooi vanaf.'

Frans betaalt de wapenhandelaar en de vrienden verlaten tevreden de zaak. Om de hoek staat Cor te wachten. Hij ziet al aan de gezichten dat het gelukt is.

Terug in Amsterdam gaat Jan even naar huis om te zien hoe het daar staat. Omdat het zaterdag is, vraagt hij bij binnenkomst meteen of er paardenworst is. Zijn moeder haalt de verse worst tevoorschijn en snijdt er een stuk af. Jan propt het haastig, maar toch met smaak in zijn mond.

'Waar ben je geweest vandaag?'

'Nou gewoon, wat bijverdiend in de voddenloods,' antwoordt Jan.

'Je ziet er anders niet erg stoffig uit,' observeert moeder.

'Ik ben al boven geweest.'

'O,' zegt moeder, die het niet vertrouwt.

Lang thuis blijven doet Jan niet, omdat er afgesproken is dat de vrienden de honden uit gaan laten. De wandeling voert door de Visseringstraat om te zien of de Alfa Romeo er nog staat. Onderweg bespreken de jongens de aanstaande overval. Alle materialen zijn in huis en de voorbereidingen naderen het eindstadium. Er is een vluchtroute, het vuurwapenarsenaal voldoet aan alle vooraf gestelde wensen, er zijn pruiken, plaksnorren, jassen en zonnebrillen. De katoenen handschoenen liggen geverfd in huidskleur klaar en de scherpschuttersgeweren zijn afgesteld. Auto's moet nog gestolen worden, maar waar dat gaat gebeuren, is al min of meer bekend.

De jongens slaan de Van Bossestraat in, onwillekeurig lopen ze hun geluksroute. Ter hoogte van de voddenloods in de Van Slingelandtstraat zijn ze het erover eens dat de overval op een donderdag moet gebeuren. Dat is de dag waarop de bijstandtrekkers uitbetaald krijgen, dan móet er gewoon meer geld in het Girokantoor aanwezig zijn.

'We nemen alleen geld van de Giro mee,' verklaart Frans plechtig. 'Geld wat mensen in hun handen hebben, mogen ze houden. We gaan niet van bijstandstrekkers stelen, dat zijn mensen zoals wij en die kunnen het niet missen.'

Daar zijn Jan en Cor het volledig mee eens. De vraag rijst hoe ze het met hun werkgevers zullen oplossen. Frans denkt dat het beste is als hij maandag al de ziektewet in gaat, hij voelt nu al pijn in zijn rug. Cor kan aanstaande donderdag gewoon een snipperdag opnemen en Jan ook. De wekker zal de dag van de overval om vier uur gaan. Om half vijf verzamelen om de vluchtauto's te stelen; één auto bij de garage De Pool in de Antonie Heinsiusstraat en de andere bij een autohandelaar op het Haarlemmerplein.

Het gesprek wendt zich opeens in een nieuwe richting. Wat moet er tijdens de overval gezegd worden?

'Handen omhoog. Allemaal de hoek in met de neuzen naar de muur!'

'Niet kijken!'

Cor, de benjamin in het gezelschap, heeft een beter idee. 'Waarom niet in het Duits? Dat is weer een extra dwaalspoor voor de politie.' Hij heeft op de mavo Duits in zijn pakket gehad en wil Jan en Frans de komende dagen wel wat zinnetjes bijbrengen.

'*Das ist ein Überfall!*' en '*Mit dem Gesicht nach den Mauer stehen!*' en '*Alle in die Ecke, schnell!*'

Jan en Frans kijken hem stil aan en zijn onder de indruk. Zo ontstaat het definitieve plan nog voor de jongens naar huis gaan om met de familie warm te eten.

Om zeven uur verzamelen ze alweer. Nu gewapend met emmers, sponzen en zeemleren lappen. Ditmaal om de Alfa Romeo vanbinnen en vanbuiten geheel schoon te maken, zodat er donderdag geen vingerafdruk op te vinden is. De Alfa moet van de week naar Bloemendaal gereden worden om klaar te staan voor na de overval. Hoewel Frans zijn rijbewijs nog niet heeft, vertrouwen Jan en Cor hem deze taak wel toe. Jan zal met zijn Mercedes achter hem aan rijden. Ze kunnen dan gelijk wat plastic zakken in de Kennemerduinen neerleggen om de vuurwapens, jassen en buit in te begraven.

De jongens wandelen naar de Visseringstraat, waar Frans achter het stuur van de Alfa stapt zodat hij alvast wat aan de auto kan wennen. Onderweg naar de Sloterplas oefenen de jongens wat Duitse zinnetjes. Bij de plas aangekomen doen Frans en Jan de buitenkant van de auto, Cor lapt het interieur. Nadat de Alfa schoon is bevonden, trekken de jongens hun in huidskleur geverfde, onopvallende katoenen handschoenen aan. Op de terugweg gaat de Duitse les verder, waarbij Cor een fantasierijk leraar blijkt.

'*Hände hoch oder wir schießen!*'

Frans en Jan herhalen om beurten de tekst en maken rasse vorderingen. Nadat de Alfa op zijn vaste plek is teruggezet, lopen de jongens nog even naar garage De Pool om gezamenlijk de situatie te verkennen. Ter plekke worden nog wat details doorgenomen. Het is zaterdagavond en nog vroeg. Cor gaat vanavond naar een jeugddisco en zijn oudere vrienden naar de tweede voorstelling van een gangsterfilm. Uiteindelijk belanden Jan en Frans in een kroegentocht en bezuipen zich aan het bier. Volgende week kunnen ze weleens in het huis van bewaring zitten, dan hebben ze dit in ieder geval binnen.

'We nemen deze week rust,' zegt Jan die maandagavond tegen Cor als ze voor de deur staan te praten. 'We gaan geen balen persen. We gaan deze week een bank beroven. Ik hoop nooit meer 's avonds in een voddenloods te staan. Ik baal ervan. We gaan straks lekker bodybuilding trainen. Meer niet.'

Cor vindt het een goed idee. De jongens wandelen naar de Van Slingelandtstraat, waar de baas van de loods altijd wacht op de avondploeg voor hij naar huis vertrekt. De ietwat verbaasde man hoort het tweetal aan en kan weinig anders dan het accepteren. Na deze kwestie 'fatsoenlijk' te hebben afgewikkeld, zoeken Jan en Cor het Van Beuningenplein op om zich bij Frans te voegen, die al in de ziektewet loopt.

'Gaat dat wel met je rug?' vraagt Jan bezorgd als hij Frans honderd kilo ziet tillen.

'Neem jezelf in de maling,' antwoordt Frans. 'Wat doen jullie hier?'

'Nou, wij hebben ook vakantie genomen van de voddenloods en trainen mee vanavond. We doen het voor donderdag een beetje rustig aan. Voor de concentratie.'

Na de training met gewichten gaan de jongens met de honden naar het Westerpark om rondjes te lopen en over bankjes te springen, te tijgeren en over het voetbaldoel te klimmen. Met voldoening stellen Jan en

Frans vast dat Cor grote moeite heeft om zich net als de honden tussen het hek door te wurmen. Hij begint met zijn zestien jaar al een volwassen kerel te worden. Na de training zitten de drie nog wat na te hijgen op een bankje in het park. Cor vat de Duitse les van Jan en Frans weer op.

'*Das ist ein Überfall*,' zegt Cor. Jan en Frans herhalen de zin een tiental keren.

'*Alle in die Ecke, schnell! Mit dem Gesicht nach den Mauer stehen!*'

Dat is al een stuk moeilijker. Ze zullen morgen de Duitse les moeten voortzetten. Ook vanavond gaan de vrienden na afloop van de training naar Pola om patat te eten. Daar laten zij zich zelfs een sorbet inscheppen. In hun achterhoofden speelt het idee dat dit zomaar het laatste ijsje van de komende jaren kan zijn. Ze nemen het ervan zolang het kan.

Dinsdagavond besluiten de jongens tijdens hun training een 'dress rehearsal' te houden. Daarom gaat Jan na de training even langs huis om zijn holsters en vuurwapens op te halen. Wanneer hij terugkomt op Frans' zolderkamer staat Cor er al bijna volledig vermomd bij. Een ander mens, met pruik op, zijn snor op zijn plaats en zijn holsters om met pistolen erin.

'Doe je jassen eens aan, eens kijken hoe je er dan uitziet.'

Jan is tevreden, niemand zal Cor zo herkennen, zelfs niet wanneer hij over het Van Beuningenplein wandelt.

Ondertussen is ook Frans met zijn snor bezig. Het lijmen moet zorgvuldig gebeuren anders valt het ding er gewoon af. Wat eenvoudig haar op de bovenlip blijkt Frans in een ander mens te veranderen. Jan kan zijn ogen niet geloven. Frans heeft zijn Bianchi-schouderholster met pistolen om en begint met het aantrekken van de koppelriem voor de speedloaders en pistoolmagazijnen. Daarna stopt hij met de katoenen handschoenen aan wat magazijnen in de leren houders op de riem. Er wordt werk van gemaakt nergens vingerafdrukken achter te laten.

Jan loopt wat achter op schema. Om lollig te zijn plakt hij zijn snor op zijn kin. Het van spanning stijf staande gezelschap barst in een lachbui uit. Dan plakt Jan de snor met zorg op zijn bovenlip, zet zijn pruik op, snoert zijn holsters om en bevestigt de koppelriem. Met katoenen handschoenen aan schuift ook hij de speedloaders en pistoolmagazijnen in de leren houders. Jan heeft gekozen voor de 20-schots-magazijnen met high power 9mm-munitie met holle punten. Ten slotte trekt Jan de uit de voddenloods meegenomen jas aan. Dat ziet er mannelijk uit, denkt hij terwijl hij in de spiegel kijkt. De jongens zijn nu getransformeerd en bekijken elkaar. Jan heeft een blonde pruik op. Cor zegt dat hij hem op Leen Jongewaard vindt lijken.

Als laatste doen ze op het donkere zoldertje hun zonnebrillen op. Het is een plechtig moment. De jongens kijken elkaar aan – voor zover dat gaat op een onderbelicht zoldertje met zonnebrillen op – en zwijgen. Je kunt niet zien dat er holsters onder hun jassen zitten. Het is perfect. Jan herkent zijn vrienden niet en zou zo aan hen voorbij lopen. Als hij zichzelf in de spiegel bekijkt, ziet hij inderdaad Leen Jongewaard. Het moment van stilte wordt doorbroken met de strijdkreet: 'Wij zijn de Epancratius!'

Het is het moment voor Jan om eens aan zijn vrienden te laten zien welke vorderingen hij heeft gemaakt. Hij flitst zijn Colt Python tevoorschijn.

'Elke dag een half uur oefenen, dan bereik je de motoriek om het snel uit te voeren,' zegt hij tegen zijn vrienden, die perplex staan. Wat dat betreft heeft Jan het rustig op zijn zolderkamertje. Frans en Cor slapen gewoon in een familiewoning, waar oefenen met vuurwapens niet mogelijk is.

Het loopt al tegen elf uur en de stormbaan in het Westerpark is erbij ingeschoten. De jongens beginnen zich weer uit te kleden en alle attributen worden opgeborgen, de plaksnorren worden met zorg op een kartonnetje geprikt en de pruiken op een piepschuimen kop gezet. Jan, Frans en Cor steken een paar katoenen handschoenen op zak. Beter mee verlegen dan om verlegen, is het idee. Daarna laten ze de honden uit. Onderweg repeteren Jan en Frans de Duitse teksten nog maar eens een keer.

'Hände hoch oder wir schießen.'

Het is inmiddels woensdag. Eerst klinkt om zeven uur de intercom: 'Ben je wakker? Wat wil je eten?'

'Zijn er eieren? Kan je een uitsmijter maken?'

Als Jan beneden komt staat zijn bord klaar. Jan frist zich op aan de gootsteen terwijl vader een metertje verderop in de keuken voor het gezin boterhammen staat te smeren. Nog één kort nachtje slapen, beseft Jan. Om kwart voor acht verlaten vader en hij het huis in de Keucheniusstraat om naar hun werk te gaan.

Jan vertrekt met een collega naar Uithoorn. Om negen uur bellen de twee timmerlieden aan bij de eerste bewoner om groot onderhoud aan een woning te verrichten. Onder het werk komt het gesprek op de snipperdag die Jan morgen heeft.

'Ja, ik moet morgen naar een bruiloft toe, je zal morgen alleen naar Uithoorn moeten.'

Het klinkt erg plausibel.

Om half zes is Jan weer thuis en moeder dient onmiddellijk op. Aan tafel informeert vader geïnteresseerd naar het werk van Jan. Uithoorn is de plaats waar hij geboren is en opgegroeid. Jan noemt de straat waar hij gewerkt heeft. Met een zekere trots erkent vader dat hij die buurt niet kent. Uithoorn is aan het groeien.

Om half zeven gaat Jan naar de woning van de familie Meijer en hij is al binnen als ook Cor arriveert. Cor gaat naast Jan en Frans op de bank zitten. *'Das ist ein Überfall... Hände hoch oder wir schießen...'* sist hij tussen zijn tanden door.

Jan en Frans bulderen het uit, de familie Meijer heeft geen idee wat er aan de hand is. De drie zijn er klaar voor. Zo dadelijk moet de Alfa Romeo in Bloemendaal op zijn plaats gezet worden. Alles staat op de rol en alles gaat goed.

Frans rijdt in de Alfa, Jan en Cor volgen hem in de Mercedes richting Bloemendaal. Wanneer ze door de Van Slingelandtstraat naar de Haarlemmerweg rijden en de voddenloods passeren, zucht Jan van verlichting als hij ziet dat er niemand staat. Frans loopt nog steeds in de ziektewet en kan maar beter niet gezien worden, een slordigheidje. In de auto beginnen Jan en Cor weer met de Duitse les. Er zijn nog een paar zinnetjes bijgekomen: '*Nicht kuken!*' en, zéér onheilspellend: '*Das ist die Polizei...*'

Frans en Cor zullen over de balie springen terwijl Jan de controle van de aanwezigen op zich neemt en het plein in de gaten houdt. Loopt er iets mis, dan zal hij het zijn die het treurige bericht communiceert dat er buiten politie staat. Wat er daarna zal gebeuren met de drie tot de tanden bewapende gangsters, het bankpersoneel en de toevallige aanwezigen, is meer speculatie dan wijsheid, maar de resulterende chaos zal tenminste in 'keurig' Duits worden ingeleid.

Als de hoek bij de Maggi-fabriek is omgeslagen, ziet Jan tot zijn voldoening dat Frans goed vooruitkijkt. Op dit stukje Haarlemmerweg staan weleens politiecontroles. Jan passeert daarom de Alfa en gaat even voorop rijden. Blijkt er een controle te staan, dan zal Jan met de Mercedes wat vreemde manoeuvres maken zodat hij tot stoppen gemaand wordt en de ongeregistreerde Alfa ongezien kan passeren. Het is een voorzorgsmaatregel om niets, er zijn vanavond geen controles.

Op de Bloemendaalse Zeeweg rijdt Frans direct naar de uitgezochte parkeerplaats bij het tennispark. Er staan nu nog veel auto's, die zullen later op de avond weg zijn. De jongens zien er geen probleem in dat de

Alfa voor één nacht alleen zal staan. Jan heeft zijn Mercedes neergezet in een nabijgelegen parkeerhaven. Hij en Cor stappen daar uit en lopen ieder een kant op. Als ze de situatie verkend hebben, geven ze met fluitsignalen groen licht aan Frans om de Kennemerduinen binnen te klimmen. Frans verstopt plastic zakken, een schep en een bindapparaat ver van het hek in de bosjes. Als ze 'koekoek' horen roepen, weten Jan en Cor dat Frans wil terugkeren naar de Zeeweg. Na al dit zenuwengedoe rijden de jongens vrij ontspannen in de Mercedes terug naar de Staatsliedenbuurt.

In Amsterdam moeten natuurlijk eerst de honden worden uitgelaten en de jongens kiezen ervoor om dat in het gesloten Westerpark te doen. Ze kunnen er op een bankje een laatste maal overleggen. Na deze laatste repetitie van het draaiboek breken de jongens snel op om naar bed te gaan. Het is even na tienen, morgen moeten ze al om vier uur uit de veren. Half vijf gaat het spektakel beginnen.

Als Jan op bed ligt beginnen de gedachten te komen dat er iets over het hoofd is gezien. Ja, verdomme: de dubbelzijdige plakstrippen om de valse nummerborden over de echte nummerborden te plakken zijn nog niet gemaakt! Hij staat op, stapt het oude duivenhok in en begint de strippen van de rol te knippen. Eenmaal klaar controleert hij nog een keer of de wekker op vier uur staat. Het wordt een onrustige en korte nacht.

De wekker gaat voor Jan het weet: het is donderdag. Er staat wat frisdrank klaar. Jan slaat het achterover, kleedt zich aan, sluipt de trap af en laat de voordeur geluidloos met een loper weer in het slot vallen. Op de hoek bij de pisbak op het Van Beuningenplein staat Cor al te wachten. Jan wenst hem een goedemorgen en véél geluk.

'Waar is Frans?'

'Die zal er zo wel aankomen,' antwoordt Cor.

Na vijf minuten begint het tweetal onrustig te worden. 'Dat kan hij toch niet maken! We hebben een schema!'

'Misschien heeft hij zich verslapen,' oppert Cor.

'Toch niet vandaag!' fluistert Jan hulpeloos terwijl hij op zijn horloge kijkt. Het is bijna kwart over vier en Frans is er nog niet. 'We kunnen slecht aan gaan bellen.' Hij werpt weer een blik op zijn horloge. 'Ik moet om zeven uur weer thuis zijn!'

Een paar minuten later komt Frans op een holletje de voordeur uit.

'Sorry jongens, ik ben glad door de wekker heen geslapen. Ik heb bijna geen oog dichtgedaan vannacht.'

'Zullen we de hele bende maar afblazen? Het is bijna tien voor vijf!' fluistert Jan woedend. 'Ik moet om zeven uur weer in mijn bed liggen.'

'Zullen we dan maar opschieten?' antwoordt Frans.

Zonder wat te zeggen beent Jan weg in de richting van zijn Mercedes. Pas wanneer hij ernaast staat, draait hij zich om.

'Frans, Cor, veel geluk dan maar. We zullen het nodig hebben.'

'Veel geluk, Jan,' zegt Cor. Frans mompelt nog een keer 'sorry'.

De jongens trekken hun katoenen handschoenen aan en stappen in de auto. Op de achterbank ligt de betonschaar klaar.

Nadat de Mercedes naar de Fagelstraat gereden is, lopen Jan en Frans verder naar de Heinsiusstraat. Cor blijft op de hoek van de Lodewijk Tripstraat staan en ziet vanaf daar hoe Frans en Jan eenvoudig het hangslot van garage De Pool doorknippen. De garage staat vol met auto's. Er moeten eerst twee wagens de straat op geduwd worden om ruimte te maken voor een robijnrode Mercedes, waar de sleuteltjes nog in zitten. Jan plakt de valse nummerborden erop. Frans ontfermt zich verder over de auto terwijl Jan naar Cor toeloopt.

De twee Mercedessen rijden nu richting James Rosskade, waar Frans de robijnrode Mercedes vlak bij de caravan parkeert. Vluchtauto 1, de auto die voor de bank moet stoppen, is in positie gebracht. Het gaat gesmeerd en het plan zit alweer bijna op schema.

De jongens stappen weer in de auto van Jan en rijden nu richting Vinkenstraat. De tweede auto moet gestolen worden op het Haarlemmerplein. Cor stelt zich zo op dat hij overzicht heeft. Als Jan en Frans tegen de lamp lopen is de afspraak dat zij zo lang mogelijk zullen zwijgen, zodat Cor in de tussentijd de wapens en alle andere attributen van de zolder van Frans kan laten verdwijnen. De jongens kunnen dan van niet meer dan een autodiefstal beschuldigd worden. Tot de tijd dat de huiszoekingen voorbij zijn, kunnen de wapens zolang in de caravan op James Rosskade verborgen blijven. Het is een klusje dat Cor op een fiets met krantentassen uit kan voeren. Na een korte gevangenisstraf zal het ongetwijfeld weer 'nieuw spel, nieuwe kansen' zijn.

Het hangslot van de garage op het Haarlemmerplein biedt geen problemen. Voor in de garage staat een luxe NSU Ro 80.

'Laten we deze nemen,' zegt Frans. '

'Kan je hierin rijden?' vraagt Jan bezorgd.

'Geen probleem.'

Jan ziet dat de wagen een gewone versnellingspook heeft en laat zijn bezwaren schieten. Ze duwen de auto rustig de garage uit naar de vlakbij gelegen Wagenstraat. Vanaf daar rijdt Frans ermee naar de Brouwersgracht om te wachten op Jans Mercedes. Als Cor ziet dat Jan terugloopt naar de Vinkenstraat verlaat hij zijn observatieplek en stapt gelijk met Jan in diens Mercedes. Vanaf de Brouwersgracht rijden ze op een afstandje achter Frans aan naar de bouwplaats op de Staalmeesterslaan, waar de tweede vluchtauto geparkeerd wordt. Frans checkt de inhoud van benzinetank van de NSU. Daar kan wel wat bij.

'Jouw werk,' zegt Jan tegen Cor.

Frans geeft Cor de sleuteltjes van de auto en zegt hem dat de benzinedop boven het rechter achterwiel zit. Op veilige afstand blijven Jan en Frans staan kijken hoe Cor de tank met een jerrycan bijvult.

Nu is het zaak zo snel mogelijk terug te keren naar het Van Beuningenplein. Terwijl Jan beneden in de auto blijft wachten en nog een bezorgde blik op zijn horloge werpt, gaan Frans en Cor naar zolder om de tassen met wapens en vermommingen te halen. Verdomme, het is al bijna zes uur, denkt Jan. Wanneer de tassen in de achterbak zijn gelegd, rijdt Jan beheerst, maar snel naar de James Rosskade. Daar verspillen Frans en Cor geen tijd en leggen de tassen in de caravan terwijl Jan de motor laat draaien.

Het is kwart over zes en alles staat klaar. Jan kan naar huis om zich door zijn vader te laten wekken.

Van kwart voor zeven tot zeven uur slaapt hij, in zijn kleren, als een blok. Om zeven uur wekt zijn vader hem via de intercom. 'Het wordt een schitterende dag om te werken, met temperaturen die op kunnen lopen tot twintig graden,' kondigt vader aan.

Dat kunnen we mooi gebruiken, denkt Jan, met al die jassen.

Om kwart voor acht verlaat Jan wederom gelijk met zijn vader het huis om naar zijn werk te gaan. Vader Floris Boellaard weet niets van Jans snipperdag en al helemaal niets van de plannen die Epancratius vandaag heeft.

Jan rijdt een rondje, parkeert zijn auto in de Van Bossestraat, loopt een stukje en treft zijn vrienden langs het Oostelijk Marktkanaal.

'Wat gaan we nu doen?' vraagt hij.

De jongens besluiten een rondje langs de vluchtauto's te maken. Op de Staalmeesterslaan staat de NSU er perfect geparkeerd bij, tegenover de bouwplaats. De auto is nu omgeven door auto's van bouwvakkers en valt daardoor minder op. Ook op de James Rosskade ziet alles er goed uit. Het drietal besluit door te rijden naar Bloemendaal.

Naast het tennispark staat de Alfa Romeo te glimmen. Cor stelt voor wat langs het strand te wandelen, er moeten nog een paar uren zoekgemaakt worden. Langs de kustlijn repeteren de jongens nogmaals de Duitse zinnen. Jan en Frans leren er nog een zin bij: '*Fort machen oder wir schießen dich in deinen Kopf!*'

De jongens zijn het erover eens dat er zware druk uitgeoefend moet worden in het Gemeentegirokantoor en als het met schreeuwen alleen lukt, is dat fantastisch.

Het is goed weer en het wordt drukker op het strand. Alhoewel het nog voorjaar is zitten er hier en daar al mensen in het zand. Om een uur of twaalf eten ze bij een viskraam wat lekkerbekjes en drinken cola. Zoetjes aan lopen de jongens terug naar de op de Zeeweg geparkeerde Mercedes. Op weg naar Amsterdam rijden ze nog eenmaal langs de parkeerplaats van het tennispark. De Alfa is nu omringd door auto's, wat alleen maar goed is.

Op weg naar de Kip-caravan stopt de Mercedes even en gaan de jongens om de beurt een urinoir binnen. Nadat Jan zijn auto op de Hoofdweg heeft neergezet, lopen de vrienden het laatste stukje naar de James Rosskade, waar ze goed opletten of niemand hen in de gaten heeft. Frans opent de caravan en uit een ruimte onder een zitbank haalt hij de tassen met vuurwapens en vermommingen tevoorschijn. De jongens stallen de inhoud uit op tafel en kijken even stil naar de berg wapens en munitie. Het is tijd om de vermommingen en jassen aan te doen en de wapens bij zich te steken. De zonnebrillen mogen pas in de auto worden opgezet.

Ze kijken elkaar nog eens goed aan. Cor ziet er goed en onherkenbaar uit, hij is op volle oorlogssterkte. Het is weer even stil, het gevoel voor het historische moment is groot.

'Wie niet steelt of erft blijft werken tot hij sterft. Wij zijn de Epancratius. Niets kan ons meer tegenhouden.'

Frans trekt het gordijn van de caravan een stukje opzij en kijkt naar de tegenovergelegen woningen. Het lijkt in orde. Het drietal geeft elkaar een paar kussen op de wang, wenst elkaar geluk toe en verlaat de caravan.

Met hun katoenen handschoenen aan stappen de jongens in de robijnrode Mercedes. Jan neemt achter het stuur plaats, start de auto en rijdt rustig richting Surinameplein. Aan het eind van de Hoofdweg rijdt hij om de rotonde van het plein heen en draait ten slotte de ventweg voor de bank op. De auto stopt pal voor de deur. Het is zo druk bij het Gemeentegirokantoor, dat er zelfs mensen buiten staan te wachten. De jongens kijken elkaar beduusd aan.

'Dit is waanzin,' zegt Jan. 'Met zoveel mensen is al het geld op...'

'Veel te veel mensen!' roepen Frans en Cor. 'Kom op, we gaan weg. We moeten binnenstormen met openingstijd. Dit kan niet!' schreeuwt Frans.

Zonder dat de gangsters uitstappen trekt de robijnrode Mercedes weer hard op. Op volle oorlogssterkte rijden ze gedesillusioneerd en op grote snelheid de ingestudeerde route naar Bloemendaal. Jans ietwat onverantwoordelijke gedrag leidt tot geen enkel commentaar. Cor en Frans zitten stilletjes op de achterbank, zo nu en dan vloekend. De eerste wissel op de Staalmeesterslaan slaan ze over. De daar geparkeerde NSU zal binnenkort wel door de politie gevonden worden. De jongens hebben nog wel de tegenwoordigheid van geest om aan het restant van het plan vast te houden. Hoe kunnen ze ook anders? Met plaksnorren en pruiken op thuiskomen in een gestolen auto vol met wapens is uitgesloten.

In een woonwijk nabij de Zeeweg in Bloemendaal parkeren ze de Mercedes. De plunjezak met extra vuurkracht halen de jongens uit de auto en te voet beginnen ze aan het laatste stukje naar de Kennemerduinen.

Ter plekke kijken de jongens goed om zich heen voor zij de bosjes induiken en over het hek de duinen in gaan. In het bos loopt Frans vooruit naar de plaats waar hij de plastic zakken en de schep verstopt heeft. Nadat de wapens en holsters, de pruiken, snorren en jassen in een grote zak zijn gedaan, volgt een eerste overleg. Vervolgens klimt Jan over het hek de duinen weer uit en wandelt naar de verderop geparkeerde Alfa Romeo. Na Jan klimt nu ook Cor uit de bosjes, loopt een stukje in de tegenovergestelde richting en blijft daar wachten. Als Jan met de Alfa van het tennispark teruggereden is naar de plek waar Frans nog in de bosjes zit, stapt hij uit. Frans geeft zijn koekoeksignaal, Cor fluit. Jan rent naar de bosjes en pakt de zakken van Frans aan, die daarna kwiek over het hek heen springt. De bagage wordt in de kofferbak van de Alfa gelegd en het drietal stapt in.

Via de vastgestelde route rijdt Jan terug naar Amsterdam. Bij Sloterdijk parkeert hij de auto en wandelend bespreken de vrienden hoe het allemaal zo heeft kunnen lopen. Dat ze een verkeerd tijdstip hebben gekozen kent geen twijfel. Hoe hebben ze zo stom kunnen zijn? Ze schreeuwen het uit van woede. Het is hun eigen schuld: ze hebben hun rituele geluksroute niet gelopen!

'We doen het over op een maandag, maar dan stappen we wel om tien over negen het Gemeentegirokantoor binnen,' zegt Frans. Jan en Cor gaan onmiddellijk akkoord. 'Dan zijn er minder mensen en is er misschien minder geld. Dan maar géén betaaldag van de uitkeringen!'

Ondanks de losgekomen emotie voelen de jongens zich moe en verslagen. Terug in de Staatsliedenbuurt lopen ze van de Visseringstraat naar de Hoofdweg, waar de Mercedes van Jan nog staat. Het is pas rond vier uur. Even later haalt Frans de NSU op van de Staalmeesterslaan en zet die neer op een parkeerplaats van het Andreas Ziekenhuis. De auto moet als verloren worden beschouwd, maar de parkeerplaats op de Staalmeesterslaan is nog bruikbaar en mag niet gecompromitteerd worden. (Een dag later stellen de jongens overigens vast dat de NSU van zijn nieuwe parkeerplaats is verdwenen en vermoedelijk door de politie is gevonden.)

Jan meldt zich weer thuis voor de familiemaaltijd. Wat hij die dag gedaan heeft? In Uithoorn verrotte onderdorpels van kozijnen vernieuwd, samen met Piet. Best wel leuk werk en bij al die bewoners is het gezellig koffiedrinken. Het verhaal wordt als zoete koek geslikt, maar Jan voelt zich er dit keer niet prettig bij. Omdat hij een afkeer van leugens heeft, of omdat het misdadige leven hem even de keel uithangt? Tijdens het schrijven van dit boek is hem eens gevraagd hoe het nu is om voortdurend te liegen. Zijn antwoord: 'Ach, het is nodig, je went eraan... En je wordt er beter in.'

Na later op de avond met Frans en Cor in het geheim de wapens weer veilig gesteld te hebben, gaat Jan op bed liggen. Revolvers trekken is er vanavond niet bij. De holsters en pistolen liggen bij Frans op het plafond van de buren, maar Jan heeft sowieso even geen zin in snelschieten. Hij overdenkt wat er die dag is gebeurd. Ze zullen in ieder geval weer op pad gaan, dat staat vast. Maar morgenochtend zal hij gewoon weer via de intercom gewekt worden. Om kwart voor acht zal hij het huis weer verlaten om naar Uithoorn te rijden om daar dorpels te vernieuwen. Het leven zal zijn gewone gangetje weer gaan. En dat is eigenlijk maar goed ook, bedenkt Jan zich, want voor hetzelfde geld lag hij nu op een brits in een politiecel.

Dat weekend trainen de drie weer met gewichten en lopen ze hun rondjes door het Westerpark. Samen met Cor bezoeken Jan en Frans een film voor veertien jaar of ouder. Hun zaterdagavondje uit eindigt in café De Bank, wat de jongens wel toepasselijk vinden. Hebben ze deze week tenminste nog één bank vanbinnen gezien. Om twee uur 's nachts waggelen ze dronken van het bier naar huis.

Op zondagmiddag vissen ze en die avond slenteren de jongens weer door de stad. Op een bankje in het Frederik Hendrikplantsoen nemen ze laat op de avond de Duitse zinnetjes nog eens door. De meeste komen er al vloeiend uit. Ze komen overeen dat de overval op het girokantoor nu plaats zal vinden op maandag 13 mei, een paar dagen voor de eenentwintigste verjaardag van Frans. In de resterende dagen naar de overval zullen ze een nieuwe vluchtauto moeten stelen, wat tijd kost. Jan en Cor besluiten daarom net als Frans in de loop van de week in de ziektewet te gaan om hun handen vrij te hebben. Cor zal een sportblessure voorwenden, Jan een ontsteking aan zijn schouder.

Die maandag gaat Jan nog gewoon aan het werk, maar als hij zich op dinsdagochtend bij de kraan staat te wassen, kreunt hij opeens en trekt de aandacht van zijn vader. Die krijgt te horen dat het niet goed is met Jans schouder en dat hij voor hij naar zijn werk vertrekt toch even langs de huisarts gaat. Dokter Löwenthal schrijft Jan veertien dagen rust voor en een smeerseltje. Somber nieuws dat hij doorbelt aan de uitvoerder van het bouwbedrijf waar hij werkt. Hij beseft goed dat de kans nu groot is dat er de volgende dag al een controleur van het Sociaal Fonds Bouwnijverheid in de Keucheniusstraat aan de deur staat. Maar ná die controle heeft hij gewoon twee weken vrij en daar kan hij als bankrover even mee vooruit.

Dat er vandaag nog geen controle komt, schept ook mogelijkheden. Jan gaat direct vanuit de telefooncel naar het Van Beuningenplein om te zien of Frans thuis is. Daar zegt tante Marie dat hij met de honden naar het Westerpark is vertrokken. In het park komt Jan zowaar allebei zijn vrienden tegen, omdat Cor inmiddels ook al in de ziektewet loopt.

'Ben jij nu ook al ziek? Jullie werken 's avonds ook al niet meer, hoe moet ik het werk afkrijgen?' heeft de baas van de voddenloods tegen Cor gezegd.

'Dat is uw zorg,' heeft Cor geantwoord. De jongens lachen er hartelijk om. Op een rustige plek in het park zoeken ze een bankje op waar de Duitse zinnetjes geoefend kunnen worden. Na het debacle van afgelopen donderdag staat alles weer op de rails en worden de routines weer opgevat. Die avond trainen de jongens met gewichten en lopen ze hun stormbaanparcours in het park. Cor tijgert door een hondendrol, Jan en Frans lachen hem keihard uit. Hij stinkt als een bunzing.

Woensdag staat Jan vroeg op. Intercom of niet, hij wordt op tijd wakker. Dat hij om kwart over zeven gewoon in de keuken staat, wekt verbazing bij vader. 'Jij was toch ziek?'

'Ik ben klaarwakker,' antwoordt Jan.

Hoofdschuddend smeert vader wat boterhammen voor hem. Om een uur of acht verlaat Jan het huis om naar Frans te gaan. Tante Marie, die meer werkende kinderen heeft en al aan de gang is, laat hem binnen. Frans slaapt nog en aan de rand van het bed maakt Jan hem wakker.

'Kom je nest uit, dan gaan we naar zolder om de wapens te poetsen en de vingerafdrukken eraf te halen.'

Frans kijkt Jan even aan, zegt dat het een goed idee is, springt uit bed en loopt de huiskamer binnen om zijn moeder om een bord Brinta te vragen. Tante Marie vraagt of Jan misschien ook een bordje lust.

'Ja, graag,' antwoordt Jan. Bij Jan kan er altijd nog wel een bordje bij.

Op zolder gaat het vloerluik open en Frans haalt de wapens van het plafond van de buren. De pistolen worden met een lap met wapenolie afgewreven en alhoewel sommige wapens nog nooit afgevuurd zijn, krijgen ze toch een grote beurt.

Om tien uur horen Jan en Frans dat er in code op de deur geklopt wordt: Cor. Na wat korte begroetingen gaat ook hij met pompstok en wapenolie in de weer en tegen twaalf uur zijn alle wapens schoon en vrij van vingerafdrukken, klaar voor een nieuwe ronde. Het is de hoogste tijd voor Jan om naar huis te gaan omdat vanmiddag de controleur van de ziektewet komt.

Om drie uur gaat inderdaad de bel in de Keucheniusstraat en staat er een keurige heer met een bruine aktetas beneden aan de trap. In de huiskamer legt Jan onder toeziend oog van zijn moeder uit dat hij heftige pijn in zijn rechterschouder heeft en dat de huisarts hem twee weken rust voorgeschreven heeft, en een zalfje. De controleur kijkt sceptisch naar het blinkende brok gezondheid tegenover hem en noteert onbewogen het verhaal op een formulier. Hij neemt het over, denkt Jan. De man overhandigt Jan een kartonnen kaart waarop staat dat de ziekgemelde werknemer over twee weken een afspraak met de arts van de bedrijfsgeneeskundige dienst heeft wanneer niet voor die tijd het werk hervat is.

Met een serieus gezicht neemt Jan de kaart in ontvangst en bedankt de controle-ambtenaar. Hij heeft nu twee weken vrij.

Ondertussen lopen Frans en Cor alweer door de stad op zoek naar een auto. Ze ontdekken in de Spuistraat een kantoorgebouw met een parkeergarage die afgesloten is door een automatische hefboom die werkt op een magneetkaartje: *cutting edge technology*. Sommige van de luxe-auto's in deze stalling staan klaar met het sleuteltje in het contactslot. 's Avonds bekijkt het drietal nog eens hoe een diefstal in deze garage precies aangepakt moet worden. Het moderne systeem met de parkeerkaarten blijkt eenvoudig te kraken door de hefboom van de automaat te verwijderen. Jan heeft een schuifmaat om de moeren op te meten meegenomen; een ringsleutel vijftien moet voldoende zijn. Hier kan komende vrijdag een auto geleend worden. Dit is goed nieuws dat de jongens vieren met een sorbet bij Pola.

Op donderdag rijdt het drietal naar Bloemendaal om eens voorzichtig te kijken hoe het met de robijnrode Mercedes 220 staat. De auto staat onaangeroerd op de plek waar hij een week eerder achtergelaten is. Frans oppert de mogelijkheid deze auto toch weer te gebruiken, dit keer als vluchtauto 2.

In 1974 is het vinden van gestolen auto's door de politie nog 'handwerk' en verloopt via een zogenaamd opsporingsboek dat iedere week bijgewerkt wordt en daarna over de verschillende politiebureaus wordt verspreid. De NSU was een opvallend type luxeauto en is snel door de politie teruggevonden, maar van een Mercedes 220 rijden er veel meer rond. Bovendien is de auto al van valse nummerplaten voorzien.

Omdat Jan en Frans de slechte ervaring hebben dat een terugkeer naar een plaats delict fataal kan zijn, besluiten zij dit keer extra voorzichtigheid te betrachten. Eerst wordt Cor daarom vooruitgestuurd om eens opvallend aan de auto te morrelen, dat zal eventueel op de loer liggende agenten uit hun schuilplaats moeten lokken. Terwijl Cor bezig is lopen Jan en Frans langs de in de buurt liggende huizen om te zien of er achter de ramen of in de tuinen iets te bespeuren valt. Pas als de situatie goedgekeurd is, volgt weer overleg. De gestolen Mercedes is klaarblijkelijk nog niet door de politie opgemerkt. Het lijkt een goed plan om onmiddellijk naar Amsterdam te rijden en daar de sleuteltjes van de auto op te halen. Frans kan dan meteen de Alfa Romeo weer op het parkeerterreintje bij het tennispark zetten; die kan daar best een weekeind blijven staan, is de consensus. Gebeurt er in de tijd tot de overval iets met de auto's, ach, dan moet er maandagochtend alsnog een alternatieve auto gestolen worden. Of de vrienden blazen de hele boel weer af, je moet soepel blijven.

Uiteindelijk rijdt Frans de robijnrode Mercedes naar Amsterdam en parkeert hem voorlopig op de Orteliuskade. Van daar kan de auto op maandagochtend naar de Staalmeesterslaan worden gereden voor de wissel, als hij er nog staat...

Later die dag kopen de jongens bij Neef Sport in de Raadhuisstraat een eenvoudige stopwatch, die Jan om zijn nek zal moeten dragen. Het is zijn taak aanstaande maandag in de gaten te houden dat er niet langer dan drie minuten in het Gemeentegirokantoor wordt geroofd. Een nieuw idee dat in de discussie van de afgelopen dagen is ontstaan en volgens de jongens een verbetering is.

Op vrijdagavond is het tijd in de parkeergarage van het kantoorgebouw in de Spuistraat vluchtauto nummer 1 te stelen. Te voet leggen de drie jongens het laatste stukje naar de garage af. Cor blijft buiten bij de ingang staan, terwijl Jan en Frans doorlopen en hun katoenen handschoenen aantrekken. Jan pakt zijn ringsleutel en begint met het afdraaien van de slagboom. Frans zoekt ondertussen een auto uit en terwijl Jan met de laatste moer bezig is komt hij met een Volvo 164 aangereden. Jan legt de nutteloze slagboom terzijde en stapt bij Frans in. Bij de uitgang van de garage volgt een kort gesprek met Cor; het is beter als hij naar huis loopt. In het geval dat Jan en Frans door de politie worden gepakt, kan hij in de tijd dat zij zwijgend in een cel zitten de wapens laten verdwijnen volgens de vaste procedure.

De Volvo blijkt een fantastische auto met zeer luxe lederen bekleding en zit erg lekker. Jan geniet van de geur van het nieuwe leer. Nadat er op een rustige plek valse nummerborden op geplakt zijn, parkeert Frans de auto naast de caravan annex kleedkamer op de James Rosskade. Het is vrijdagavond en alles staat klaar voor maandagochtend 13 mei 1974, de eerste bankroof van de misdadige organisatie Epancratius.

Zondagavond zijn vader en moeder erg verbaasd dat Jan al om tien uur naar bed gaat. Op zijn zolderkamer begint het gepieker weer. Heeft hij niets vergeten?

Als om kwart voor vijf de wekker afloopt, springt Jan zijn bed uit. Hij kleedt zich aan, propt wat boterhammen naar binnen en drinkt wat lauwe frisdrank. Op de hoek bij de patatkraam staan Frans en Cor al te wachten. De straten zijn nat, maar het is opgehouden met regenen.

In Jans Mercedes rijden de drie eerst langs de James Rosskade, waar de Volvo keurig naast de caravan staat. Daarna rijden de jongens door naar de Orteliuskade. Hier stapt Frans uit, trekt zijn katoenen handschoenen aan en opent de robijnrode Mercedes. De auto start meteen en Frans parkeert hem even later op precies dezelfde plaats aan de Staalmeesterslaan waar eerder de NSU heeft gestaan, tegenover de flat in aanbouw. Even verderop zitten Jan en Cor te wachten. Als Frans bij Jan ingestapt is, rijden de jongens snel naar het Van Beuningenplein, waar Frans en Cor uitstappen om de tassen met wapens en vermommingen van zolder te halen. Die worden daarna in allerijl naar de Kip-caravan op de James Rosskade gereden om in de bergruimtes onder de zitbanken te worden neergelegd.

Het is kwart over zes en het drietal keert weer terug naar het Van Beuningenplein. Jan parkeert zijn Mercedes op dezelfde plaats als waar hij heeft gestaan en begeeft zich stilletjes naar zijn zolderkamer. Frans en Cor besluiten te gaan ontbijten in het koffiehuis in de Van Hogendorpstraat, dat om deze tijd al druk is. De ernaast gelegen Markthallen zijn voor dag en dauw in de weer om de stad van vers voedsel te voorzien. Als vaste klanten vallen Cor en Frans er nauwelijks op. De drie zijn weer even ver als tien dagen terug.

Wanneer Jan om zeven uur de keuken binnenstapt, kan zijn vader niet anders dan verbaasd zijn: 'Jij loopt toch in de ziektewet?'

'Ik word wakker op mijn gewone tijd en kan niet meer in slaap komen, dat weet je toch?' is het antwoord.

Zwijgend maakt vader een bordje Brinta voor zijn zoon. Jans moeder en broertje George liggen nog te slapen, moeder houdt er wel van zich nog eens om te draaien. Om kwart voor acht verlaat Jan gelijk met zijn vader het huis. Hij gaat die dag wat doen met zijn vrienden.

Hij rijdt zijn Mercedes van de Eerste Keucheniusstraat naar de Tweede Keucheniusstraat. Daar stapt hij uit en loopt verder naar het Oostelijk

Marktkanaal. In de verte ziet hij Frans en Cor. Het is acht uur en nog ruim voldoende tijd om op de James Rosskade te komen, het verkleden kan in een stief kwartiertje gebeurd zijn.

Als de vrienden elkaar begroet hebben en er gecheckt is of iedereen alle belangrijke zaken op zak heeft, lopen ze hun geluksroute. Dit keer mag er niets misgaan. Aansluitend wandelen ze door naar de James Rosskade, waar ze om ongeveer kwart voor negen de caravan binnenstappen. De wapens worden omgehangen, de plaksnorren vastgelijmd en de pruiken opgezet. Frans schuift de gordijntjes van de caravan weer opzij en keurt de situatie goed. De drie vrienden verlaten de caravan en lopen naar de gereedstaande Volvo.

Jan rijdt de James Rosskade af en steekt de Jan van Galenstraat over. In omgekeerde richting neemt hij de vluchtroute vanaf het Surinameplein. Op de Staalmeesterslaan kijken de vrienden nog even naar de robijnrode Mercedes. Het ziet er goed uit. Ze rijden door naar de Hoofdweg. Onderweg herhalen Jan, Frans en Cor nog een keer hun strijdkreet: 'Wij zijn de Epancratius. Niets kan ons meer tegenhouden.'

De Mercedes draait om de rotonde van het Surinameplein. Gisteren was het slecht weer, nu zijn er slechts stapelwolken en af en toe breekt zelfs de zon door. Het plein ligt er stralend bij als de drie jongens de ventweg voor de bank oprijden. Geen rijen voor de deur, dit is het moment. Jan kijkt op zijn horloge, het is 9.07 uur.

Jan parkeert de Volvo 164 dubbel in de richting van de vluchtweg met voldoende ruimte om de deuren te openen. De jongens staan vlak voor het bijkantoor van de Gemeentegiro en kijken vanuit de auto naar de bank. In het kantoor wordt rustig gewerkt, er staan overzichtelijke rijen voor de balies. Jan ziet hoe een kascheque door een mevrouw over de balie geschoven wordt. Er wordt vriendelijk gepraat. De vrouw krijgt geld toegeschoven. Jammer, dat geld zijn de jongens kwijt. Ze hebben tenslotte afgesproken niets van particulieren te stelen; het geld dat klanten in hun handen hebben, mogen ze houden.

Achter de balie schenkt iemand koffie in. Nog twee klanten gaan het kantoor binnen om zich in een rij aan een balie te voegen. De bankrovers ontwaken uit hun trance, kijken elkaar aan en nemen nog een laatste keer het Surinameplein in ogenschouw.

'Oké. Daar gaan we.'

Met de Browning 9 millimeter pistolen in de hand stormen Frans en Cor het filiaal van de Gemeentegiro binnen. Direct achter hen aan loopt Jan met in de ene hand een pistool en in de andere de plunjezak met de geweren erin, die hij meteen na binnenkomst op de marmeren vloer bij de deur neerlegt. Hij drukt de stopwatch in.

'*Das ist ein Überfall,*' blèren Frans en Cor. '*Hände hoch oder wir schießen! Mit dem Gesicht nach den Mauer stehen! Alle in die Ecke, schnell. Fort machen, oder wir schießen dich in dein Kopf.*'

Het personeel achter de balie schrikt, trekt wit weg en deinst achteruit. Als Jan de klanten ziet, richt hij zijn pistool op hen en geeft iemand een duw in de richting van de muur.

'*Alle in die Ecke, schnell. Fort machen, oder ich schieß dich in dein Kopf. Beëilung, schnell... Fort machen!*'

De klanten verschieten van kleur en volgen zijn aanwijzingen stipt op. Frans en Cor staan met een eenvoudig sprongetje boven op de balie en hebben de controle over de personeelsleden van het Girokantoor te pakken. Frans springt naar de andere kant en duwt een personeelslid van het Gemeentegirokantoor met geweld de hoek in.

'*In die Ecke, schnell. Fort machen, oder ich schieß dich in dein Kopf. Beëilung, schnell... Fort machen!*'

Cor volgt hem. Jan kijkt op zijn stopwatch en ziet dat het twintig seconden heeft geduurd om de macht in het Gemeentegirokantoor over te nemen.

Frans en Cor pakken elk een linnenzak uit hun jaszak en beginnen de kassen leeg te graaien. Jan staat voor een ruit, laat de luxaflex omlaag zakken en kijkt even door de lamellen over het plein. Het is rustig, de personeelsleden van het Gemeentegirokantoor hebben geen kans gezien om alarm te slaan, de overweldiging was te groot. Op hetzelfde moment ziet hij dat een personeelslid omkijkt.

'*Nicht kuken, die Ecke in, und mit dem Gesicht nach de Mauer stehen, schnell!*'

De man draait zich meteen naar de muur, Jan hoeft geen schot te lossen.

Er komt een nietsvermoedende klant binnenstappen. Jan richt zijn Browning op haar en duwt haar bij de andere klanten.

'*Halt dein mond!*' schreeuwt hij als ze iets zegt. '*Beeil sich oder ich schieß dich in dein Kopf. Und mit dem Gesicht nach dem Mauer stehen, schnell!*'

'*Nehm die Fremdwahrung mit!*' roept Jan opeens.

Frans draait zich om en begint het triplex kistje met vreemde valuta leeg te maken en in een linnenzak te stoppen. Even later is hij alweer bezig met een geldlade in de balie, Cor is ernaast druk aan de gang. Wanneer Jan weer op zijn stopwatch kijkt, is er nog een ruime minuut te gaan. Op het Surinameplein is nog steeds niets bijzonders te zien.

Jan roept nog maar eens '*Nicht Kuken!*' en van de schrik die dat veroorzaakt, maakt hij gebruik om snel over de balie te kijken. De vaart zit er goed in, ziet hij. Cor schuift stapels met honderdjes zijn linnen zak in en Frans maakt een metertje verder een geldlade leeg. Nog vijfendertig seconden, ze kunnen nog even doorgaan. Binnen het kantoortje staan alle klanten en personeel met hun gezichten naar de muur.

Jan ziet de laatste seconden wegtikken en roept nu hard: '*Verpiss dich! Ein bisschen schnell, bitte!*' Het sein om te vertrekken.

Frans en Cor springen met hun linnen zakken over de balie. Jan werpt een laatste blik door de lamellen over het plein, er valt niets te zien. De jongens hollen naar de gereedstaande Volvo. Jan heeft de plunjezak met geweren weer in zijn hand en Cor houdt de deur van de auto open zodat die met een zwaai op de achterbank geworpen kan worden. Met gierende banden trekt de Volvo op en scheurt met 'groen licht' de Hoofdweg op. Nog geen politieauto te zien, dat gaat goed. Het verkeerslicht op de Postjesweg springt juist op rood. Jan kan nog net voor het opkomende verkeer langs, maar heeft moeite de Postjesweg op te rijden en moet tussen de verkeerszuilen van het zebrapad door om op de weg te blijven. Die Volvo wil wel rijden; op de Postjesweg gaat het over de honderd kilometer per uur. Frans en Cor kijken om zich heen. Je hebt 'groen licht', zegt Frans, wat betekent dat Jan rustig door kan rijden. Aan de andere kant betekent het dat er geschoten mag worden als het eropaan komt.

Jan slaat rechtsaf en draait met gierende banden de Staalmeesterslaan op. Nog vijfhonderd meter om over te stappen in de Mercedes 220. Jan stopt zijn Browning weer in zijn holster en haalt de autosleutels van de Mercedes vast uit zijn jas.

'Klaarmaken voor de wissel,' zegt hij. 'Wel rustig overstappen, we mogen niet opvallen. Cor jij neemt de plunjezak mee, ik neem de zak met geld wel,' zegt Frans.

Als de jongens met een beschaafde snelheid de Staalmeesterslaan oprijden, zitten ze er rustig bij. Jan mindert vaart en zoekt een parkeerplaats op in de buurt van de robijnrode Mercedes.

'Nu rustig aan.'

De drie stappen uit de Volvo en lopen naar de Mercedes. Frans heeft het geld in handen, Cor de plunjezak met geweren en Jan de autosleuteltjes. Terwijl ze lopen, zien ze twee metselaars op een steiger van de flat in aanbouw hen vreemd bekijken. Daar valt weinig aan te doen: ze zijn gezien.

De jongens leggen hun bagage in de Mercedes, Jan zet er meteen de vaart weer in en rijdt op snelheid door een rood licht de Coentunnelweg op. Buiten de bebouwde kom zijn er in 1974 nog maar weinig snelheidsbeperkingen en Jan rijdt maximaal over de polderweggetjes naar Haarlem. Van daar voert het wat rustiger naar de Bloemendaalse Zeeweg toe. Onderweg doen Frans en Cor alvast hun snor en pruik af.

De auto stopt pal tegenover de begraafplek en ze stappen alle drie tegelijk uit. Jan neemt de linnen zakken met geroofd geld in handen, Cor draagt de plunjezak met geweren. Frans kijkt even om zich heen en zegt dat het goed is. Jan en Cor verdwijnen de bosjes in, Frans loopt terug naar de Mercedes, rijdt in de richting van het tennispark en laat de auto daar in de buurt achter. Even later komt hij in de Alfa Romeo terug naar de Zeeweg om zijn vrienden op te halen.

De verstopte schep en de plastic zakken zijn al tevoorschijn gehaald. Jan, Frans en Cor maken een flink stuk terrein vrij van bladeren en graven een diepe kuil. Ze werpen een laatste blik op het geld dat ze hebben buitgemaakt. Hoeveel is het? Frans oppert dat het wel twee ton kan zijn. Cor schat het op tweeënhalve ton en voegt toe dat hij meer geld geroofd heeft dan Frans, want zijn linnenzak is dikker, dat kan hij zien aan een vlek die er op zijn zak zit.

De jongens nemen alvast duizend gulden de man van de buit. Hierna scheppen ze de kuil dicht en overdekken hem met bladeren. Nadat erg voorzichtig de bosjes zijn verlaten, stappen ze in de Alfa en rijden rustig terug naar Amsterdam. Via de autoradio horen ze dat in Amsterdam op het Surinameplein een bank is overvallen, en onderweg naar huis komt het idee op eens bij het Gemeentegirokantoor te gaan kijken.

In de Visseringstraat parkeert Jan de Alfa Romeo weer op zijn normale plaats en daarna gaat het in Jans Mercedes richting Surinameplein. De auto wordt op de Overtoom geparkeerd en afzonderlijk lopen Jan, Frans en Cor richting de bank. Het wemelt er van de politiewagens.

Nieuwsgierig kijkt Jan naar wat er in het girokantoortje gebeurt. Bang om herkend te worden is hij niet, ze zijn perfect vermomd geweest. Politiemensen zijn met kwastjes naar vingerafdrukken aan het zoeken. Dan kan je lang zoeken, denkt Jan.

De jongens verzamelen zich even later weer bij de auto en lopen daarvandaan het Vondelpark in. Op een bankje praten ze na over hun actie. Alles is perfect volgens plan verlopen en ieder heeft zijn taken nauwkeurig uitgevoerd. Er zijn in het geheel geen op- of aanmerkingen. De zaak is geklaard zonder een schot te lossen en daar zijn ze best trots op. De adrenaline giert nog steeds door de lijven en er heerst een overwinningsroes.

'Die vinden ons nooit,' zegt Cor. Jan en Frans vallen hem bij, er is vakwerk geleverd.

Jan nodigt zijn vrienden uit voor een lunch in een sjiek restaurant dat niet ver van Metz & Co op een hoek van de Leidsestraat ligt. Bij Dikker & Thijs kijken de kelners wel ietwat vreemd op van de jonge gasten in hun T-shirtjes, maar ze bedienen de drie hoffelijk. De rekening loopt op tot ruim boven de honderd gulden. Jan betaalt, hij kan het nu lijden. Bovendien is hij opgelucht dat hij dit mee mag maken en niet in de cel zit.

Na de lunch gaat het richting Van Beuningenplein om de honden uit te laten. De wandeling leidt richting Sloterdijk. Brutaal lopen de jongens nu gewoon door de Van Slingelandtstraat langs de voddenloods. Als ze naar binnen kijken zien ze dat de baas mee staat te werken, hij moet wel. Pas op de vlakte achter Sloterdijk komen de drie weer wat tot rust.

Bij Jan thuis zijn ze geabonneerd op *Het Parool*. Voordat ze aan de warme maaltijd beginnen, leest hij het bericht over de bankroof. Nergens wordt melding gemaakt van een zestienjarige jongen die bij de overval betrokken is geweest. De misleiding is geslaagd. Wel staat er in de krant dat de eerste wissel is gezien en de daders daarna in de richting van Den Haag zijn verdwenen. De eerste wissel wordt altijd gezien, peinst Jan.

'Je hebt een kleurtje,' zegt moeder als ze het eten op tafel zet.

Dat moet van de wandeling op Sloterdijk zijn, denkt Jan.

'Ik ben met Frans en Cor naar het strand geweest.'

'Je ziet er goed uit. En je schouder, gaat dat al beter?'

Jan antwoordt dat hij al snel weer aan het werk zal kunnen.

De donderdag na de bankoverval viert Frans zijn eenentwintigste verjaardag. Jan en Cor zetten hem flink in de bloemetjes.

10.

HET RIJKE LEVEN – 1974

De zaterdagochtend na de overval graven Jan, Frans en Cor de buit, de vermommingen en de wapens op en vroeg in de middag begint op de zolder bij Frans het uitpakken van de plastic vuilniszakken. Eerst bergen de drie de wapens weg, daarna worden de pruiken gekamd en op een schuimplastic kop gezet en de snorren weer keurig op een stukje karton geprikt. De sfeer is uitgelaten, maar de jongens voeren de spanning voor zichzelf nog wat op door de linnen zakken met geld tot het laatst te bewaren.

Frans spreidt plechtig een wit laken uit over de tafel, het is zover. Jan en Cor schudden ieder een zak leeg en even staan de drie vrienden naar de berg geld te kijken. Dan beginnen ze te lachen en laten ze hun handen door de stapel gaan. Cor gooit wat papiergeld door de lucht. Hier is alles om te doen geweest.

Eerst sorteren ze het papiergeld; de tientjes op de tientjes, de geeltjes op de geeltjes en zo verder. Er ontstaat ook een aardig stapeltje duizendjes. Dat zijn grote biljetten, die je dubbelgevouwen in je portemonnee moet doen. De vreemde valuta sorteren de jongens op land. Nadat alles geordend is, begint het tellen. Er worden stapeltjes van tien gevormd, waarbij elk tiende biljet er met een elastiekje omheen gevouwen wordt. Het Nederlandse geld blijkt ongeveer 235.000 gulden te zijn. Aan de hand van een uit *De Telegraaf* gescheurd lijstje met wisselkoersen begint Cor met een rekenmachine de waarde van het buitenlandse geld te bere-

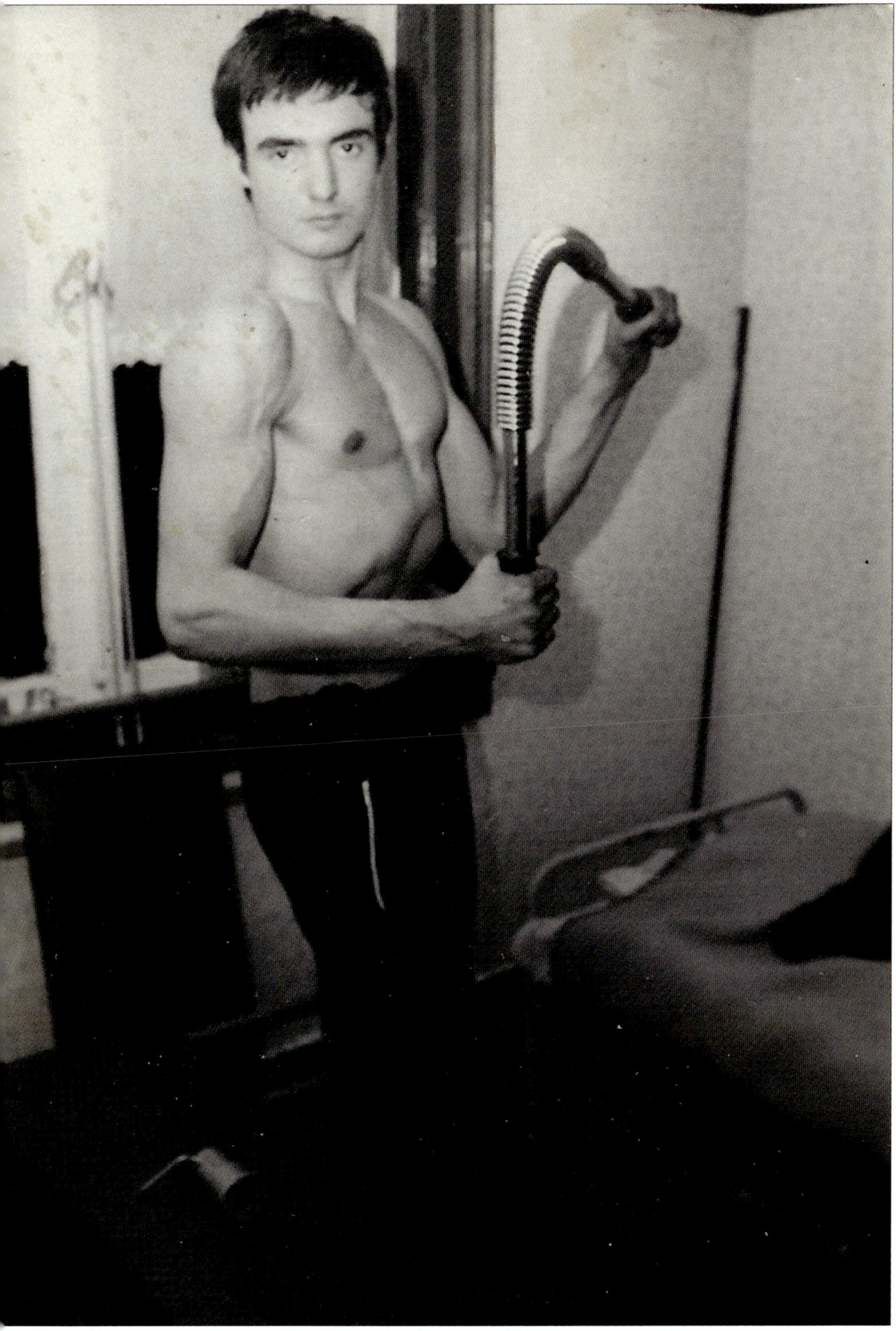

Een gespierde Frans Meijer trainend met de veer.

Jan met een halter in Frans' trainkamertje. Links op de achtergrond is nog net de poster met de machtige arm van Epancratius zichtbaar.

Zomer 1969, de Kreidlerclub staat op het punt te vertrekken. Moeder Boellaard omhelst haar zoon Jan (op de hoek van de Keucheniusstraat en de Van Hallstraat). Rechts naast moeder: Frans Meijer.

Jan en Frans in Königswinter bij Bonn, met op de achtergrond de Drachenfels.

Zomer 1972. Fotoschieten op het kermisterrein aan de Jan van Galenstraat. Voor Jan geldt: een keer mis schieten om de afwijking van het geweer te ontdekken, daarna is alles raak. Broertje George kijkt toe.

Tijdens hun vakantie in Spanje bezoeken Jan en Frans natuurlijk een stierengevecht.

Jan, negentien jaar oud.

Zomer 1973. Jan voor de arena in Verona. In zijn handen houdt hij een plastic tasje met munitie.

Zomer 1974, Frans in de voortent op de grote camping in Garda. Het is enkele maanden na de overval op het kantoortje van de Gemeentegiro aan het Surinameplein.

Het leven op de grote camping was Jan en Frans in 1973 goed bevallen. In 1974 schuift ook Cor aan bij het kampvuur.

Vakantie 1974. Proost!

Nederland verloor in 1974 de WK-finale tegen Duitsland, zoveel is duidelijk.

Vakantie 1974. Langs de snelweg.

Een korte pauze.

Jans herinneringen vertellen van dure hotels, maar hier staan de heren alweer met hun tentje langs de snelweg.

Deze foto is genomen met de zelfontspanner op de Nikon van Epancratius. Aan Cors blik te zien vertrouwt hij het niet helemaal.

Nog wat vakantiekiekjes. Cor van Hout enkele maanden na zijn eerste bankroof.

In de zomers van 1975 en 1976 huurt Jan een caravan en neemt hij zijn vader, moeder en broertje George mee op vakantie naar Joegoslavië.

In 1976 belandt het gehele gezelschap op een terras bij de watervallen van Krka. Vooraan links Jan, vooraan rechts Cor, achter hem Anneke. In de achtergrond vader en moeder Boellaard; George met zijn hand aan het hoofd. Onzichtbaar is Yvonne.
Frans neemt de foto.

1975. Jan en Cor op een terras in Joegoslavië.

Het hek aan de westzijde van het Westerpark. Hierlangs en over het water klommen Jan, Frans en Cor om hun 'militaire oefeningen' te houden.

Café de Omval. Aan de overkant werd in 1976 de gestolen speedboot te water gelaten.

Het uitzicht vanuit het brugwachtershuisje op de aanlegplaats van de gestolen speedboot. In de verte onder de spoorbrug.

Het voormalige hoofdkantoor van de Amsterdamse Gemeentegiro aan Het Singel.

Een foto uit de krant: een rechercheur toont de nummerborden van de eerste vluchtauto. Deze Volvo werd gestolen.

Voorjaar 1975. Jan en Frans in de duinen bij de Bloemendaalse Zeeweg. Hier werden overtollige wapens begraven en ook soms even wat buit.

Nog een keer voorjaar 1975. Hier staat Jan vlak bij de begraafplek in de duinen. Jaren later hebben Jan en Frans er nog eens gezocht, maar ze konden de plek nu niet meer terugvinden.

De zilveren bruiloft van vader en moeder Boellaard. Gloria, het zusje van Frans, gaat met de flessen rond. Jan, met een dikke sigaar tussen zijn vingers, kijkt goedkeurend toe.

Welkom in Nederland

HET PAROOL

VRIJ, ONVERVEERD

VRIJDAG 2 APRIL 1976

ZESENDERTIGSTE JAARGANG No. 9577

WEERBERICHT

ZONNIGE PERIODEN

JACHT IN NOORD-HOLLAND NA OVERVAL IN HOOFDSTAD

Berovers giro ontkomen in speedboot

(Van een onzer verslaggevers)

AMSTERDAM, vrijdag — Drie mannen, vermoedelijk Nederlanders, hebben vanmorgen even na half negen een gewapende roofoverval gepleegd op het hoofdkantoor van de Gemeentegiro aan de Singel in Amsterdam.

De daders, die gewapend waren met een machinepistool en revolvers, maakten bij de overval gebruik van een gestolen auto en vluchtten met een speedboot door de grachten naar het IJ. Het was vanmorgen nog niet bekend hoeveel geld zij buitmaakten.

Volgens directeur J. A. Stofkoper van het girokantoor is het geroofde bedrag „aanzienlijk".

Hoewel er door de overvallers verscheidene schoten werden gelost, werd niemand door kogels gewond. Een vrouwelijk personeelslid van het girokantoor sprong tijdens de overval uit een raam van de eerste verdieping op straat en brak daarbij waarschijnlijk een been. Zij is opgenomen in een ziekenhuis.

De speedboot (op de voorgrond) die de overvallers bij hun actie gebruikten.

Het hoofdkantoor van de Amsterdamse Gemeentegiro aan het Singel

Gegevens verzameld over gevechtsvliegtuig

Tweetal Russen land uit voor spionage

G. M. Boermistov V. T. Chystov

(Van onze verslaggevers)

DEN HAAG, vrijdag — De Nederlandse regering heeft gistermiddag de Russische ambassadeur A. I. Romanov ontboden en hem te verstaan gegeven dat de aanwezigheid van twee van zijn landgenoten in ons land niet langer gewenst is.

Men laat er in Den Haag geen twijfel over bestaan dat het Russische tweetal heeft geprobeerd geheime gegevens te verkrijgen over het nieuwe gevechtsvliegtuig F-16, de opvolger van de Starfighter.

ZIE OOK PAGINA 11

Duet van List en Shaffy pagina 17

Kanocoachbond-ruzie pagina 21

vandaag 26 PAGINA'S

HOME SWEET HOME LEATHER.

THE GREATEST LEATHER SHOW ON EARTH

EXTRA

Morgen in deze krant

VOORZITTER NATIONALE WONINGRAAD:

Opknappen van corporatie-Woningen kost 500 miljoen

(Van onze economische redactie)

Redding door omvang boezem

Al veel lichter

Duitse wraak voor Madrid

Brigitte beschermt zeehondenbaby's

TOLEDO LEDER

Expositie massief eiken (vrije toegang)

Meubelfabriek Oisterwijk

Tuinmeubel Show

Antiekmarkt „DE LOOIER"

Morgen van 10.00 tot 18.00 uur VRIJMARKT

Nederlands grootste leren meubel show

INDEN LEER

DATSUN MEERGARAGE LINNAEUSKADE 5-6-7

Fa. Derksen

netrico JEANS

MILANO B.V. geeft z'n meubelen kado

TOYOTA NASSAUKADE B.V. SLOTEN B.V.

De mannen zijn voorpaginanieuws! Het Parool van 2 april 1976.

kenen. Het is meer dan 40.000 gulden. 275.000 gulden totaal, een kapitaal in de zeventiger jaren.

Frans stelt voor dat het geld gelijk verdeeld zal worden: 75.000 gulden de man. Het restant van het Nederlandse geld moet in een pot worden gestopt om nieuwe projecten uit te financieren. Er is van alles nodig: nieuwe vermommingen, kogelvrije vesten, auto's, noem maar op. Jan en Cor stemmen in met dit voorstel.

Daarna zegt Frans: 'Cor wordt onder curatele gesteld. Hij is nog niet meerderjarig en krijgt voorlopig maar 400 gulden in de week.'

'Ik ben het daar volledig mee eens,' antwoordt Jan. Cor zit er sip bij te kijken. Hij is twee tegen een weggestemd en Epancratius is nu eenmaal een democratisch misdaadsyndicaat. Het is duidelijk dat Jan en Frans hierover hebben nagedacht. (Democratie is, zoals men ongetwijfeld weet, het politieke systeem waarbij twee wolven en een schaap mogen stemmen over wat ze 's avonds gaan eten.)

'Jan gaat het geld voorlopig beheren,' spreekt Frans verder. 'Ik vind niet dat het hier op mijn zolder moet liggen. We brengen het geld straks naar Jan zijn zolderkamer. We pakken er nu tweeduizend gulden de man af.'

Cor begint te glunderen, hij zal zo dadelijk een bom duiten op zak hebben. Jan pakt de blocnote waar de rekeningen op genoteerd staan en trekt bij alle drie de leden tweeduizend gulden van hun tegoed af.

'Het buitenlandse geld bewaren we voor de vakantie.'

Ook dit voorstel van Frans wordt zonder discussie aangenomen.

Nadat het geld in de Keucheniusstraat op het verlaagde zachtboardplafond van Jans zolderkamer is gelegd, stelt Jan voor te gaan winkelen. Als eerste kopen de drie uit de algemene kas bij een sleutelmaker in de Utrechtsestraat twee brandwerende geldkisten, en even later zetten de jongens zich op eigen kosten in de nieuwe kleren. Alle drie kopen ze een sjiek kostuum en besparen daarbij niet. Frans en Jan rekenen af met een duizendje. Het is, zoals hun moeders zouden zeggen, 'een winkel voor rijke mensen' en er wordt dan ook niet moeilijk gedaan over de grote biljetten. De minderjarige Cor betaalt met honderdjes, ook daar is natuurlijk over nagedacht. Bij Zwartjes van 1833 schaffen de drie ten slotte bijpassende schoenen aan.

Omringd door hun boodschappen praten de vrienden nog wat na aan een tafeltje bij Van Dobben.

'Cor, dit kan nu allemaal,' zegt Frans met een brede glimlach. 'En dit is nog maar het begin.'

Rond een uur of zes zet Jan de geldkisten bij hem op zolder. Hij spreidt zijn nieuwe kleren uit op bed en begint zich te verkleden. Zo dadelijk gaan de drie jongens samen stappen. Hij doet zijn stropdas recht, kijkt nog een laatste maal goedkeurend in de spiegel en tegen zeven uur stapt Jan in zijn nieuwe kostuum de huiskamer in de Keucheniusstraat binnen.

'Jan, wat ben je mooi,' zegt moeder beduusd.

'Vanmiddag gekocht,' antwoordt hij. 'Dan is het overwerken niet voor niets.'

De familie is platgeslagen. Jans ouders glimmen van trots omdat hun zoon genoeg verstand blijkt te hebben om zijn geld opzij te leggen en zich eens goed in de kleren te zetten. Dat is beter dan dat hij het iedere avond over de balk gooit.

Terwijl hij zijn tijd neemt om koffie te drinken, geniet Jan van de aandacht. Om acht uur vertrekt hij naar de woning van de familie Meijer, waar Frans en Cor al even sjiek in het pak gestoken diep in de bank gezakt zitten te wachten. De moeder van Frans, die niet meer weet hoe zij het heeft, begroet Jan met een onstuimig: 'Jij ziet er ook al zo netjes uit!'

'Ja, wat vindt u van ons, tante Marie? Is kwaliteit, hè? Niet goedkoop.'

De jongens baden zich nog even in de bewondering van moeder Meijer en haar kroost en wandelen daarna strak in het pak naar de Cineac Damrak om een film te zien, waarna het verder gaat richting Rembrandtplein om in een ijssalon een cassata te verorberen. Ten slotte bezoeken ze op het Thorbeckeplein een discotheek, waar Cor aan een tafeltje een fles champagne bestelt. Het valt Jan opeens op dat ze best wel bekijks hebben zoals ze daar zitten achter een champagnekoeler, in hun nieuwe, opzichtige kostuums. Hij buigt zich voorover naar Frans en fluistert: 'We mogen ons patroon niet veranderen.'

'Ach, één uitspatting moet kunnen,' is het antwoord. 'Dit is oké.'

Wanneer Jan merkt dat hij het in zijn nieuwe pak erg goed doet bij de vrouwtjes laat hij zijn terughoudendheid varen en geniet ook hij met volle teugen van het uitdelen van drankjes. Het is drie uur in de nacht wanneer de jongens zich aangeschoten met een taxi naar het Van Beuningenplein laten rijden. Dit is leven! Jan waggelt de trap op en valt als een blok in slaap.

De volgende ochtend kijkt hij meteen of het geld er nog ligt. Hij kan het nog steeds niet geloven. Maar waar laat hij die geldkisten? Die passen niet op het plafond. Er moet iets anders verzonnen worden. Jan begint aan het maken van een vloerluik zoals dat er ook is op de zolder bij Frans. Hij kantelt zijn bed, haalt het tapijtje weg en begint met een handzaag de vloerplanken op het hart van de balken door zagen. Ook Jan zal de komende tijd contrabande wegbergen op het plafond van de benedenburen.

Om elf uur onderbreekt de intercom Jan bij zijn werkzaamheden. Vader wil weten of Jan 'nog steeds in zijn bed ligt te stinken?' Als hardwerkende arbeider beschouwt vader uitslapen als een overtreding van de goede zeden.

'Maak mijn ontbijt maar vast klaar, ik wil een uitsmijter hebben,' is het antwoord. 'Ik kom eraan.'

Jan maakt het luik af, stopt het geld in de stalen kisten en zet die weg onder de vloer. Hij veegt het zaagsel op, legt het tapijt over het luik en schuift het bed op zijn plaats. Terwijl Jan nog zit te ontbijten gaat de bel. Frans en Cor staan in hun trainingspakken beneden aan de deur te wachten.

Kort na de bankoverval op het Surinameplein koopt Jan, terwijl hij nog in de ziektewet loopt, een tweedehands Mercedes 280 SE uit 1970. Omdat hij cash af kan rekenen, krijgt hij de auto uiteindelijk voor maar 7.500 gulden mee, evenzogoed een flink bedrag. Later op de dag toont hij zijn aanwinst aan de familie en dat leidt wel tot wat argwaan. Vader vraagt zich af hoe Jan zo'n wagen kan betalen.

'Gespaard,' is het defensieve antwoord. 'Ik heb me dit jaar rot gewerkt bij mijn baas en in de vodden. Mag ik daar de vruchten van plukken?'

Vader aanvaardt deze verklaring met moeite. Jans moeder gaat zoals altijd verder in haar verdenkingen.

'Je doet toch geen verkeerde dingen?'

'Nee, natuurlijk niet, hoe kom je daar nou bij?'

'Nou, met Frans en Cor.'

'Ach, hou toch op! Jij denkt altijd van alles.'

'Hoe kom je aan al dat geld? Je hebt ook al zo'n duur pak gekocht.'

'Mens, ik heb gespaard. Ik werk me de pleuris.'

Vader mengt zich in de discussie met de opmerking dat het wel een erg mooie auto is. 'Iets voor een bankdirecteur.'

'Ja, dat klopt wel, hij is van Jelle Zijlstra geweest,' antwoordt Jan. Het is een uitsmijter die alle bedenkingen van zijn ouders terzijde schuift. In de jaren zeventig is de president van de Nederlandsche Bank een halve heilige en opeens kunnen pa en moe niet anders dan met bewondering naar de Mercedes kijken. Die Jan toch... de auto van Jelle Zijlstra...

Vanaf '74 gaat het Jan en natuurlijk ook Frans en Cor beter en beter: mooie auto's, dure kleren, rondjes in het café, verre vakanties. In het begin valt hun rijkdom misschien nog op, maar de aanblik ervan went snel, en wanneer de jongens een aannemingsbedrijf beginnen laat het feit dat zij ruim te besteden hebben zich goed verklaren.

Wanneer Cor in augustus zeventien jaar wordt, vieren Jan en Frans dat door hem mee te nemen naar de firma Elmar in de Govert Flinckstraat, waar een nieuwe Kreidler Florett voor hem klaarstaat. De brommer is waar mogelijk verchroomd en van alle denkbare extra's voorzien. Een duur cadeautje, een nieuwe Kreidler kost kaal al 1.059 gulden, maar Jan en Frans kunnen het lijden. Cor heeft nu de mooiste brommer van de buurt en uit de literatuur over de jongens te oordelen, wordt die brommer tot op de dag van vandaag herinnerd.

Cors verjaardagsfeestje wordt 's avonds besloten met een etentje bij Dikker & Thijs. Zijn familie is er niet bij. Wel aanwezig is Yvonne, de nieuwe vriendin van Frans. Tussen haar en Frans gaat het zo goed dat zij het volgende jaar zullen trouwen. Na de voortreffelijke maaltijd laten de jongens de sigarenkist langskomen en trekken ze gulzig aan een Havana. Het gezelschap besluit de avond in een kroeg met nog een flinke slok. Een dag om niet te vergeten, het goede leven bevalt.

Bij de familie Boellaard vinden in 1974 ook wat ingrijpende gebeurtenissen plaats. Jans oudste broer, Hennie, die om de hoek op Van Hallstraat 99-1 woont, wordt zo dik met zijn bovenbuurvrouw dat hij bij haar intrekt. Wat later trouwen zij. Hierdoor komt eind mei voor Jan de woning vrij, die slechts door een dubbelsteens muurtje van Keucheniusstraat 47-1 wordt gescheiden. Jans vader heeft zelfs met een lange steenboor een gaatje geboord tussen de beide woningen voor een intercomdraadje zodat gemeld kan worden wanneer er op 47-1 gegeten wordt. Jans ouders zijn zorgzame mensen.

Overigens liep het met het gaatje, dat boven het bed van de oudste broer uitkomt, op een goede dag lelijk uit de hand. Moeder staat soms met een pvc-pijp aan haar oren gedrukt, over de gootsteen heen, aan het gaatje te luisteren om te horen wat zich op 99-1 afspeelt. De verhouding van moeder Boellaard met haar aanstaande schoondochter is vanaf het begin al 'gespannen'. Wanneer moeder op een ochtend dan ook 'gerucht' hoort in de slaapkamer van Jans oudere broer, kan zij zich niet bedwingen en schreeuwt door de buis dat de jongedame haar oudste zoon met rust moet laten 'omdat hij naar zijn werk moet'. Ze roept er nog wat krachttermen achteraan; het begin van een eindeloze reeks ruzies.

Wanneer Jan 99-1 betrekt, smeert hij het luistergaatje tussen de woningen snel dicht met metselspecie, maar dat spreekt voor zich.

Jan is het eerste lid van Epancratius met een eigen flatje. Niet zomaar een verdiepinkje, maar eentje met uitzicht op het Van Beuningenplein. Net als zijn broer Hennie blijft hij de huur doorbetalen onder de naam van de overleden oude buurvrouw. Als bouwvakker begint Jan onmiddellijk plannen te maken om de etage grondig te renoveren. Met hulp van zijn vader, een loodgieter en gasfitter die van alle markten thuis is, en Frans en Cor is de woning al voor de bouwvakvakantie als nieuw. Niet alleen wordt er een douchecel aangelegd, zodat Jan zich niet langer aan de gootsteen hoeft te wassen, ook wordt de keuken van de huiskamer gescheiden met een aantrekkelijk barretje. In een kleerkast maakt Jan een vloerluik waaronder zijn vuurwapens en geldkisten weggeborgen kunnen worden. Het wordt onzichtbaar weggewerkt onder een passend couponnetje tapijt.

In de kleine woning staan na een tijdje onder andere mooie leren draaistoelen, een espressoapparaat, een magnetron (zeer bijzonder in 1974 en nog lang niet voor zestig euro bij de Blokker verkrijgbaar) en de duurste stereo-installatie van Philips met tiptoetsen, voor die tijd het allermodernste. Jan doet het goed in het leven, zoveel is duidelijk, en ook zijn kleine broertje George is daar trots op. Heeft dan zelfs dit pientere knaapje niet een vermoeden dat hier iets niet in orde is?

Er zijn inderdaad momenten dat er aan de bel getrokken kan worden. Als Jans ouders hun vijfentwintigjarig huwelijksfeest vieren, gaan Jan, vader en George in de Mercedes bij een slijter in de Van Baerlestraat inkopen doen voor het feest. Nadat alles is ingekocht en afgerekend lopen Jan en zijn jongere broertje nog voor een laatste keer bij de slijter naar binnen. Naast de deur staat een juist gearriveerde pallet vol met dozen gedestilleerd. Jan vraagt zijn broertje bij de kassa even de tas te dragen. Bij het verlaten van de winkel pakt Jan een doos jeneverflessen van de pallet om die in de achterbak van zijn auto te zetten. Het gebeurt bijna te achteloos om op te merken, maar de kleine George ziet het natuurlijk voor zijn neus gebeuren. Als grijze muis die goede cijfers haalt op de middelbare school heeft hij slechts bewondering voor dit soort van durf: typisch Jan. Maar de actie moet toch ook aan Jans vader, een in alle opzichten beminnelijk en verantwoordelijk man, zijn opgevallen. Desondanks maakt ook hij weinig opmerkingen. Deed het hem denken aan zijn eigen jeugdzonden?

Ondertussen gaat het gewone leven door. De jongens blijven bodybuilding trainen en stormbaan lopen in het Westerpark. Iedere vrijdagavond komt Cor nu bij Jan zijn traktement van vierhonderd gulden halen.

'Doe er niet te scheutig mee, want je mag niet in de kijkerd lopen.'

'Ik zal voorzichtig zijn...' Jan noteert vierhonderd gulden in de blocnote bij Epancratius 3. Zelf is hij Epancratius 2 en Frans is Epancratius 1.

Op een dag in juni koppelt Jan de caravan op de James Rosskade achter zijn Mercedes 280 en sleept die naar een illegale stortplaats op de vlakte achter Sloterdijk. De jongens gieten daar de caravan vol met benzine en steken de brand erin. Je weet immers maar nooit.

Terwijl zij naar de vlammen staan te kijken, zijn de jongens het met elkaar eens dat het ding zijn geld dubbel en dwars heeft opgebracht. Stinkend naar de rook gaan ze een ijsje eten.

De gesprekken over een nieuwe klus worden meteen opgevat. Jan werkt alweer, maar Frans en Cor lopen beiden nog in de ziektewet. De twee wandelen vaak door de stad op zoek naar een bank die geschikt is om beroofd te worden. Ze zijn bijzonder enthousiast over het hoofdpostkantoor op de Nieuwezijds Voorburgwal.

'Ze hebben daar achttien kassa's waar geld wordt verwerkt. Achttien!'

'Daar kan ik niet aan meedoen,' zegt Jan meteen. 'Mijn vader werkt daar.'

'Wat kan jou dat nou schelen?' zegt Cor.

'Heel veel. Ik kan dat gewoon niet maken. Ik kan mijn vaders baan niet in de waagschaal stellen. En hoe willen jullie midden uit de stad wegkomen?'

'Met een snelle auto.'

'Dat is gekkenwerk, we komen er nooit doorheen. Het wemelt er van de politie.'

Frans en Cor kijken Jan bedenkelijk aan en zeggen dat ze zijn standpunt respecteren, maar ze blijven het idee om zo'n grote bank te overvallen koesteren. En die liggen nu eenmaal allemaal in het centrum.

Nu Jan een eigen woning heeft, verhuizen de wapens mee en maken ook Frans en Cor van de ruimte gebruik om zich te bekwamen in het snelschieten. Dan gaat de luxaflex naar beneden en leidt Jan, die al ervaring heeft, de oefeningen. Meestal staan Frans en Cor tegen half zeven

’s avonds voor de deur. Jan zet altijd eerst wat koffie met zijn espresso-apparaat en ergert zich dan iedere keer weer aan Cor, die maar rondjes blijft draaien op zijn leren fauteuil. Zijn huis is geen speeltuin! Na de koffie gaat het vloerluik open en worden de pistolen en revolvers gepakt. Naarmate de oefeningen vaker herhaald worden, presteren ook Frans en Cor beter. De snelheid en de accuratesse van Jan zullen ze echter nooit bereiken.

Wanneer Jan later lid wordt van een schietvereniging zal hij zich ontwikkelen tot een van de beste schutters in het land. Hij wint vrijwel iedere schietwedstrijd waar hij aan deelneemt en laat daarbij schutters uit het Korps Mariniers en van de rijkspolitie achter zich.

Omdat Cor nog maar zestien jaar is, gaan Jan en Frans nog steeds zonder hem naar films van achttien jaar of ouder. In juni ’74 zien ze in de Flora *The Mechanic,* met Charles Bronson in de hoofdrol. Het is het verhaal van een huurmoordenaar die zich bijzonder goed voorbereidt op iedere nieuwe opdracht. Na de film filosoferen Jan en Frans uitgebreid over wat ze gezien hebben. Vooral het maken van hele series foto’s van slachtoffers en hun routines, die later door Bronson op zijn gemak bestudeerd worden, heeft indruk gemaakt op de vrienden. Voor een fotowinkel in de binnenstad vragen Jan en Frans zich daarom na de film af wat een goed fototoestel kost.

‘Maar we kunnen moeilijk de fotorolletjes naar de winkel gaan brengen,’ stelt Jan vast.

‘We hebben zelf een hele donkere kamer nodig,’ antwoordt Frans.

‘Waar wil je die dan maken?’

‘Bij jou thuis. Op de waranda.’

Jan kijkt hem bedenkelijk aan. Zo groot is zijn nieuwe flatje nu ook weer niet, hier heeft hij niet op gerekend.

‘Er is wel stromend water in de buurt,’ probeert Frans het nog eens.

'We bespreken het met Cor,' besluit Jan, in de hoop dat het idee over zal waaien.

Nadat zij de rest van de avond in discotheek Le Pon hebben doorgebracht, voeren de vrienden bij Jan voor de deur nog een laatste aangeschoten gesprek over de film. Het resultaat is dat zij de donkere kamer toch op de agenda zetten en deze uit de algemene pot gaan financieren.

Later in het jaar 1974 wordt de waranda van Jans woning metterdaad omgebouwd tot donkere kamer. Een week voor de bouwvakvakantie schaffen de mannen van Epancratius uit de gemeenschappelijke pot alvast een Nikon-camera en telelenzen aan. Die kunnen meteen mee op vakantie.

Als beheerder van de kas begint het Jan op te vallen dat er flink uitgegeven wordt; de inhoud van de geldkist slinkt aanzienlijk. Frans komt af en toe geld ophalen dat hij nodig heeft voor het een en ander. Zo vervangt hij bij de familie thuis het sneeuwende zwart-wittoestel door een nieuwe kleurenteevee. Dat valt nog wel mee. Jan echter begint in rap tempo de armste van de drie vrienden te worden. Hij heeft niet bepaald op een centje gelet bij het inrichten van zijn nieuwe woning. Omdat Cor onder curatele staat heeft hij nog recht op een fors bedrag.

Het wordt tijd dat we weer iets gaan doen, peinst Jan.

Frans en Cor zijn ondertussen bijna dagelijks op zoek naar mogelijkheden voor een nieuwe overval. In een Fiat 850, door Frans aangeschaft ondanks het feit dat hij nog geen rijbewijs heeft, wordt stad en land afgereden.

Op de laatste werkdag voor de bouwvakvakantie eet Jan thuis bij zijn ouders. Het grote nieuws: het gezin heeft eindelijk via de woningbouwvereniging een grotere woning toegewezen gekregen. Ze gaan verhuizen naar de Speerstraat in Amsterdam-Zuid. Het gedoe met opklapbedden en zolderkamertjes is voorgoed voorbij. Het gezamenlijk eten zal ongetwijfeld minder worden, maar Jan is een grote jongen en meer privacy wordt door hem met vreugde begroet. In ieder geval zal hij van zijn nieuwsgierige moeder af zijn. Het is ideaal voor iedereen. Jan zal niet mee kunnen om de woning te bekijken, omdat hij morgen al met Frans en Cor afreist richting Italië.

Thuis stapt hij onder de douche. Als hij in zijn badjas rondloopt gaat de bel. Het zijn Frans en Cor (wie anders?). De vrienden hebben een cadeautje bij zich: een riem waarin je papiergeld kunt verbergen. Zelf hebben ze er ook een. Op deze vakantie kunnen de buitgemaakte vreemde valuta worden uitgegeven. Eerder die week hebben de jongens bij de schoenmaker in de Van Hogendorpstraat al drie extra grote portemonnees gekocht, van het soort dat marktkooplui gebruiken. De schoenmaker vroeg zich hardop af wat ze van plan waren.

'Hebben jullie de loterij gewonnen?'

'Nee, we hebben een bank beroofd,' antwoordt Cor. De schoenmaker schatert het uit.

Frans en Cor ploffen neer in de lederen draaistoelen en Cor begint weer om zijn as te tollen. Jan opent het vloerluik in de kast, pakt een geldkist en zet die op zijn bureau. Om te beginnen worden de riemen gevuld met vierduizend gulden aan papiergeld. Jan noteert de bedragen. Omdat het vakantie is en het geld in het buitenland besteed wordt buiten het zicht van kritische ogen, is de curatele van Cor tijdelijk opgeheven. De Duitse marken, Oostenrijkse schillings, Italiaans lires en Franse en Belgische francs en franken komen tevoorschijn en worden door Jan keurig in drieën verdeeld. De toch al grote portemonnees puilen uit en sluiten nog maar net. Even na tienen vertrekken Frans en Cor weer naar huis en klapt Jan zijn bed naar beneden. Het plan is om morgenochtend zeven uur te vertrekken voor een vakantie zonder weerga.

Om zes uur loopt de wekker af. Een paar minuten later loopt het koffiezetapparaat door terwijl Jan een douche neemt. Om half zeven belt Cor met een reistas in zijn hand aan, even later gevolgd door Frans. Jan zoekt nog wat cassettebandjes bij elkaar en voor ze vertrekken gaan ze nog eens gezamenlijk door de woning heen om te kijken of alles in orde is. Ligt er niets in het zicht? Munitie bijvoorbeeld? Alles blijkt 'schoon' en de woning wordt afgesloten. De vakantie kan beginnen. Op Keucheniusstraat 47-1 staan Jans ouders op het balkon te zwaaien als de Mercedes tegen half acht wegrijdt.

Langs de geluksroute gaat het via de Haarlemmerweg de ringweg E10 op, en via Arnhem naar Oberhausen, Düsseldorf, Köln, Bonn, Koblenz en verder naar Frankfurt. Omdat er in Duitsland nauwelijks snelheidsbeperkingen zijn, rijdt Jan bijna permanent tegen de tweehonderd kilometer per uur. Pas in de buurt van Frankfurt stoppen de jongens om wat te eten. Het idee is om vandaag München nog te halen. In de auto stopt Jan het bandje van Johnny Cash in de radiocassetterecorder. De drie vrienden zingen uit volle borst mee. '*San Quentin, I hate every inch of you.*' Het is de eerste buitenlandse vakantie van Cor en het zal voor alle drie maar zeker voor hem een onvergetelijke belevenis worden.

In München zoeken Jan, Frans en Cor een sjiek hotel op. Ze huren een kluisje om hun handelaarsportemonnees in op te bergen en steken een handvoorraadje Duitse marken in hun zak om de avond door te komen. De jongens hebben een forse suite genomen met drie aparte ledikanten. Jan ontdekt het ligbad en vindt dat hij het meeste recht heeft om er als eerste in te gaan, omdat hij de hele dag gereden heeft. Het is sowieso de eerste keer dat Jan de luxe van een ligbad ondervindt. Zijn vader zal zelfs nog twintig jaar moeten wachten voor het zover is.

Frans en Cor liggen in het zwembad op het moment dat Jan eraan komt. Amper uit het ligbad gooit hij zijn badjas over een stoel en springt erbij. Na even gedold te hebben, nemen de jongens aan de rand van het zwembad de menukaart door. Cor helpt zijn vrienden er wijs uit te worden en uiteindelijk bestellen de jongens drie clubsandwiches; om acht uur zal er in een restaurant echt gegeten gaan worden.

Het is nu de beurt aan Frans om naar het ligbad te gaan. Jan en Cor lopen in de tussentijd op slippers in hun badjas de winkeltjes te bekijken die in het hotel gevestigd zijn. Eenmaal terug op de kamer pakt Jan drie biertjes uit de minibar. Cor gaat met zijn pilsje het bad in en Jan en Frans bespreken met een flesje in de hand hoe de avond moet worden doorgebracht.

Ze gaan München bekijken. Eerst een Bierkeller, daarna een restaurant.

'*Wo sind hier die Huren*?' vraagt Frans tijdens het dessert aan een kelner.

De man maakt op een stukje papier een keurige situatietekening. Frans rekent af en geeft een goede fooi. Met de Mercedes volgt Jan de route die de kelner heeft uitgetekend. De man heeft goede instructies verstrekt, hier staan prachtwijven. Even verderop parkeert Jan zijn auto en gespannen loopt het drietal terug. Cor hoeft niet zo nodig, ondanks aandringen van Jan en Frans. Als zij twee poppetjes in hotpants zien staan, is hun lot bezegeld. Cor blijft liever even buiten staan wachten.

De volgende dag is het plan in één ruk door te rijden naar het Gardameer. Op de parkeerplaats van het hotel lopen de jongens nog even bewonderend langs de dure auto's die er geparkeerd staan. Cor blijft staan bij het nieuwste model Porsche, zo'n auto lijkt hem ook wel wat.

'Even wachten tot je achttien bent,' zegt Frans.

'Jij rijdt toch ook zonder rijbewijs?'

'Maar niet in een Porsche,' merkt Frans fijntjes op.

Jan stopt alvast een bandje van Charles Aznavour in de cassettespeler van hun auto. Frans en Cor hebben genoeg gezien en komen erbij zitten. Na het verlaten van de stad rijdt de Mercedes met tweehonderd kilometer per uur richting Innsbruck en tegen vieren die middag komen de jongens aan in Riva del Garda.

'Zullen we even naar die wapenhandelaar gaan?' stelt Frans voor. Dat is niet aan dovemansoren gezegd. Jan parkeert de auto voor de zekerheid een paar straatjes verderop. Het is stralend weer. In de wapenhandel kijken de jongens wat er te koop is. Na twee inbraken bij een wapenhandel hebben ze het meeste van de tentoongestelde waar al in hun bezit, maar er ligt ook een nieuw soort Bianchi-holster, waarbij de wapens niet meer met druksluitingen op hun plaats gehouden worden maar met een veersysteem. Het nieuwste snufje. Ze kopen er drie.

Na de onderbreking rijden de jongens verder naar Garda, waar ze hun tent opslaan op de camping waar Jan en Frans al eerder zijn geweest. De jongens trekken snel hun zwembroeken aan en op slippers en in een T-shirtje lopen ze naar het stadje om op een terrasje wat te drinken en snel een pizza te eten. Ze spreken met een watertaxi een prijsje af voor een uurtje waterskiën. Jan en Frans hebben het jaar daarvoor al op de waterski's gestaan en met name Frans blijkt het nog niet verleerd te hebben. Terwijl hij op één been achter de boot hangt, maakt Cor er met de Nikon foto's van. Jan heeft meer moeite de routine weer op te vatten, maar na wat proberen komt hij ook overeind uit het water en al snel zwiert hij brutaal van links naar rechts. Cor heeft tien minuten nodig om rechtop te gaan staan, maar daarna vermaakt ook hij zich uitstekend en de jongens plakken er nog een half uurtje aan vast.

Na een paar dagen steken ze de Povlakte over om Venetië te zien. In een gondel gaat het over de kanalen. De jongens laten de toeristische bezienswaardigheden tevreden aan zich voorbijtrekken, tot zij de gevangenis van Venetië ontwaren. Op de muren van het imposante gebouw staan geschutstorens, waar gewapende bewakers een oogje in het zeil houden.

Jan kijkt ernstig. 'Daar kan je maar beter niet terechtkomen.'

Frans is niet minder onder de indruk. 'Dit is een voorteken. We moeten nog veel beter voorbereid te werk gaan, anders komen we daar wél terecht.'

‘We moeten nog beter gaan werken,’ valt Cor hem bij.

Nadat Jan het beaamd heeft, is het even stil. Terwijl de gondelier verder puntert, houden de jongens hun blikken gericht op de bewakers. In de buurt van het San Marcoplein leggen ze aan. Na wat rondgekeken te hebben zoeken ze een mooi terras op het plein uit om daar uitgebreid te dineren. De duiven zijn bijzonder brutaal en proberen het eten van de borden te roven. Jan, een duivenkenner, vindt het maar scharminkels. De conversatie aan tafel komt terug op de luguber uitziende gevangenis.

‘We hebben het nu heel goed, maar je ziet dat je voorzichtig moet blijven,’ zegt Frans. ‘Als ze ons ooit pakken, zijn we voor jaren weg. En daarna wordt het nooit meer zoals nu, dan zijn we bekend. We moeten scherp blijven en voor de volgende actie moet alles nog beter voorbereid worden.’

‘Ja, we hebben nu al genoeg op onze kerfstok voor tien jaar cel. Dat willen we niet. We moeten altijd zwijgen,’ voegt Jan toe.

‘Zwijgen is niet genoeg. We mogen nooit gepakt worden. De volgende bank wordt nog beter afgelegd en de volgende vluchtroute is ook beter. Meer vluchtauto’s, meer alternatieven. En Jan, géén bank midden in de stad. Je hebt gelijk, dat is veel te riskant, we komen er niet weg. Die gevangenis hier, dat is een waarschuwing voor ons die we serieus moeten nemen. Er moet altijd een goede vluchtweg zijn.’

Nadat Frans is uitgesproken, zwijgt hij even. Dan heft hij zijn glas. Jan en Cor volgen zijn voorbeeld en onder het uitspreken van ‘Wij zijn de Epancratius’ wordt er getoost.

Na een kleine week op de camping in Garda trekt het drietal verder richting Joegoslavië; ze willen open zee zien. Pas tegen twaalven verlaten de jongens Riva, omdat het de avond ervoor erg laat geworden is. De route is van tevoren op de kaart uitgetekend, zodat Jan vol gas richting Triëst kan rijden, zonder te stoppen. Aan de grens wisselen ze hun Oostenrijkse schillings om in Joegoslavische dinars en in Rijeka zoeken ze een hotel op waar uitgebreid wordt gegeten.

De volgende dag gaat om negen uur de telefoon naast het bed van Cor: tijd om op te staan. De jongens gebruiken een stevig ontbijt, omdat het idee is zonder grote onderbrekingen door te rijden tot Split. Het is zondag en al vroeg benauwd warm. Zelfs het openen van het autodak levert nauwelijks verkoeling. Al snel zit de Mercedes op de slingerende kustweg langs de Adriatische zee. Honderden kilometers niets dan slingerend asfalt en rotsen, met nu en dan aan de rechterkant van de auto de zee. Hoe mooi dat ook is, het begint al snel te vervelen. Op de weg voor zich ontdekt Jan een stug doorrijdende Porsche. Jan probeert de auto bij te houden, maar wanneer de bestuurder merkt dat hij een plakker heeft, gaat hij sneller rijden. De Mercedes neemt inmiddels met piepende banden de bochten.

'Dat hou je niet vol, Jan,' zegt Cor. 'Stop er maar mee.'

'Dat lukt Jan wel,' werpt Frans tegen.

'Letten jullie maar op,' zegt Jan. 'Ik ben de Epancratius-chauffeur. Binnen een paar kilometer zit ik voor die Porsche.'

Hij heeft de woorden nog maar koud uitgesproken of de auto raakt in een slip. De Mercedes kan maar net in bedwang gehouden worden en komt tot stilstand vlak naast een muurtje waarachter een enorme afgrond ligt.

'Dit had ons het leven kunnen kosten, Jan,' schreeuwt Cor.

'Ja, Jan, we gaan wat rustiger rijden,' spreekt Frans verzoenend.

Jan zelf zit er wit weggetrokken bij en heeft voorlopig genoeg van het racen. Na het incident zoeken de jongens snel een restaurant op om wat bij te komen.

In Primosten, niet ver van Split, nemen de jongens intrek in een vakantieappartement met drie aparte bedden en een luxe badkamer. Van daaruit maken ze wat tochtjes door de omgeving. Onder andere naar het middeleeuws aandoende havenplaatsje Trogir, waar leuke terrasjes zijn en kiezelstrandjes. Maar de temperatuur ligt iedere dag tegen de veertig graden aan en dat is al snel niet leuk meer.

Johnny Cash gaat weer in de cassettespeler en de terugreis verloopt met een ditmaal veilige snelheid. Langs de Rivièra blijken de temperaturen heel wat menselijker. In Savona betrekken de jongens een luxe suite en het bevalt hier zo goed dat ze bijna een week blijven hangen. Het geeft ook de tijd weer eens een wapenhandelaar op te zoeken, maar het merendeel van de dagen brengen de drie door aan de Ligurische kust, waar zij zich bruin laten bakken en waterskiën.

De terugweg voert langs een comfortabel hotel in Lausanne, dat aan het meer ligt en waar twee nachten worden doorgebracht.

Op woensdag rijdt Jan van Lausanne naar Parijs waar de jongens alweer een suite betrekken. 's Avonds laten de vrienden zich in een taxi naar de hoerenbuurt rijden. Die avond gaat Cor voor het eerst met een vrouw mee naar binnen. Hij heeft een prachtig meisje van een jaar of achttien uitgezocht.

'Laat je niet uitkleden,' zegt Jan nog, wat tot enige hilariteit leidt. Daarna blijven Jan en Frans, die al jaren op dit moment hebben aangestuurd, benieuwd voor de deur staan wachten.

'En? Hoe was het?' vragen ze wanneer Cor na een stief kwartiertje weer buiten staat. Cor antwoordt dat het lekkerder was dan hij ooit had kunnen bedenken.

'Wil je nog een keer? Wij betalen!' Ondanks zijn enthousiasme heeft Cor daar geen trek meer in. Hij zal wel buiten wachten terwijl Jan en Frans zich vermaken.

Na het bezoek aan de Parijse hoeren zoeken de vrienden een cafeetje op en drinken een paar glazen bier. Ze bezoeken op de Champs-Élysées het Lido, waar ze zich achter een koeler met een magnum champagne verbazen over de acts die worden opgevoerd. Terug in de suite nemen de jongens het besluit de volgende dag via de Ardennen naar huis te rijden. Maar er mag wel worden uitgeslapen.

De volgende ochtend gaan de jongens in bad en laten zij het ontbijt op de kamer serveren, een mens leert snel. Een ontbijttafel rijdt binnen, een hotelmedewerker perst ter plekke de jus d'orange en serveert de koffie. Tegen twaalven betaalt Cor met een glimlach de enorme hotelrekening. In de Mercedes gaat Johnny Cash alweer in het cassetteapparaat en via de tolweg rijden de jongens zingend richting België. Vier uur later zitten Jan, Frans en Cor in de Ardennen.

In La Roche-en-Ardenne nemen ze nog twee nachten hun intrek in een klein hotel aan de hoofdstraat. Bijna al het geld dat meegenomen is, is erdoorheen gejaagd. Er zijn onderweg heel wat aankopen gedaan en de souvenirs voor de familie vallen deze vakantie opmerkelijk gul uit. Het is zaterdag en tijd om naar huis te gaan, de bouwvak zit er bijna op. In Luik stoppen de jongens nog wel om de firma Humblet te bezoeken, de winkel waar eerder dat jaar ingebroken is. Het assortiment blijkt weer aangevuld. Stiekem kijkt Jan naar het rolhek achter in de zaak; het is vervangen door een nog zwaardere uitvoering.

Tegen drieën rijdt de Mercedes de Keucheniusstraat in. De jongens zijn blij weer thuis te zijn, Frans en Cor nemen afscheid. Als Jan de bagage naar zijn woning brengt, wordt er op de warandaruit getikt. Het is moeder, ze is blij hem weer heelhuids te zien. Jan loopt even naar het ouderlijk huis en geeft haar een pakje: een mooi porseleinen beeldje dat hij in Verona gekocht heeft en begint over de vakantie te vertellen. Ja, hij is erg bruin geworden, dat ziet moeder meteen. Over het hoerenlopen, de dure hotels en andere uitspattingen rept hij niet.

Moeder begint op haar beurt te vertellen dat de verhuizing aanstaande is. De woning in de Speerstraat is rond. Vader is er al weken aan de slag geweest. De woning is zo ruim dat er nog een kamer over is! 'Ga je mee, Jan?'

'Ik woon net op mezelf! Je wil toch niet dat ik dat opgeef?'

'Nee, nee, dat is ook maar gekkigheid,' antwoordt moeder en bij een bakkie koffie praten de twee gezellig verder.

11.

HET MEESTERSTUK – 1974-1976

Op de vrijdagavond na de bouwvakvakantie van 1974 komen Frans en Cor langs om een avondje te trainen in het snelschieten. Frans valt meteen met de deur in huis: 'Jan, we hebben vanmiddag een mooie auto zien staan.'

'Mag ik weten wat je bedoelt?'

'We hebben een auto met een trekhaak nodig, en de Ford Taunus die we gezien hebben, heeft er een onder zitten. We kunnen toch niet ieder klusje met jouw Mercedes doen? We moeten discretie behouden. We hebben een andere auto met trekhaak nodig. Ze vragen 2.200 gulden. Voor twee rooitjes nemen we hem zo mee. Wil je die tweeduizend gulden uit de geldkist pakken, of kan je een bezwaar aandragen om het niet te doen?'

Jan staat even te denken, houdt zijn hoofd een beetje schuin en zegt: 'We doen het.'

Het is duidelijk dat Frans en Cor al een coalitie gesloten hebben. De meeste stemmen zijn voor. Geen debat zal daar verandering in brengen, weet Jan.

Het proefritje van de jongens in de nieuwe aanwinst voert die zondag zonder veel bedoeling richting Vinkenveen. Daar staat langs de weg een speedboot te koop die de aandacht trekt. Na even om de boot heen gedraaid te hebben, zijn de drie het met elkaar eens: hiermee kunnen ze gaan vissen en zelfs waterskiën, zoals ze kortgeleden nog in Italië gedaan hebben. Na wat afdingen komt de prijs uit op 4.000 gulden en omdat de eigenaar onder het afdingen steeds praat over 'het mooie spulletje' wanneer hij het over de boot heeft, dopen de drie vrienden hun nieuwe aanwinst gelijkluidend. De trailer met Het Mooie Spulletje hangen ze achter de Ford Taunus en wat later meren de jongens het bootje af bij jachthaven Holland Sport bij de Schellingwouderbrug. Dezelfde avond maken de drie hun eerste tochtje op het IJsselmeer. Varen valt niet mee; bij terugkeer in de jachthaven ramt Jan de steiger. Gelukkig zonder veel erg.

Het weekend erop staat er een briesje en de binnenschepen op het IJsselmeer zorgen voor flinke boeggolven. De jongens ontdekken al snel dat je dwars op die golven moet zitten om controle over de boot te houden, anders word je zeeziek. Na op het IJsselmeer de mogelijkheden van de speedboot onderzocht te hebben, varen de jongens via de Oranjesluizen het IJ op en langs het bureau van de rijkspolitie te water gaat het de binnenstad in. Uiteindelijk varen de drie in de richting van de Walletjes, die de jongens nu eens vanuit een heel andere invalshoek zien, en via de Grimburgwal gaat het langs het Rokin richting Munt en via het Singel weer richting het IJ.

Op de hoek van de Raadhuisstraat ligt aan het Singel het hoofdkantoor van de Gemeentegiro. Bij het zien van het gebouw zegt Jan iets dat geschiedenis zal maken: 'Met een speedboot kunnen we wél een bank in het centrum beroven.'

Frans en Cor kijken naar het voorbijglijdende girokantoor.

'Dat is het ei van Columbus! Dat is het!'

Het hoofdkantoor van de Gemeentegiro is door Frans en Cor al eens eerder voorgedragen als object om te overvallen, maar Jan wilde er niet aan. Hij twijfelde aan de mogelijkheid om vanuit de binnenstad te vluchten met een auto, omdat het in het centrum wemelt van de politie en een voor een bank geparkeerde vluchtauto op een gracht al snel het verkeer blokkeert en bovendien opvalt.

Nu de jongens vanaf het water naar een grote bank kijken, zien ze heel andere mogelijkheden en zijn ze het in een flits met elkaar eens. Uit vreugde roepen zij midden op het water hun strijdkreet. Voorbij de brug van de Raadhuisstraat keert Het Mooie Spulletje om nog een keer langs het hoofdkantoor te varen. Jan, Frans en Cor werpen meteen al een kritischer blik. Bij de volgende brug draaien ze nogmaals om. De kade is erg laag, stellen de drie goedkeurend vast en er zit ook zo'n lage reling die ervoor zorgt dat auto's niet de gracht in kunnen rijden. Daar kun je uitstekend een boot aan vast leggen.[1] De stemming zit er nu goed in. Een nieuw project is gevonden, de adrenaline stroomt weer.

In de voorafgaande week hebben Frans en Cor op de Diemerzeedijk een schietbaan ontdekt en daar gaan de drie vrienden nu een kijkje nemen. Op het terrein staat een groene bouwkeet. De jongens kloppen aan bij de bouwkeet, die als caféruimte ingericht blijkt te zijn en nemen plaats achter het barretje.

'Is die koffie vers?' informeert Frans bij de man achter de toonbank.

'Die is pas vijf minuten oud.'

'Doe er dan maar drie.'

Terwijl hij de koppen volschenkt, legt de man uit wat er op de Diemerzeedijk gaande is.

'Op dit terrein worden kleiduiven geschoten.' Hij toont een bordje: 'Dit is een kleiduif.'

De jongens raken geïnteresseerd. De prijs van een patroon blijkt

---

1 *Nu is die reling daar niet meer. Verwijderd natuurlijk, ná de bankoverval. Maar wanneer je aan de rand van het Singel staat, zie je nog aan de gaten in de zware natuursteen waar de reling ooit gezeten heeft.*

tachtig cent te zijn en ze besluiten elk een doos van vijfentwintig stuks munitie te verschieten.

Buiten begint de man met een geknakte dubbelloops Browning in zijn handen de veiligheidsregels op de schietstand uit te leggen.

'We lopen op het erf altijd met een doorgebroken geweer. Je doet er op de schietstand pas munitie in.'

Na zelf een aantal kleiduiven uit de lucht te hebben geschoten, laat de man de jongens hun gang gaan. Ze krijgen er al snel plezier in. Als ze de dozen munitie verschoten hebben, kopen ze zelfs nog een extra doos. Jan, Frans en Cor beginnen al wel wat kleiduiven te raken, maar erg goed zijn ze nog niet. Ze spreken af iedere zaterdag te gaan trainen.

's Avonds zitten de drie met een biertje in de woning van Jan om de overval te bespreken. Het spectaculaire idee om die met een speedboot uit te voeren, is opwindend. De jongens moeten foto's maken, zoals Charles Bronson, daarvoor is de apparatuur al aangeschaft en een doka ingericht.

'Hoe zit het eigenlijk met de vakantiefoto's?' vraagt Cor.

Jan antwoordt dat hij die rolletjes nog moet wegbrengen.

'Kan je die niet zelf ontwikkelen?' vraagt Frans.

'Nee, het zijn kleurenfoto's en ik ben alleen maar ingericht op zwart-witfoto's. Ik moet het trouwens nog leren. Ik heb een afspraak gemaakt met een collega van me, Fred. Van de week ga ik naar hem toe om de kneepjes van het vak te leren.'

Dat is vooruitgang, vinden Frans en Cor. De jongens gaan hun eigen weg om thuis te gaan eten. Jan vindt het inmiddels erg omslachtig om in de Speerstraat in Zuid zijn maaltijden te gebruiken. De bodybuildingtrainingen zijn al verzet. In plaats van om half zeven, beginnen de jongens nu pas om kwart over zeven. Frans zit om zeven uur met zijn familie voor de tv naar *de Fabeltjeskrant* te kijken, terwijl Jan *de Fabel-*

tjeskrant altijd mist; dat zijn nadelen die door gaan wegen. Jan vertrekt daarom met steeds meer tegenzin naar zijn ouders.

In september '74 bevindt de controlerend geneesheer van hun bedrijfsvereniging Frans en Cor weer gezond. Hensbergen, de voddenman op de Van Slingelandstraat, heeft echter nieuw personeel aangenomen; Frans en Cor zijn overbodig geworden. Zo komt Frans bij de firma Schaap terecht, een nootjes- en pindafabriek die in de buurt van de Transformatorweg op Sloterdijk zit, waar hij op een heftruck rijdt. Cor gaat in de Amsterdamse Vinkenstraat bij een klokkenfabriekje aan de slag. Hij moet er met een handpers koperen platen in een model stansen, en hij wordt erg sterk omdat hij de hele dag de slinger van een gietijzeren pers een gooi geeft. Inspirerend is het niet, maar Cor komt in de Vinkenstraat wel een vriendinnetje tegen, Anneke.

Tijdens het laatste weekend van september '74 vaart de speedboot met de fotokoffer aan boord op volle snelheid naar de Oranjesluizen. De jongens zijn op zoek naar mogelijke landingsplaatsen voor na de overval. Waar de boot vertrekt, is al bekend: het Gemeentegirokantoor op het Singel. Maar waar hij aan moet komen, is nog de vraag.

Na de sluizen verlaten te hebben varen de nu zeer professionele bankrovers eerst door het Oostelijk Havengebied op zoek naar aanlegplaatsen en daarna naar het Centraal Station. Links en rechts fotograferen ze de spoorbruggen, en met een groothoeklens maakt Jan een overzichtsfoto. Nu gaat het naar Amsterdam-Noord om daarna door te varen naar het Westelijk Havengebied. Ondertussen schieten ze het ene na het andere rolletje vol.

De jongens kammen de Houthaven en de Mercuriushaven uit. Tijdens de terugvaart valt op dat wanneer de landingsplaats in het westen ligt, de speedboot na de overval langs het kantoor van de rijkspolitie te water moet varen. Daarom maken de drie ook foto's van het kantoor en de aanlegsteigers van de rijkspolitie. Weer bij het Centraal Station gaat de speedboot de binnenstad van Amsterdam in. De boot vaart door naar de Munt, gaat bij de Bloemenmarkt het Singel op en door naar het stuk waaraan het hoofdkantoor van de Gemeentegiro ligt. Frans neemt een mooie foto van het gebouw van de Gemeentegiro, stopt een nieuw rolletje in de Nikon en fotografeert het hele stuk Singel tot aan de Droogbak, met alle bruggen. Bijzondere aandacht krijgt het smalle sluisje ter hoogte van de Haarlemmerdijk. Als Het Mooie Spulletje weer in de jachthaven ligt, zijn er meer dan honderd foto's genomen.

De weken verstrijken. De jongens werken bijna dagelijks aan de overval op het hoofdgirokantoor. Ze hebben zo'n stapel foto's afgedrukt dat ze door de bomen het bos niet meer zien. Ze verscheuren daarom de meeste afdrukken en bestuderen de overgebleven exemplaren goed. Een vergrootglas is altijd onder handbereik. De mogelijke plaatsen om met de speedboot aan te meren worden op een stuk zachtboard geprikt en in Jans huiskamer met een kop koffie of een biertje erbij bediscussieerd. Jan bewaart het stuk zachtboard achter zijn opklapbed en de foto's zelf bergt hij na iedere sessie onder het vloerluik op.

Na tot een voorlopige selectie gekomen te zijn, bezoeken Jan, Frans en Cor met de Ford Taunus de potentiële aanlegplaatsen. Er moet een vluchtauto neergezet kunnen worden, en ook ergens heen gevlucht kunnen worden. In het oostelijk deel van Amsterdam lopen om die laatste reden de onderzochte routes vast. Mogelijkheden in Amsterdam-Noord en het Westelijk Havengebied blijven over. Aanlegplaatsen in het westen hebben dus het nadeel dat de vluchtroute van de speedboot dan langs het kantoor van de rijkspolitie te water voert, dat heeft iets engs.

Het begint herfst te worden en het weer verslechtert. Af en toe regent het hevig. Het waterskiën is afgelopen en er is nauwelijks pleziervaart meer, maar in de weekenden blijven de jongens oefenen met Het Mooie

Spulletje. Aan Jan is de taak toegewezen de boot te besturen tijdens de vlucht. Hij oefent daarom op het nemen van bochten. De eerste brug na de overval is riskant, omdat deze erg dicht bij de afmeerplaats ligt. Er zal met snelheid bij de bank vertrokken moeten worden, wat betekent dat de tijd en de ruimte ontbreken om mooi recht op de middendoorgang tussen de pijlers aan te varen. Onder de doorgangen aan de zijkant ligt een boom. De vlucht begint dus al met een lastige manoeuvre. Jan zal met de gashendel moeten spelen om heelhuids onder de brug door te komen. Met vol gas komt de speedboot omhoog. Vervolgens gas minderen, meteen linksaf sturen en daarna weer vol gas langs de muren van de brug varen. Het zal moeilijk worden en een botsing met de pijlers kan fataal zijn. Op het Singel zelf oefenen trekt te veel aandacht, maar op afgelegen stukken water werkt Jan de meeste weekenden wel even aan zijn stuurmanskunst.

Frans en Cor zijn inmiddels in het hoofdgirokantoor geweest. Het is een grote hal met veertien loketten. Midden in de ruimte staan rode marmeren pilaren, die nogal wat ruimte innemen. Aan de voorgevel staat een kluis, waarover ze meer willen weten. Jan spreekt af de komende tijd zijn huur op het Singel over te maken, dan heeft hij de gelegenheid de hal goed in zich op te nemen. Frans wil dat er binnen foto's gemaakt worden. Aanvankelijk ziet Jan geen mogelijkheid om dat onopvallend te doen, maar uiteindelijk loopt hij op een dag gewoon met de Nikon om zijn nek de bank binnen en neemt wat foto's zonder door de lens te kijken. De kluis staat er wonderwel goed op. De brutaliteit heeft gewonnen.

De zo voortvarend begonnen voorbereidingen leiden er echter niet toe dat de overval op het hoofdgirokantoor snel wordt uitgevoerd. De planning blijkt ingewikkelder dan vooraf verwacht. Jan is nog aan het leren hoe je goed met een speedboot vaart en Frans komt een vrouw tegen aan wie hij blijft plakken. Vooral dat laatste is een ingrijpende en tijdrovende gebeurtenis, die bovendien tot gevolg heeft dat Frans op steeds veiliger vluchtroutes en nog meer vluchtauto's aandringt

De romance begint natuurlijk in een disco. Het zal vlak na de vakantie geweest zijn. Nadat Jan en Frans in de City een aardige gangsterfilm gezien hebben, zetten ze de avond voort met een bezoek aan de Toi Toi. Frans ziet een leuke vrouw staan en vindt het meisje naast haar wel wat voor Jan. Voor de gezelligheid begint Jan een gesprekje met haar, Ria heet ze. Even later komt Frans al met de mededeling dat hij met zijn Yvonne even ergens anders naartoe gaat.

'Breng jij haar vriendin even thuis?'

Jan zegt dat het goed is en om twee uur verlaat hij met Ria de discotheek. In een taxi rijden ze samen naar Osdorp, waar Jan haar voor de deur afzet, een beschaafd kusje geeft en alleen terug naar huis rijdt.

De volgende ochtend is Frans helemaal vol van Yvonne. Hij blijft maar doorgaan over haar.

'Frans, je bent verliefd,' zegt Cor.

'Nee hoor, hoe kom je daar nou bij?'

'Heb je met haar afgesproken?' vraagt Jan.

'Ja. Aanstaande zaterdag haal ik haar vroeg op, dan gaan we naar de film. Wil je mee met Ria?'

'Dat weet ik nog niet, Frans,' antwoordt Jan afstandelijk. Jan en Cor voelen aan dat dit ernstig kan zijn en proberen het gesprek weer op andere leuke dingen te brengen, zoals varen met de speedboot, vissen of banken overvallen, maar er heeft zich een gevoel in Frans genesteld dat niet zomaar wil wijken.

Steeds vaker wil Frans een avondje vrij maken voor haar. Yvonne is wel wat ouder dan Frans, maar een erg mooie vrouw. Ze werkt samen met Ria in een fabriekje waar ze horlogebanden maken. Frans is gek op haar en het is wederzijds. Dat gaat lekker, denkt Jan, nog even en ze gaan trouwen. Maar Jan begint ongemerkt ook steeds vaster aan Ria te zitten. Iets wat hij eigenlijk niet wil, maar uit een soort van verveling laat gebeuren.

Op een gegeven moment begint Frans haast te maken met het vinden van een eigen woning. Hij is zuiniger geweest dan Jan met zijn deel van de opbrengst van de overval op het Surinameplein en heeft nog wat te besteden. Samen met Yvonne bezichtigt hij wat huizen en tekent zonder goed na te denken een voorlopig koopcontract voor een woning in de Ruyschstraat. Bij nader inzien wil hij de woning toch niet hebben, maar hij zit eraan vast en de makelaar staat erop dat aan het contractueel vastgelegde boetebeding wordt voldaan. Frans is razend, hij wil geen boete betalen.

Jan en Frans beginnen de makelaar te volgen en komen erachter dat de man in een villa in Loosdrecht woont. Het draait erop uit dat op een goede dag Jan en Frans vermomd en met pistolen in hun zak voor de deur van de makelaar staan om hem door zijn knie te schieten, hetgeen destijds de beruchte manier was van het IRA om verraders te bestraffen. Maar op het moment suprême schudt Frans zijn hoofd.

'We gaan weg,' zegt hij, tot stomme verbazing van Jan. 'Het was mijn eigen schuld.'

En zo druipen de twee onverrichter zake weer af.

Uiteindelijk koopt Frans in november '74 een pand in de Bestevâerstraat met vier verdiepingen, waarvan de derde vrij is. De woning wordt door Jan, Frans en Cor in no time verbouwd, Jans vader legt er de gas- en waterleidingen aan. Alles is nu klaar voor het huwelijk dat plaatsvindt op de verjaardag van Frans. Dat de voorbereidingen voor de overval op het Singel vertraging oplopen, spreekt voor zich.

Op zijn tweeëntwintigste verjaardag, 16 mei 1975, trouwt Frans met Yvonne. Hij heeft bij een kleermaker in de Van Baerlestraat een trouwkostuum op maat laten maken. Het pak kost meer dan duizend gulden. Frans heeft het kostuum ingepakt aan Jan meegegeven, omdat het de bedoeling is dat Yvonne het nog niet ziet. Jan neemt het mee naar huis, maar is niet zo snugger om het kostuum uit te hangen. Als Frans het op 15 mei komt ophalen, zit het vol met kreukels. Zo kan hij het de volgende dag onmogelijk aantrekken.

Het is al zeven uur 's avonds. Jan en Frans stappen in de Mercedes en beginnen Amsterdam af te rijden op zoek naar een stomerij die nog aan het werk is. Tot hun opluchting vinden ze er een in de De Clercqstraat. De stomerijmedewerker blijkt bereid snelservice te verlenen en begint meteen te persen. Na een minuut of tien is het maatpak weer als nieuw. Frans en Jan zijn als kinderen zo blij en betalen de man vorstelijk.

Jan en Cor zijn getuigen. Na de formaliteit in de trouwzaal is er een diner en 's avonds is café Bolle Jan op de Wittenkade afgehuurd voor een groot feest. Bolle Jan zelf zingt 'vieze liedjes' en begeleidt zichzelf op zijn accordeon. Er wordt meegezongen, veel gedronken en het is erg, erg gezellig. Na afloop brengt Jan zijn ouders thuis. Zijn vader is volledig lam van de Remy Martin en zelf niet meer in staat boven te komen. Jan neemt hem in de brandweergreep, draagt hem twee trappen op en legt hem bewusteloos op bed. Zijn moeder, die zich slechts nu en dan vergrepen heeft aan een advocaatje, is haar zoon erg dankbaar. Voor het slapen gaan legt ze nog de broodplank onder het hoofd van haar man, een oud zeemanstrucje dat helpt tegen misselijkheid.

De verhuizing van Frans naar de Bestevâerstraat leidt tot een ontwrichting van de normale gang van zaken bij Epancratius. De trainingen op zijn slaapkamer aan het Van Beuningenplein zijn niet langer vol te houden. De halters en trainbankjes brengen de jongens daarom voorlopig naar de zolder van de familie Meijer. Op het plafond van de buren blijven tijdelijk wat wapens en andere misdadige parafernalia achter. Volgens Jan is het goed mogelijk dat er tot op heden nog wat vergeten spul ligt...

Hoe het ook zij, de verandering is niet gering voor de jongens. Na alle drukte rondom zijn huwelijk en de wittebroodsweken duurt het een paar maanden voor Frans zijn hoofd weer boven de loopgraven uitsteekt en serieus aan de overval gaat denken. Zijn criminele beroepsernst keert pas weer terug na de bouwvakvakantie van 1975.

Midden dat jaar komt bij Frans in het perceel de vierde verdieping vrij. Cor, die kort daarvoor samen met zijn familie naar Amsterdam-Noord is verhuisd, rijdt bijna dagelijks op zijn Kreidler naar West om zich daar bij Jan en Frans te voegen. Het ligt dan ook voor de hand dat de vrijgekomen etage voor hem ingericht wordt. Gezamenlijk verbouwen de jongens de bovenverdieping in de Bestevâerstraat en Jans vader doet ook hier weer alle loodgieters- en gasfittersklussen.

Cor woont nu op zichzelf, wat in tijden van woningnood een hele prestatie is voor een jongen van nog geen achttien. Hij richt zijn flatje in met nieuwe meubels en ter inwijding krijgt hij van Jan een zeer grote palm voor in de huiskamer. In een kamertje dat over is, stellen de vrienden eind '75 de bodybuildingapparatuur weer op. Zo zijn de jongens na bijna een jaar onderbreking weer met zijn drieën aan het trainen. Voortaan lopen zij hun rondjes in het Erasmuspark, dat net zo ver van de Bestevâerstraat ligt als het Westerpark van het Van Beuningenplein. De jongens vinden zelfs een vervanger voor hun favoriete Pola: de Italiaanse ijssalon annex snackbar Martini in de Jan van Galenstraat.

Op een zondagochtend in oktober '75 houden Jan, Frans en Cor soort van generale repetitie voor de roof op het Singel. Er zijn hengels in de boot gelegd voor het geval ze aangehouden worden door de rijkspolitie te water. Zo nu en dan wordt er ook werkelijk vanuit de speedboot gevist, dus zo onaannemelijk is het niet dat de jongens al vroeg op pad zijn. Het is geen echte leugen, volgens Jan.

Het Mooie Spulletje ligt om zeven uur al in de Oranjesluizen en rond half acht meren de jongens aan vlak voor het hoofdgirokantoor. De Evinrude-motor draait stationair. Jan, Frans en Cor staan voor de zware eiken deuren van het girokantoor. Frans heeft een hengelstok in zijn handen en bewaakt daarmee de omgeving. Dit is de enige repetitie op de plek van de misdaad zelf, meer kansen durven de jongens niet te nemen.

Jan telt af: 'Drie, twee, één... Nu!'

En de drie hollen de weg over naar de gracht. Jan springt in de boot en gaat achter het stuur zitten. Cor springt erbij en gooit de boot los. Ten slotte springt Frans erbij, met zijn hengel in de aanslag. Jan geeft vol gas en vaart in de richting van de brug van de Raadhuisstraat. De boot komt met de voorkant omhoog en op hetzelfde moment trekt Jan de gashendel weer half terug. De speedboot zakt weer omlaag en Jan stuurt nu naar links, trekt de gashendel vol open en de boot accelereert langs de muren van de brug. Tot aan de volgende brug, de Tolsluis, vaart de speedboot op volle snelheid door, waarna Jan terugschakelt naar een beschaafde snelheid, omdat je in de grachten nu eenmaal niet hard mag varen. De jongens willen niet opvallen. Onder de volgende brug legt Jan de boot stil en staan de vrienden uit het zicht even te juichen. Jans vaarkunsten zijn vooruitgegaan en het experiment is geslaagd: het zal na de overval mogelijk zijn om in een mum van tijd door het Singel te varen en op het IJ te komen.

Jan heeft inmiddels een nieuwe baas. Wanneer hij voor zijn oude werkgever een klusje uitvoert bij de firma Enot, een brillenglazenfabrikant in de Jan Rebelstraat, is hij een andere aannemer tegengekomen die bij een bedrijf in hetzelfde gebouw bezig is. Jan en de man spreken wat met elkaar. De aannemer bekijkt zijn werk en zegt dat hij wel een goede timmerman kan gebruiken. Hij bied maar liefst 410 gulden per week, mét vakantiebonnen! Dat is honderd gulden meer dan Jan bij de aannemer in de Van Beuningenstraat verdient.

Jan neemt ontslag en werkt vanaf dat moment aan een klus op de Herengracht, waar een heel grachtenpand wordt verbouwd, een werk van maanden. Of er daarna nog opdrachten zijn, kan zijn nieuwe baas niet garanderen, maar de vergoeding is buitengewoon en het sociale stelsel ideaal. Het is bovendien niet ver lopen naar het Singel en zo nu en dan gaat Jan even 'ruiken' aan het hoofdgirokantoor en probeert hij erachter te komen wie de persoon is die de grote kluis beheert. Het lukt hem echter niet iets wijzer te worden, dus besluiten de jongens ten slotte om maar iets te ondernemen.

Ze kopen een Ford Transit bestelbusje, een aanslag op de gemeenschappelijke pot van 2.750 gulden. Voor het kijkruitje achter de bestuurdersstoel hangen ze een gordijntje, en Jan maakt van hardboard mallen van de achterruiten. Een glashandel slijpt doorkijkspiegelruiten op maat, die hij in de achterdeuren van het bestelbusje zet. Vervolgens plakt Jan er in plastic letters 'Glashandel Sonnie' op. De Ford Transit parkeert hij daarna op de James Rosskade.

Als de jongens een tijdje later bij het busje komen, staat er nog slechts 'Gla hande Sonni' op. Ze moeten erom lachen, het is misschien zelfs beter zo.

In december '75 zetten ze het busje op een goede plaats bij het hoofdgirokantoor. Frans rijdt, en achter in de laadruimte zitten Jan en Cor op een stoeltje met een slaapzak om zich heen geslagen. Jan heeft een snipperdag opgenomen. Vanuit de auto is er met een verrekijker goed zicht op het raam waarnaast de kluis staat. Parkeermeters moeten nog langs het Singel geplaatst worden, dus van enige controle is geen sprake. Aan het eind van de dag hebben Jan en Cor een goed beeld bij wie ze moeten zijn om de kluis te laten openen. Het is een man die veel op de voetbalcommentator Herman Kuiphof lijkt, en vanaf die dag noemen ze hem ook zo. Beetje bij beetje komt er duidelijkheid.

De vaarroute vordert niet. De jongens zien ertegenop voor het kantoor van de rijkspolitie te water langs te varen. Wat wanneer er een confrontatie komt? Dan zal er geschoten moeten worden... Voorlopig werken Frans en Cor dan ook aan een vluchtroute via Amsterdam-Noord. Het nadeel van Noord is dat het voor de drie onbekend terrein betreft. Ondanks dat Frans en Cor het gebied boven het IJ platrijden, boeken ze er weinig vooruitgang.

Het Mooie Spulletje hebben de jongens begin november al illegaal in het jachthaventje in Amsterdam-Zuid gelegd, waar ook het bootje van Jans vader ligt. Het is tegenover het Amsterdams Lyceum, waar de Apollolaan ophoudt en de Olympiaweg begint, op een paar minuten lopen van de Speerstraat. Er was nog ruimte en, belangrijker nog: er is nauwelijks controle. Het ligcontract bij de jachthaven Holland Sport was afgelopen, maar nu de overval nadert is het ook belangrijk dat Het Mooie Spulletje binnen de sluizen ligt, omdat de jongens sluiswachters toch als een soort van opsporingsambtenaren beschouwen, die iedere beweging die je maakt opmerken. Wanneer de jongens vaststellen dat het mogelijk is vanaf de openbare weg op de steiger te komen zonder een sleutel te hebben, is de beslissing snel genomen. Van de steiger af weer naar de weg klimmen is overigens een hele toer, omdat je maar net bij de brugleuning kunt komen, maar het kan. Geen haan kraait hier naar de speedboot van de vrienden, zolang de oude Floris Boellaard er maar niet van weet.

Vrijwel elke zaterdag gaan de jongens nu op de Diemerzeedijk kleiduivenschieten. Jan en Cor hebben inmiddels een bijzondere machtiging bij de politie aangevraagd en een wapenvergunning voor een dubbelloops jachtgeweer ontvangen. Ze kopen een eigen geweer bij de firma

Munts op de Middenweg. Ja, dat is dezelfde wapenhandelaar waar ze een paar jaar eerder hebben ingebroken. Jan heeft zijn jachtgeweer thuis aan de muur hangen wanneer hij het niet gebruikt. Hij schiet erg goed en het kleiduivenschieten blijft een prettige bezigheid. Bovendien krijgen Jan, Frans en Cor het juiste gevoel om met vuurwapens om te gaan.

Om nog meer met wapens te kunnen oefenen rijden de jongens vanaf '75 zo nu en dan naar een lege kolenloods, gelegen aan het Noorderhoofd, nabij de Coenhaven. Het geknal van de schoten blijft binnen het gebouw. Wanneer ze oefenen, zit een van de drie altijd verderop bij Cargill te vissen met een walkietalkie onder handbereik. Als er zo nu en dan bericht komt dat er een auto passeert, leggen de schutters de pistolen en revolvers even weg en gaan ze in het Noordzeekanaal staan vissen, waar de hengels langs de oever op hen liggen te wachten.

Tussen kerst en Nieuwjaar ligt het werk in de bouw stil. Jan heeft vrij en gaat naar het hoofdgirokantoor om de huur van zijn huis te betalen. Hij staat aan het loket, waar vlakbij de functionaris Herman Kuiphof zijn bureau heeft staan. Cor en hij hebben het goed gezien: Kuiphof is de man die de sleutel van de kluis onder zich heeft. Jan betaalt de 68 gulden huur voor de maand januari en gaat weer weg. 's Avonds tijdens de bodybuildingtraining brengt hij verslag uit van zijn bevindingen en Frans en Cor zijn erg enthousiast; het zal hun tijdens de overval veel tijd schelen. Na de training doen ze met Herta en Jacko in het Erasmuspark hun hardlooptraining en de militaire oefeningen.

Het jaar loopt ten einde. Op 31 december 1975 is Jan tot half elf bij zijn ouders in de Speerstraat. De familie viert oudejaarsavond en Jan heeft al een stevig biertje op. Om elf uur stapt hij in zijn Mercedes en rijdt naar zijn woning in de Van Hallstraat. Om half twaalf bellen Frans en Cor aan. De jongens gaan het nieuwe jaar traditioneel met z'n drieën in en Frans vertelt hoeveel moeite hij heeft gehad om zijn vrouw Yvonne achter te laten. Jan antwoordt dat het voor niemand makkelijk is.

Er staan drie flessen champagne in de koelkast en hij heeft nieuwe champagneglazen aangeschaft. De inkopen zijn die week uit de gemeenschappelijke kas gedaan en de mutatie is keurig in de blocnote genoteerd. Frans en Cor gaan op de leren draaifauteuils zitten en Jan schenkt een Amstel Gold-biertje voor ze in. De televisie staat aan. Frans trekt de luxaflex omhoog en door de ramen zien de drie vrienden hoe tegenover de woning van de familie Meijer de jeugd het vreugdevuur aan het opbouwen is. Jans handen jeuken, omdat hij de kerstbomenjacht altijd leuk werk heeft gevonden. Cor heeft dit jaar geen tijd gehad om aan de jacht mee te doen. Epancratius is te druk met zijn eigen werk in de weer: de overval op het hoofdgirokantoor moet er zo snel mogelijk doorheen gedrukt worden.

Als op de televisie de klok verschijnt en even later de eerste vuurpijlen de lucht in gaan, ontkurkt Frans de eerste champagnefles. Nadat de glazen ingeschonken zijn, geven de jongens elkaar drie dikke zoenen. Gelukkig nieuwjaar! Dit jaar zullen ze weer het nodige geluk kunnen gebruiken, omdat er weer een bankoverval voor de deur staat. Zodra het weer het toelaat slaan ze toe, maar eerst moet er nog heel wat werk worden verzet.

1976

Het is 1 januari. Voor de ramen in de huiskamer kijken Jan, Frans en Cor naar het vreugdevuur op het Van Beuningenplein. De jongens blijven tot een uur in de huiskamer zitten en drinken ondertussen de drie champagneflessen leeg. Daarna gaan ze aangeschoten bij het restant van het vuur staan, lopen de geluksroute en dan door naar de stad. Op de Dam aangekomen herinneren ze zich dat Cor de kerstboom van het Leger des Heils ooit in de brand heeft proberen te steken. Dit jaar zien de jongens dit soort ongein niet zitten. Ze zitten te diep in een overval en kunnen geen sores gebruiken.

Eind januari 1976 vriest het en op de grachten verschijnt een laag ijs. De jongens zijn bang dat Het Mooie Spulletje stukgedrukt wordt en hakken met een grote bijl een wak rond hun speedboot. De boot van Jans vader nemen de jongens gelijk mee en om het niet te laten opvallen hakken ze zelfs een derde bootje los. Die booteigenaren zullen de anonieme ijshakkers wel dankbaar zijn, redeneren ze.

Aan het eind van die maand is ook het werk van Jan op de Herengracht voltooid. De aannemer kan geen werk meer bieden en Jan meldt zich bij het Sociaal Fonds Bouwnijverheid aan als werkeloos. Dezelfde week komt de eerste kascheque met zijn WW-uitkering al per post binnen, in die tijd tachtig procent van het weekloon. Samen met zijn vrienden gaat Jan het geld bij het hoofdgirokantoor ophalen. Als ze de marmeren trap oplopen en het hoofdgirokantoor binnengaan, zien ze in de hal twee portiers. De jongens kijken goed rond en Frans attendeert Jan binnen op een kastje met een gat erin dat hoog aan een pilaar bevestigd is.

'Zou dat een camera zijn?' Jan weet het niet.

'We schieten het kastje er gewoon af als we binnenkomen,' oppert Cor.

Een goed idee, er zal in deze grote ruimte sowieso wat geschoten moeten worden om de aandacht te krijgen, want er kunnen zomaar vijftig personen binnen staan. Een betere aankondiging is er niet, want de jongens hebben haast; ze mogen niet langer dan drie minuten binnen blijven. De individuele aankondigingen zullen net als op het Surinameplein in het Duits worden gedaan.

Als ze weer eens met de handvuurwapens naar de kolenloods gaan om te schieten, zien de jongens na afloop dat een loods van een metaalbedrijf dat op de punt van het Noorderhoofd gevestigd was, nu leegstaat. Ze gaan er naar binnen en struinen wat rond in de enorme hal. Jan oppert om er een opstelling van het interieur van het hoofdgirokantoor te reconstrueren. Dan kunnen ze het hele gebeuren vooraf repeteren:

hoe ze hun entree maken en hoe ze van loket naar loket gaan. Verderop in de haven kunnen pallets worden verzameld om de grote hal 'na te bouwen'. Frans en Cor vinden het onmiddellijk een goed idee.

Je zou je nu als lezer misschien kunnen afvragen of het niet een onsje minder kan, maar Jan, Frans en Cor houden nu eenmaal van voorbesprekingen en zeker nu Frans getrouwd is, gaat niets hem ver genoeg wanneer het om veiligheid draait. Bovendien zijn de jongens liefhebbers van harde actiethrillers en het beeld van Clint Eastwood die met getrokken Magnum door een nagebouwd straatje loopt en bordkartonnen bandieten aan flarden schiet, staat hun helder voor ogen. Ze blijven toch doe-het-zelvers zonder contacten in de onderwereld.

Frans en Cor halen op de James Rosskade de bestelbus, Jan verzamelt thuis zijn gereedschap en een voorraad spijkers. Hij neemt ook een koevoetje mee, waarmee een paar pallets uit elkaar gesloopt kunnen worden, een mooi klusje voor Cor. Het werk aan de reconstructie gaat door tot tegen vijven, daarna moet er thuis gegeten worden.

De volgende dag gaan de jongens verder. Tegen enen is de reconstructie acceptabel genoeg en gaan de jongens naar een op de Radarweg gelegen wegrestaurant. Ze eten wat uitsmijters en drinken koffie. Op de terugweg naar de loods op het Noorderhoofd zeggen de jongens tegen elkaar dat het eigenlijk een fantastische vluchtroute is, waar ze nu rijden. Vanaf de Radarweg, bij het stroompje van de elektriciteitscentrale Hemweg, gaan ze een stukje over een fietspad. Dat mag natuurlijk niet, maar je wordt geen bankrover door altijd de verkeersregels te volgen. Je moet het weten, anders is het bijna uitgesloten deze doorgang onder de spoorweg te kennen, en dit tunneltje nemen met een auto ligt natuurlijk niet zo voor de hand. Iets om te onthouden.

Jan, Frans en Cor hebben de lege fabriekshal op het Noorderhoofd voor zichzelf om de overval te repeteren. Ze hebben de 'loketten' net als in het hoofdgirokantoor in een carrévorm opgesteld en zelfs de tafel waar de twee portiers zitten, is nagemaakt. Het is de bedoeling dat Frans en Cor langs die portiers lopen en Jan ze vervolgens het hoofdgirokantoor in jaagt. Daarna zal hij met het Schmeisser machinegeweer het kastje, waarin misschien een camera zit, aan flarden schieten om zijn bevelen kracht bij te zetten. Frans en Cor moeten op hetzelfde moment over de balie springen. Frans moet de veertien loketten leegroven, Cor moet Herman Kuiphof dwingen de kluis te openen. De jongens hebben het draaiboek binnen het hoofdgirokantoor al min of meer onder de knie, maar oefenen gestaag verder.

Aan het einde van de week breken de jongens het decor af en worden de pallets in een hoek van de loods op een hoop gegooid. Zelfs iemand die de complete reconstructie zou hebben gezien, zou nooit hebben kunnen bevroeden wat hier gaande was.

Ondertussen zet het arbeidsbureau Jan aan het werk bij een aannemer op de Brouwersgracht. Hij komt daar in de werkplaats terecht en de achterdeur van het bedrijf opent op de Vinkenstraat, zo'n vijftig meter van het klokkenbedrijfje waar Cor werkt. Jan gaat nu regelmatig bij Cor langs om koffie te drinken of te schaften.

Het weer wordt beter. Op een mooie zaterdag zitten de vrienden weer op het water en kammen de Havens West uit. Een aanlegplaats is namelijk nog niet gevonden. Achter het groene dijkje van het IJ doorzoeken ze de Houthaven en de Bewaarhaven. Bij die laatste zitten palen in de bodem, een oude beschoeiing die nu onder water ligt. Ze varen rustig, toch stoten ze met de speedboot tegen die palen. Pal tegenover deze plek ligt de steiger van de Cargill, de brasemstek van de jongens. Als ze een route door deze beschoeiing kunnen vinden, is dit een prachtige aanlegplaats voor na de overval op het hoofdgirokantoor. Er lijkt echter geen doorkomen aan. Hoe rustig ze ook varen en waar ze het ook proberen, overal blijft de boot tegen de palen stoten. Dan bedenkt Jan zich dat de speedboot uit het water omhoog komt wanneer er vol gas gevaren wordt. De jongens nemen de proef op de som.

Het lukt, gode zij dank, en ze kunnen in één keer doorvaren naar een aanlegsteiger in de Mercuriushaven. Dat is alweer een ei van Columbus. Zo'n logge boot van de rijkspolitie te water zal daar ongetwijfeld vastlopen. Na deze ontdekking zijn de drie het eens dat de vluchtroute van de speedboot vaststaat.

Er zal nog wel een speedboot gestolen moeten worden, omdat de overval natuurlijk niet met Het Mooie Spulletje uitgevoerd kan worden, daarmee zijn ze te vaak gezien. Maar een boot stelen is een praktisch probleem dat op te lossen valt.

De jongens zijn van plan het Singel op topsnelheid door te varen tot de aanlegsteiger in de Mercuriushaven. Op de weg bij het Cargill-complex kan dan een vluchtauto worden neergezet waarmee ze langs het koelwaterslootje van de elektriciteitscentrale Hemweg, over het fietspad en onder de spoordijk door kunnen rijden. De vluchtauto komt zo op de Radarweg en de reeds beproefde vluchtroute naar de Kennemerduinen. De rest van het plan is niet meer dan een herhaling van het protocol dat bij de overval op het Surinameplein gehanteerd is. De buit begraven, enzovoort.

Eind februari '76 is er overeenstemming bereikt. 'Wie niet steelt of erft, zal werken tot hij sterft. Wij zijn de Epancratius.' Ze geven elkaar een zoen.

Toch puzzelt Frans in de Ford Taunus stationcar door aan de vluchtwegen en toert in zijn eentje door het gebied tussen Amsterdam en Haarlem. In Haarlemmerliede vindt hij een meertje, waar de jongens op een zondag met Het Mooie Spulletje heen varen. Als ze daar de speedboot in het riet aanmeren kunnen ze, volgens Frans, in geval van nood van daaruit met de speedboot via de Ringvaart naar Zwanenburg ontkomen. Het betekent dat er ook een auto in Zwanenburg langs de Ringvaart moet worden gezet. Dat kan eventueel de Alfa Romeo of de Ford Transit bestelbus zijn. De jongens willen ook in Haarlemmerliede nabij Penningsveer een extra auto neerzetten, voor het geval ze tóch gevolgd worden. Daar moet een gestolen auto komen te staan.

In de planning van de overval op het hoofdgirokantoor op het Singel is sprake van een netwerk aan alternatieve vluchtwegen en dat betekent nogal wat extra werk. Als Jan af en toe puft van de hoeveelheid arbeid die er op de jongens afkomt, herinnert Frans hem aan Venetië, waar afgesproken is aan meer en betere vluchtwegen te werken – en Frans doet niet anders dan dat. Einde discussie.

Omstreeks deze tijd koopt Frans bij de firma Van Volen in de Van Woustraat nieuwe pruiken en snorren, professioneel spul van echt mensenhaar. De jongens besluiten deze keer geen zonnebrillen te dragen, maar normale brillen met zwaar montuur en gewoon glas erin. Jan zegt de vaste maaltijd bij zijn ouders op vanwege die tijd die hij kwijt is aan de vele klusjes. Hij gaat er nog wel langs, maar er hoeft op hem niet meer gerekend te worden. Hij eet nu bijna dagelijks met Cor in een restaurant, meestal bij de chinees Tai Tjong of bij het tegenover gelegen Chez Nous, op een hoek van de Van Beuningenstraat.

Op een avond maken de jongens bij Jan thuis een gipsafdruk van hun neuzen. De gezichten worden eerst met vaseline ingesmeerd en daarna gaat het gips eroverheen. Vervolgens maakt Jan een contramal van de gipsafdrukken, waarover hij met een mengsel van siliconenkit en schmink valse neuzen boetseert. Het eindproduct heeft nu de kleur van de schmink en met snorrenlijm plakken de jongens deze aardbeienneuzen op hun gezicht. Ze zien er niet knap uit, maar vermommen doet het wel. Met de plaksnorren, de pruiken en de brillen met zwaar montuur op zijn ze onherkenbaar.

De speedboot

Begin maart rijden Jan, Frans en Cor van Haarlem naar het Noordzeekanaal en vindt een onverwachte doorbraak in de planning plaats. Ergens bij Velsen zien ze vanaf de autoweg op een parallel B-weggetje een prachtige speedboot op een trailer staan. De boot staat voor een uitrit bij een boerderij op de openbare weg. Cor bekijkt hem van dichtbij terwijl Jan en Frans een eind verderop in de Ford Taunus stationcar op zijn verslag wachten. De sleutels zitten erin en de trailer zit alleen maar met een klein hangslotje vast. Deze buitenkans mogen ze niet voorbij laten gaan: er staat een speedboot met een inboard hekmotor op hen te wachten! Een type Bayliner, als Jan het zich goed herinnert.

Dezelfde dag nog beginnen de jongens met het zoeken naar een geschikte plaats om de speedboot te water te laten, want als het even mogelijk is, vindt de diefstal al morgenochtend plaats. Het moet een lage wallekant zijn, in een rustige omgeving en met aansluiting op de Amsterdamse grachten. Pottenkijkers kunnen ze niet gebruiken. Na lang zoeken komen ze in Overamstel terecht, waar de speedboot in de Weespertrekvaart te water gelaten kan worden. Over de Weespertrekvaart loopt bij dat punt een bewaakte brug die de Spaklerweg richting Amstel voert, en in het brugwachtershuisje zitten twee brugwachters. Verder staan er wat vrijstaande huizen, maar van de mensen die langs de vaart wonen verwachten de jongens geen last te hebben. Ze vrezen meer last te krijgen met die brugwachters, dat zijn onbezoldigde opsporingsambtenaren. Desondanks keuren ze de plek goed.

Nadat die zaterdagavond de Ford Taunus vingerafdrukvrij is gemaakt, gaan de jongens naar de chinees in de Van Beuningenstraat. Tijdens de maaltijd rijst de vraag of de speedboot nog wel in Velsen staat, dus wordt in Jans Mercedes nog een keer langs de trailer gereden. Hij staat er nog steeds.

'Die zal er morgenochtend ook nog wel staan,' zegt Frans.

Eenmaal terug in Jans woning nemen de jongens nog een keer het plan door. Zullen ze hun vuurwapens meenemen? Nee, een kleine betonschaar en katoenen handschoenen moeten voldoende zijn. Deze diefstal kan met eenvoudige middelen geklaard worden en mochten Jan en Cor gepakt worden, dan zullen zij zo lang mogelijk zwijgen. Het zal Frans de kans geven Jans woning te ontruimen. De jongens hebben een rampenscenario, maar achten de risico's niet erg groot.

Om half vijf staat Jan op. Na zich aangekleed te hebben, drinkt hij wat koffie en eet een bordje Brinta. Het is 04:56 uur en tijd om naar buiten te gaan. Aan de overkant van de straat staan Frans en Cor te wachten.

'Goedemorgen jongens.'

De vrienden checken bij elkaar of iedereen zijn spullen bij zich heeft. Cor houdt een kleine betonschaar in zijn katoenen handschoenen, Jan weet genoeg. Zonder wat te zeggen lopen de drie naar de Visseringstraat, waar Jan en Cor in de Taunus stappen en Frans in de Alfa Romeo. Jan begint in de richting van de Haarlemmerweg te rijden. In de achteruitkijkspiegel ziet hij Frans in de Alfa volgen. Met die auto hebben we alleen nog maar geluk gehad, bedenkt Jan zich, en op dat moment schiet het door zijn hoofd dat de 'geluksroute' niet gelopen is!

'Cor, we hebben de geluksroute niet gelopen!'

De Alfa en de Taunus worden aan de stoeprand geparkeerd bij de muur van het waterleidingbedrijf en van daar lopen de drie weer terug naar het Van Beuningenplein. Op de plek waar Jan en Frans ooit vechtend over straat rolden, begint de gelukswandeling. Onderweg bespreekt Jan met Cor hoe hij het hangslot van de trailer moet doorknippen en met gebaren aanwijzingen moet geven om de bal van de trekhaak onder de speedboottrailer te rijden. Het is nog steeds donker en het licht van de Ford Taunus stationcar is blijven branden. Jan zegt tegen Cor dat hij straks niet moet vergeten de stekker van de trailer in het stopcontact van de Ford Taunus te steken.

De auto's naderen het weggetje waar de speedboot staat. Frans gaat bij het begin van de B-weg staan, met de neus van de Alfa Romeo in de richting van Amsterdam, om eventueel weg te kunnen vluchten. Hij kijkt met een verrekijker richting de boot, terwijl Jan en Cor met hun handschoenen aan in de Ford Taunus op het doel af rijden. Cor heeft de kleine betonschaar al in zijn hand. De trailer met speedboot staat er nog net zo bij als de vorige avond.

'We gaan er direct op af, in die boerderij liggen ze toch te slapen.'

Cor stapt uit, knipt het hangslotje door, een klusje van niets, en begint aanwijzingen te geven. Als Jan 'stop' hoort zeggen, stapt hij uit en kijkt even naar de boerderij. Het is er rustig, alle gordijnen van de bovenverdieping zitten dicht. Cor is al begonnen om de trailer op de bal van de trekhaak te laten zakken. Hij stopt de stekker van de verlichting in de Ford Taunus, controleert de remlichten en stapt daarna weer snel in de auto.

'Dat was zo gepiept,' zegt hij. Tot dusver is het goed gegaan en ze rijden alweer op de Noordzeeweg naar Amsterdam, Frans in de Alfa Romeo voor hen.

Bij de Weespertrekvaart aangekomen rijdt Jan de speedboottrailer met z'n kont naar het water. Frans heeft de Alfa Romeo op de Spaklerweg geparkeerd en helpt om de speedboot te water te laten. Als dat gebeurd is, rijdt Jan met de trailer naar de Spaklerweg en parkeert er voor een snackkar. Het is een lekker eind uit de buurt van de boot.

Wanneer hij terugloopt, ziet hij dat er een oude man bij Cor en Frans staat te kijken. Dat gaat mis, denkt Jan. Cor en Frans zijn bezig om de speedboot aan de beschoeiing af te meren en binden de boot vast. Als Jan naast de oude man staat, zegt die tegen hem: 'Dit is toch wel zuivere koffie? Want ik bel zo de politie op, hoor.'

'We mogen onze boot toch wel in het water leggen? Daar is toch niets op tegen?'

De man kijkt hem wantrouwend aan en zegt niets meer.

'Deze boot ligt hier maar een paar dagen, dan halen we hem weg,' zegt Jan.

Frans en Cor hebben inmiddels de speedboot aan de beschoeiing vastgelegd en zeggen dat ze kunnen gaan.

Het is pas acht uur in de ochtend als de jongens weer in de Van Hallstraat aan de koffie zitten en Jan uitsmijters aan het bakken is. Frans en Cor vragen wat die ouwe man van Jan moest.

'Hij vroeg of het wel zuivere koffie was, anders zou hij de politie bellen.'

'Ik haat die bellers,' zegt Cor met een vies gezicht.

'Ja, daar kunnen we last mee krijgen,' gaat Jan verder.

'We hebben waarschijnlijk een probleem,' voegt Frans toe. 'Die ouwe heeft ons ook met handschoenen aan zien werken.'

'Misschien valt het mee,' probeert Jan de boel te sussen. Maar de jongens vertrouwen het niet.

Het is geen moeilijk klusje geweest, maar die ouwe vent blijft door de hoofden spoken en al snel besluiten de jongens daarom eens een voorzichtig kijkje bij de boot te nemen. Schuin tegenover de plek waar de speedboot ligt aangelegd, is café De Omval. Op een bord langs de weg staat 'De koffie is klaar'. Erg uitnodigend, bovendien heb je vanuit het café goed zicht op de plek waar de boot ligt. Ze zien een lichtblauwe Volkswagen Kever bij de speedboot staan, twee mannen staan naar het vaartuig te kijken.

'Ze kunnen nu nog niet weten dat het een gestolen speedboot is...' zegt Jan. Cor noteert het kenteken van de lichtblauwe auto: 49-DD-66.[2] De

2 *Zoals in de proloog te lezen is, hebben de jongens met dit nummerbord een grap uitgehaald door hun vluchtauto bijna hetzelfde nummer te geven als de politiewagen.*

jongens hebben hier geen goed gevoel bij, ze zullen dit verder in de gaten moeten houden.

’s Middags keren ze dan ook weer terug. De lichtblauwe Kever blijkt nu geparkeerd te staan bij het brugwachtershuisje en is bij nadere beschouwing voorzien van een mobilofoonantenne. Het kán niet anders dan een politieauto zijn. De agenten zitten waarschijnlijk in het brugwachtershuisje te wachten op de dieven. Bij Jan en Frans komen de herinneringen weer op aan de nabijgelegen De Flinesstraat, waar ze zijn betrapt door een stel postende agenten. Dat zal ze niet weer gebeuren.

‘Godverdomme, we zullen die speedboot toch niet alweer kwijt zijn!’ roept Cor.

‘Ik hoop het niet,’ antwoordt Jan.

‘Dat zou jammer zijn,’ gaat Frans rustig verder, ‘want er zit een achtcilinder Volvo-motor in die boot.’

Het is duidelijk een moment om een nieuw plan te bedenken. Er is contraspionage nodig. De met doorkijkspiegels uitgeruste Ford Transit bestelbus moet op de Spaklerweg geparkeerd worden om het brugwachtershuisje af te leggen. De jongens willen die agenten zien en weten of ze gaan eten en wanneer, en of ze worden afgelost of niet. Later die middag zetten ze de bestelbus bij de snackkar op de Spaklerweg, een punt dat goed uitzicht op het brugwachtershuisje en de lichtblauwe Kever biedt.

De eerste die dienst heeft, is Cor. Als hij om zeven uur wordt afgelost, vertelt hij dat de smerissen in het brugwachtershuisje gebleven zijn, tot ze om 18:03 vertrokken en 37 minuten later weer terugkeerden. Cor maakt trouwens heftig bezwaar tegen het feit dat hij daar alleen in die bus gezeten heeft. Het is sowieso een kloteklus om daar te zitten, maar wat aanspraak zou toch wel aardig zijn; die agenten zitten daar toch ook met z’n tweeën!

Jan en Frans beloven dat het niet meer voor zal komen, maar zijn vooral blij te horen dat de agenten af en toe weggaan. Morgen zullen ze rond zes uur weer posten en eens kijken waar de agenten naartoe gaan. Voor vandaag is het mooi geweest. Morgen moet er weer gewerkt worden. Door Jan op de timmerwerkplaats, door Cor in het uurwerkfabriekje. Frans moet nootjes en pinda's rondrijden met een vorkheftruck.

De volgende dag wacht Jan na zijn werk Cor om half vijf op en rijdt hij in zijn Mercedes naar Frans' werkgever toe. Om vijf uur rijdt het drietal meteen naar de Spaklerweg en ziet dat de Volkswagen Kever weer bij het brugwachtershuisje staat. Ze vatten post op de Omval. Rond zes uur passeert inderdaad de auto. Op veilige afstand zet Jan de achtervolging in. Het politieautootje rijdt de Berlagebrug over, stopt bij de Febo op de Amsteldijk en de jongens zien de agenten naar binnen gaan.

'Iemand zin in een kroketje?' vraagt Frans.

Daar is geen bezwaar tegen en terwijl de jongens in de automatiek een snack eten bekijken ze de agenten van top tot teen. Daarna wachten ze op de Amsteldijk in de Mercedes op het moment dat de Volkswagen Kever terugrijdt. De agenten blijven net als de vorige dag een klein half uurtje bij de Febo dineren.

Als de jongens een kwartiertje later over de Spaklerweg rijden, staat de lichtblauwe Volkswagen Kever weer bij het brugwachtershuisje voor de deur. De jongens weten genoeg en rijden naar de bistro Chez Nous om een varkenshaasje te eten, dat weggespoeld wordt met een lekker glaasje wijn.

Eenmaal thuis bij Jan beginnen de discussies pas goed. Wat moeten ze nu toch met die speedboot? Moet die als verloren worden beschouwd? Of kan er nog iets worden bedacht? Het ligt voor de hand om de boot op te halen wanneer de agenten naar de Febo gaan, maar daar zijn risico's aan verbonden en het zal bovendien snel moeten gebeuren; voor je het weet krijgen die agenten genoeg van het posten en gaat de speedboot weer terug naar de eigenaar. Na veel over en weer gepraat besluiten de jongens het erop te wagen en zich morgen een dag ziek te melden. Zo'n geval van buikloop waarvan je binnen een dag herstelt...

Het plan is de speedboot los te snijden en die met hun eigen boot weg te slepen wanneer de rechercheurs naar de Febo op de Amsteldijk zijn. Er is maar één dag om alle voorbereidingen te treffen. Frans en Jan hebben al een mooie plaats op het oog om de gestolen speedboot te verstoppen: onder een brug waar hij vanaf de wallekant niet meer gezien kan worden, op de Reijnier Vinkeleskade aan de Apollolaan-zijde, onder de brug van de Beethovenstraat. Slechts de rijkspolitie te water zal daar de speedboot nog kunnen ontdekken, maar die vaart bijna nooit door de Reijnier Vinkeleskade. Cor moet op zijn bromfiets de recherche in de gaten houden en Frans en Jan in Het Mooie Spulletje verderop waarschuwen wanneer de agenten gaan eten. Dit keer spreken Jan en Frans wel af om hun Brownings en extra magazijnen mee te nemen. Ook zetten ze hun Alfa Romeo bij de aanlegsteiger van de Cargill in de Mercuriushaven neer voor het geval er gevlucht moet worden. In dat geval zouden ze in de speedboot over de Amstel via het Singel het IJ bereiken, een hele tocht.

Rond tien uur zijn Jan, Frans en Cor op de steiger bij het Olympiaplein om Het Mooie Spulletje een grote schoonmaakbeurt te geven en de benzinetank vol te gieten. Als ze klaar zijn is het nog vroeg en de vrienden gebruiken de gelegenheid om met de Ford Taunus te zoeken naar plaatsen waar auto's gestolen kunnen worden. Frans blijft onder het rijden telkens '16 mei!' roepen; hij wil dat de bankroof op het hoofdgirokantoor voor zijn verjaardag afgewerkt is en er moet nog veel gebeuren. Ze moeten nog een caravan kopen om zich in om te kleden en ze willen nog naar België om te zien of daar kogelvrije vesten aangeschaft kunnen worden, dat neemt ook tijd in beslag. Het plan voor de overval zelf ligt panklaar.

Om drie uur rijden de jongens naar de Visseringstraat omdat de Alfa Romeo naar de Mercuriushaven moet worden gereden. Even later parkeert Frans de Alfa vlak buiten het hek van Cargill in de Mercuriushaven en stapt bij Jan in de auto. Na wat gegeten te hebben in het wegrestaurant op de Radarweg gaat het weer richting Staatsliedenbuurt. In de woning van Jan pakken ze drie Brownings, holsters en een scherp dolkmes. Met hun handschoenen aan doen de jongens de vuurwapens in hun Bianchi-holsters met het nieuwe veersysteem. De drie stoppen ieder nog vijf 20-schots magazijnen in hun zak, daarna zijn ze klaar om te vertrekken en op het ergste voorbereid. Voor Jan en Frans de Ford Taunus opzoeken en Cor zijn Kreidler van de ketting haalt, lopen ze nog even de geluksroute.

Het is een beladen moment wanneer Cor de sleutels aangereikt krijgt, de vrienden nemen vandaag enorme risico's en Cor geeft Jan een zoen. 'Geluk, Jan.'

Bij het jachthaventje aan het Olympiaplein aangekomen, klimmen Jan en Frans naar de aanlegsteiger. Ze halen het dekzeil van Het Mooie Spulletje en sluiten de benzinetank op de buitenboordmotor aan. Frans knijpt een paar keer in de bal van de brandstofleiding om de benzine naar de carburateur te pompen en Jan start de motor door een slinger aan het aantrekkoord te geven. Als de motor rustig warmdraait, begint Jan een sleeptouw te prepareren. Even later vaart Het Mooie Spulletje via het Noorder Amstelkanaal naar de Amstel en na een paar minuten gaat de boot bij de Omval de Weespertrekvaart op. Het is even na vijf uur als Jan en Frans afmeren langs de oever van het kanaal. Om niet op te vallen zitten ze met hengels in hun handen.

Om 17:55 uur staat Cor aan de overkant van de vaart te zwaaien en roept dat hij de agenten tot de Febo heeft gevolgd en ze naar binnen heeft zien gaan. Jan en Frans halen de hengels binnenboord. De buitenboordmotor wordt gestart en Frans haalt het scherpe dolkmes tevoorschijn. In een rechte lijn vaart hij naar de gestolen speedboot en zonder op het brugwachtershuisje te letten draait hij de achterkant van Het Mooie Spulletje naar de punt van de boot. Frans springt over en Jan werpt hem het sleeptouw toe, dat Frans met een lus om een bolder doet. Frans snijdt alle touwen door waarmee de boot vastligt, springt weer terug en de boten komen zachtjes op gang. Voorlopig houdt Jan het geluid van de buitenboordmotor zo zachtjes mogelijk en dat betekent dat het brugwachtershuisje met een slakkengangetje gepasseerd wordt. Om enigszins verborgen te zijn, blijven Jan en Frans onder de huif van Het Mooie Spulletje. Vanonder de kap loert Frans naar het huisje om te zien of de brugwachters iets merken. Jan voelt of zijn Browning goed in de holster zit. Er kan nog van alles gebeuren, denkt hij, en als Frans hem zo bezig ziet, doet hij hetzelfde. Op de Amstel geeft Jan wat meer gas.

Ter hoogte van de Febo houdt Frans de oever van de Amstel in de gaten om te zien of de rechercheurs niet per ongeluk met hun hamburger langs de waterkant staan; je kunt nooit weten. De jongens houden een rustig gangetje aan en naderen via het Noorder Amstelkanaal de achterkant van de Apollohal aan het begin van de Reinier Vinkeleskade. Onder de eerstvolgende brug zal de gestolen speedboot onder de derde boog aangemeerd worden. Jan en Frans leggen de boot daar in het midden van de brug vast, onzichtbaar vanaf de wallenkant. Ze omhelzen elkaar, dit klusje is gelukkig weer geklaard.

Cor heeft de actie van een veilige afstand gevolgd en is op zijn Kreidler achter de sleep aan gereden. Hij mist echter het moment dat de boot onder de brug aan de Beethovenstraat verdwijnt en waar Jan en Frans de tijd nemen om goed aan te leggen en alvast wat na te praten. Cor rijdt intussen wat rond. Hij probeert Het Mooie Spulletje te vinden, maar ziet niets meer. Hij vraagt zich af of alles wel in orde is. Cor rijdt nog eens van het Apollo Hotel naar het jachthaventje bij het Olympiaplein, maar ook daar valt geen Mooi Spulletje te ontwaren. Als hij besluit naar de woning van Jan te rijden om daar op zijn vrienden te wachten, is hij inmiddels wel wat bezorgd.

Jan en Frans blijken pech te hebben, want Jans vader is op het jachthaventje met zijn bootje bezig.

'Godverdomme, wat moet die ouwe daar nou?' roept Jan tegen Frans.

'Godverdomme, dat is klote.'

'Zullen we doorvaren?'

'Ja, er zit weinig anders op, want je vader mag niets van ons Mooie Spulletje weten,' zegt Frans.

De jongens geven nu wat meer gas. Frans slaat een handdoek over zijn hoofd en Jan ligt plat in het vooronder terwijl de boot in de richting van de Stadiongracht vaart. Iets verder legt Frans het bootje achter het Olympisch Stadion tussen het riet aan.

Ze blijven er minstens een uur liggen. Als ze vervolgens terugkeren is de oude Boellaard weg. Hij heeft waarschijnlijk niet meer gedaan dan wat onderhoud. Het is al donker als ze de speedboot vastknopen, de buitenboordmotor omhoog doen en het dekzeil eroverheen spannen. Het werk zit erop. Ze klimmen bij de brug naar de straat en lopen naar de Ford Taunus, die op de Pieter Lastmankade staat geparkeerd.

Thuis in de Van Hallstraat staan de tranen in Cors ogen. Hij is overstuur omdat Jan en Frans wel erg lang weg gebleven zijn. Hij had zijn twee vrienden minstens anderhalf uur eerder terugverwacht en is al naar de zolder van Frans geweest om inpakmateriaal te halen om de wapens, de geldkist en alle andere verdachte spullen klaar te maken om in het Westerpark te begraven. Jan en Frans verklaren omstandig aan hun jonge vriend waarom ze zo laat zijn; het was overmacht.

'Mijn vader was op de aanlegsteiger bezig, we konden niets anders, Cor,' legt Jan uit. 'We lagen onder die brug. We hebben de speedboot daar vastgelegd.'

Cor kijkt met een nat gezicht naar Jan en Frans en snikt: 'Ik ben blij dat jullie er zijn. Maar waarom hebben jullie me niet eerder verteld dat jullie onder die brug zouden gaan liggen?'

'Wij zijn ook blij dat we er weer zijn, Cor. We hadden zomaar in een politiecel kunnen zitten,' antwoordt Frans. 'Maar alles is oké.'

Cor snottert nog even door. Het is duidelijk dat Jan en Frans hun compagnon niet volledig hebben ingelicht.

'Ik heb wel honger,' gaat Jan verder als hij het gevoel heeft dat Cor voldoende is gekalmeerd. 'Zullen we even naar Tai Tjong gaan?'

Later op de avond praten de jongens bij Jan thuis uitgebreid na en kan Cor weer lachen om wat er gebeurd is.

'Weet je wat we doen? We geven een van de vluchtauto's het kenteken van die rechercheurs!'

Het voorstel van Cor wordt met algemene stemmen aanvaard. De vrienden spreken af de komende zaterdag naar Brussel te gaan om te kijken of ze bij hun 'hofleverancier' kogelvrije vesten kunnen kopen.

De volgende dag gaan Jan en Cor weer aan het werk. Tijdens schafttijd neemt Jan zijn zakje boterhammen mee en zoekt hij Cor op in het uurwerkfabriekje. Er is daar altijd verse koffie en de twee vrienden nemen een bakkie en eten hun brood op.

'Ik ben blij dat we hier samen zitten, Cor. Voor hetzelfde geld zat ik nu in de cel.'

'Ja, Jan, ik ben ook blij dat je hier bij me zit.'

Het zoeken naar plaatsen waar vluchtauto's gestolen kunnen worden, gaat door. Dat leidt onder andere naar Beverwijk, waar langs de weg een caravan te koop staat. De vraagprijs is 3.000 gulden, dat vinden de vrienden wel erg veel.

'Nou, als ze er duizend gulden vanaf doen, wil ik hem wel hebben,' zegt Cor.

De jongens gaan maar eens aanbellen bij het adres. Frans, altijd welbespraakt, legt uit dat hij voor de caravan komt.

'Mogen we hem eens van binnen zien?'

Als het interieur van de caravan bekeken is en iedereen weer op de openbare weg staat, zegt Jan dat hij en zijn vrienden wel 2.000 gulden willen geven. De man van het echtpaar gaat onmiddellijk akkoord. Daar zitten we aan vast, denkt Jan, terwijl hij het geld uit zijn portemonnee haalt. De jongens laten het echtpaar een kwitantie uitschrijven en koppelen de caravan achter de Ford Taunus. In Amsterdam parkeren de jongens hem op de Admiraal Helfrichstraat. De pootjes worden omlaag gedraaid, de caravan staat hier goed.

Het volgende weekend begint in de Belgische hoofdstad. Cor hangt wat rond in de straat waar Jans Mercedes geparkeerd staat, terwijl Jan en Frans 'de hofleverancier' bezoeken. Het is beter dat Cor zich niet laat zien in de wapenhandel; hij is achttien jaar en heeft nog een zeer jeugdig uiterlijk. Bij de Belgische wapenhandelaar is het lekker druk. Jan en Frans nemen rustig de tijd om in de zaak rond te kijken en vergapen zich aan de handvuurwapens die in de vitrinekasten zijn uitgestald.

'Heeft u drie kogelvrije vesten voor ons te koop?' vraagt Frans als de jongens aan de beurt zijn.

De wapenhandelaar kijkt hen bedenkelijk aan en vraagt ze even mee naar beneden te lopen. Jan en Frans weten dat de man in de kelder vuurwapens voor de professie verkoopt, maar zijn er nog niet geweest. Vol verwachting lopen ze achter hem aan een wenteltrap af. Beneden gooit de handelaar een loodzwaar kogelvrij vest op de toonbank.

'Dit is het enige wat ik nu in huis heb. Maar er is een zending uit Amerika onderweg, waar een nieuw soort kogelvrij vest bij zit dat van kevlar is gemaakt. Die goederen zijn over drie maanden wel door de douane heen. Dus als je over drie maanden terugkomt, heb ik goede en lichtgewicht kogelvrije vesten te koop.'

Frans en Jan bekijken nogmaals het kogelvrije vest dat op de toonbank ligt. De prijs is omgerekend 550 gulden. Frans doet het vest over zijn jas heen aan. Het ziet er niet uit: zo log, legergroen, meer iets voor soldaten.

Jan heeft ondertussen naar de uzi's en de M16's staan kijken. Ze bieden de wapenhandelaar 5.000 gulden voor één uzi, dat is driemaal de winkelprijs. Jan heeft het geld al in de hand en staat ermee te wapperen. Maar de wapenhandelaar lacht en zegt: 'Ge weet toch dat ik een bonafide handelaar ben. Dat gaat niet.'

De jongens kopen nog maar weer eens zes dozen kaliber .12 hagelmunitie, balgrote 00, dan hebben ze tenminste iets. Het loodzware kogelvrije vest laten ze liggen.

Als ze in de zijstraat aankomen waar de Mercedes geparkeerd staat, loopt Cor op hen af. Hij ziet aan het kleine tasje dat Jan in zijn hand houdt, dat het niet gelukt is.

'Had hij ze niet?'

'Nee, over drie maanden wel,' antwoordt Jan.

'Daar hebben we nu niets aan,' zegt Frans. 'We gaan verder met zoeken.'

Frans wil per se met kogelvrije vesten aan werken; hij graag weer heelhuids bij moeder de vrouw thuiskomen.

In het Franstalige deel van België vinden de jongens die dag nog een wapenhandelaar die één kogelvrij vest heeft liggen. Het is een vest van harde platen, maar minder zwaar dan wat in Brussel bij hun hofleverancier ligt. Het is nog goedkoper ook en omgerekend in Nederlands geld nemen ze het voor 400 gulden mee. Ze zoeken nog verder, maar vinden niets meer. Over drie maanden kunnen ze de kevlarvesten kopen. Ze hebben daar voor de overval op het hoofdgirokantoor niets aan, maar het is niet anders.

Het is nog steeds maart 1976. Op een zaterdag gaat Cor met Frans in de Ford Taunus stationcar op weg naar de firma Commandeur, een Volvo-dealer in Beverwijk. Jan is in zijn eentje op pad in de Alfa Romeo. Hij heeft in de krant een Mercedes-dealer uitgezocht, de firma Van Kooy in Den Dolder.

Als hij aankomt ziet hij een prachtig assortiment Mercedessen in de tweedehands verkoop staan. Van Kooy verkoopt de nieuwste typen, waaronder de 450 SE. De autosleutels bewaart de handelaar in een kantoortje aan een sleutelbord. Dit is een goede optie, denkt Jan. Hij neemt de situatie ter plaatse in zich op. Er móet ingebroken kunnen worden.

De tweedehands autohandel bevindt zich aan de achterzijde van het bedrijf, aan de voorzijde verkoopt Kooy gloednieuwe auto's. De hal waar de tweedehandsauto's staan is van binnenuit afgesloten met kantschuiven. Om daar bij te komen moet een smal ruitje van de deur ingetikt worden; geen probleem. Maar dan zijn ze nog niet klaar. Ze staan dan op een parkeerterrein dat met een zwaar stalen schuifhek is afgesloten. Jan bekijkt het schuifhek en denkt: dat krijgen we nooit open. Als hij wat verder kijkt, denkt hij: eureka! Naast het zwaar afgesloten schuifhek zitten minder zware hekken, die bovendien met gewone bouten aan pijlers bevestigd zijn. Als ze zo'n hek losbouten, kunnen ze zo door het tuintje heen van het terrein rijden, overziet hij. Een sleutel zeventien is voldoende. Ja hoor, bij Van Kooy in Den Dolder kunnen de jongens heel goed twee superauto's stelen.

Om acht uur die avond stappen Frans en Cor de woning van Jan binnen en ploffen op de leren draaifauteuils neer. Ze zijn bijzonder opgewekt.

Cor zit te glunderen en Frans houdt een sleutelbosje in de lucht. Hij vertelt dat de bos vandaag bij Commandeur gestolen is.

'Het zijn de sleutels van zijn bedrijf!'

'Is dat die Volvo-dealer?' vraagt Jan.

'Ja, die waar we vandaag naartoe geweest zijn.'

'Die in Beverwijk?'

'Ja die,' zegt Cor.

'Dus jullie hebben alle sleutels van dat bedrijf te pakken? Dan zet die man er meteen nieuwe sloten op...'

'Misschien ook niet. Waarschijnlijk pakt hij een reservebosje sleutels.'

'En staan er ook auto's?'

'Ja, alles wat we nodig hebben kunnen we daar vandaan halen. Alleen maar Volvo's. We gaan er straks even kijken,' zegt Frans.

'En, wat heb jij bereikt,' vraagt Cor?

'Welnu waarde vrienden, ik heb alles wat we zoeken gevonden. We kunnen elkaar wel de hand geven, want bij de firma Van Kooy in Den Dolder kunnen we de allernieuwste Mercedessen weghalen. Als we daarheen gaan, hebben we vrij spel. Een inbraak, maar wel een eenvoudige. Daar kunnen we morgen wel even naartoe rijden.'

Vervolgens zet Jan uiteen hoe de jongens zich toegang tot de showroom kunnen verschaffen en hoe ze van het terrein af rijden. De jongens drinken nog een kopje koffie verkeerd en lopen daarna naar buiten om even naar Beverwijk te gaan.

Bij de Firma Commandeur aangekomen stapt Cor uit de Ford Taunus om de sleutels op de deur van het bedrijf te passen. Hij is even bezig. Cor is ook niet de handigste in dit soort dingen, vindt Jan. Op een gegeven moment heeft hij de goede sleutel te pakken en gaat de deur open. Alarminstallaties zijn er dan nog nauwelijks. Jan en Frans schudden elkaar de hand. Cor stapt weer in, de vrienden rijden terug naar Amsterdam.

Jan laat zijn Mercedes in de Keucheniusstraat staan en de jongens lopen de Jordaan in. In de Willemsstraat worden in de eerste kroeg een paar flesjes bier naar binnen gegooid, en uiteindelijk belanden de vrienden op de Zeedijk. Daar zuipen ze als een ketter en al rond middernacht zijn ze lam. De jongens laten een taxi bellen.

Die zondagmiddag zitten ze in de auto vrolijk te zingen. Jan parkeert de Ford Taunus op ruime afstand van de firma Van Kooy in Den Dolder en het gaat te voet verder. Bij de Mercedes-dealer aangekomen vergapen de jongens zich door de etalageruit aan de blinkende bolides. Jan is helemaal weg van de nieuwe S-serie.

'De auto's die hier nieuw te koop staan, staan achter op het terrein al tweedehands.'

'Ze zijn pas een jaar op de markt,' roept Cor verbaasd.

'Ja, en toch staan ze al tweedehands te koop. Ga maar kijken, dan zie je het zelf.'

De jongens lopen naar de omheinde achterkant van het pand. Jan wijst aan welk hek hij op het oog heeft om los te schroeven.

'Een klusje van niets,' vindt Frans.

Voor Frans en Cor een illegaal kijkje gaan wagen, legt Jan kort uit welk raampje er ingetikt moet worden om de schuifdeuren te openen. Zelf blijft hij bij de auto wachten. Het is erg rustig aan de achterzijde van het autobedrijf, last van bekijks is er niet omdat er slechts een kantoorgebouwtje staat. Na zo'n tien minuten keren Frans en Cor bij de auto terug. Jan zet onmiddellijk koers naar Amsterdam.

'Heeft iemand jullie over het hek zien gaan?' vraagt hij. 'Zijn jullie gevolgd?'

'Nee, we zijn niet eens opgevallen.'

'En wat hebben jullie gezien?'

'Precies wat je hebt verteld. Het is een prachtobject. Hier halen we twee dikke Mercedessen weg.'

'Het gaat er enkel nog om wanneer we dat doen. Daar moeten we thuis over praten.'

'Jongens, ik geloof dat we klaar zijn om het girokantoor te beroven,' besluit Frans.

Vrijdagavond 26 maart is er groot overleg in de Van Hallstraat. Jan zit achter zijn bureau met een blocnote voor zich. Cor zit zoals gewoonlijk rondjes te draaien in de leren fauteuil.

Jan haalt even adem: 'Vandaag over een week is het zover dat we het hoofdgirokantoor beroven.'

'Blij toe,' zegt Frans, het is hem allemaal wat te langzaam gegaan. 'Maar we mogen nu eenmaal niet gehaast te werk gaan, alles heeft zijn tijd nodig. Als je overhaast te werk gaat sluipen er fouten in en dan weet je zeker dat je in de gevangenis terechtkomt. En daar hebben we geen zin in. We zijn naar het einde van deze klus toegegroeid en we zijn er nu klaar voor.'

'We hebben alles klaarstaan,' zegt Jan. 'We moeten enkel nog vier auto's stelen.'

Op zaterdag rijden de drie naar het meertje in Haarlemmerliede, waar Het Mooie Spulletje in het riet moet worden gelegd. Na wat zoeken worden de drie het eens over een aanlegplaats vlak bij de bunker van een geldtransportbedrijf.

'Er zullen een paar palen in de grond geslagen moeten worden om het speedbootje aan vast te leggen.'

'Dat moet maandag gebeuren, het kan niet anders, we hebben tijdnood. En we lopen maandag toch in de ziektewet,' zegt Cor.

'Frans, we hebben op jouw zolder toch nog een voorhamer liggen?'

'Als het goed is wel.'

'Mooi, die hebben we maandag voor die palen nodig. En we moeten ook twee paar van die broeklaarzen kopen, dan kunnen we tot ons middel in het water staan.'

Maandag 29 maart begint de lange reeks van voorbereidende handelingen. Op maandagochtend wordt in Haarlemmerliede een aanlegsteigertje gemaakt en op woensdag legt Cor daar Het Mooie Spulletje neer. Op woensdag komt ook de controleur van de ziektewet bij Jan langs, daarna worden de eerste auto's in positie gereden. Op donderdagavond gaan de jongens een bezoek brengen aan de firma Van Kooy in Den Dolder.

Het is al bijna acht uur. Frans loopt naar zijn zolder om het gereedschap op te halen dat nodig is bij de inbraak in de garage. Jan en Cor blijven bij het Oostelijk Marktkanaal op hem staan wachten. Als Frans in zijn Mercedes 250 aan komt rijden, stappen Jan en Cor direct in de Ford Taunus. Frans parkeert zijn auto in de Admiraal Helfrichstraat, waar ook de caravan staat, en stapt bij Jan en Cor in, waarna de auto richting Den Dolder rijdt. Ze parkeren een flink eind uit de buurt en wandelen het laatste stukje naar de dealer.

Het is bijna negen uur en net donker. Cor posteert zich op een veilige afstand en observeert hoe Jan en Frans over het hek klimmen, het daarna van binnenuit los draaien, maar wel op zijn plaats laten staan. Ze vervolgen hun weg naar de achterkant van de garage en komen uit bij de hal waar de tweedehands auto's verkocht worden. Met een doffe klap slaat Jan het ruitje van de schuifdeur kapot en even later stappen hij en Frans de showroom binnen. Het kantoortje zit op slot, daar is niet op gerekend. De deur gaat naar binnen open. Als Frans de schuifdeur van de showroom weer geheel afgesloten heeft, trapt Jan de deur van het kantoortje in één keer open. Frans zoekt twee Mercedessen 450 SE uit. Jan loopt naar Frans en samen openen ze de schuifdeur van de showroom nu helemaal en even later duwen ze de eerste Mercedes naar buiten. Door het draaien aan het stuur gaat de claxon tot tweemaal toe af. Het geluid gaat door merg en been.

De auto's staan nu aan de achterkant van de garage op een smal straatje. Jan en Frans nemen ieder in een auto plaats, starten de motoren en controleren of er genoeg benzine in zit. Bij de afrastering zetten Jan en Frans het los gesleutelde hek opzij en rijden de auto's door een tuintje naar buiten. Daar stappen ze nog eenmaal uit, pakken samen het hek beet en zetten het keurig op zijn oude plek terug.

Op een veilige afstand van elkaar rijden de auto's richting Amsterdam. Wat zit er een power in die nieuwe modellen! Als Jan een beetje gas geeft, schiet de Mercedes bijna onder zijn kont vandaan. Met tweehonderdtwintig kilometer per uur vliegen ze over de weg. Frans parkeert de eerste Mercedes in de buurt van de caravan aan de Admiraal Helflichstraat, de andere zetten ze in Haarlemmerliede, in de buurt van Penningsveer.

Twee auto's staan nu op hun plaats en het is tijd de Ford Taunus stationcar weer op te halen in Den Dolder.

'Wat een racemonster is zo'n nieuw model 450 SE, hè?' zegt Frans onderweg tegen Jan.

'Ja, daar hebben we een goede auto aan als het erop aankomt.'

'Ik hoop dat we hem niet nodig hebben,' zucht Cor.

'Ja, dat hoop ik ook, want anders is het hommeles.'

Na de Mercedes van Frans te hebben geparkeerd in de Mercuriushaven, rijden de jongens terug naar het Van Beuningenplein. Alles staat klaar voor morgenochtend. Frans neemt afscheid. Cor zal vannacht bij Jan blijven slapen op een luchtbed.

2 april 1976

Om 03:45 uur loopt de wekker af. Jan heeft het espressoapparaat aan laten staan, de greep al met koffie gevuld en voor hij naar de wc gaat, stromen er al twee kopjes vol.

'Opstaan, Cor!'

Wanneer Jan gepist heeft, ziet hij dat Cor zich staat aan te kleden.

'Het is zo vier uur. Staat Frans al bij de brandmelder?'

Cor trekt even de luxaflex omlaag. 'Nog niets te zien.'

'Dan maak ik snel nog een paar boterhammen.'

Om 04:03 uur valt er nog geen Frans te bekennen.

'Als hij er over twee minuten nog niet is dan loop je naar het plein', sist Jan tussen zijn tanden door tegen Cor.

Jan is nog maar nauwelijks uitgesproken of ze zien dat Frans eraan komt gelopen en zijn positie inneemt.

'Nou, we kunnen beginnen. Veel geluk, Cor.'

'Veel geluk, Jan.'

Terwijl Jan zijn huisdeur afsluit met drie sloten, staat Cor beneden in het trappenhuis te wachten met de twee tassen met wapens en vermommingen. Jan draagt de plunjezak met geweren de trap af, waarna ze richting Tweede Keucheniusstraat lopen. Frans loopt een meter of vijftig voor hen uit en houdt bij het Oostelijke Marktkanaal in om zijn vrienden naast hem te laten komen.

'Goedemorgen, jongens, zijn we uitgeslapen?'

'Fris als een hoentje, Frans.'

'Mooi, want we hebben veel te doen. En vandaag vergeten we niet onze geluksroute te lopen.'

Als even later de Ford Taunus van de Visseringstraat naar de Van Hallstraat gereden is en vanaf daar de noodzakelijke wandeling gemaakt wordt, kijkt Jan op zijn horloge. Het is al tien voor half vijf, denkt hij. De vrienden lopen stug door, meer als olympische snelwandelaars dan als vierdaagselopers.

In de Admiraal Helfrichstraat stappen Frans en Cor even uit en leggen de tassen met wapens in de caravan. Via de bekende vluchtroute gaat het nu naar de firma Commandeur in Beverwijk, onderweg checken de jongens nog even of hun speedboot nog in Haarlemmerliede ligt.

Bij de Volvo-dealer aangekomen laten de drie er geen gras over groeien. Met hun handschoenen aan lopen Jan en Frans resoluut naar de deur van de showroom. Cor ziet zijn vrienden van een afstandje naar binnen gaan en houdt de wacht. Als de deuren van de showroom breed opengaan en er twee zware Volvo's naar buiten komen gereden, loopt Cor de auto's tegemoet en stapt hij bij Jan in.

Een minuut of twintig later wordt een van de auto's bij de aanlegsteiger van Cargill neergezet, de andere iets verderop, waar Frans' Mercedes geparkeerd staat. Met die auto gaat het weer terug naar Beverwijk om de daar achtergelaten Ford Taunus op te halen. Die wordt geparkeerd bij het talud van de snelwegbrug over de Ringvaart in Badhoevedorp. Daarna rijden de jongens nog even langs Zwanenburg om te zien of de Alfa Romeo nog op zijn plek staat. 06:45 uur, mooi op schema, denkt Jan. Er is ruim een uur de tijd om wat te ontspannen.

Wanneer Jan de deur van zijn woning opent zorgt hij ervoor dat hij de eerste is die bij de wc kan. Frans en Cor staan elkaar een moment aan te kijken en beginnen dan te lachen. Als iedereen geweest is, serveert Jan koffie en uitsmijters. Met nog twintig minuten te verdrijven gaan Frans en Cor nog even in de lederen draaifauteuils zitten en zet Jan een plaat van The Cats op. De vrienden luisteren relaxed naar de muziek. Frans kijkt zo nu en dan naar de klok.

'Acht uur, tijd om te gaan, mannen.'

Frans parkeert zijn Mercedes op een veilig afstandje van de caravan in de Admiraal Helfrichstraat. In de auto worden de handschoenen alvast aangetrokken en goed om zich heen kijkend lopen Jan, Frans en Cor het laatste stukje. In de caravan kan het vermommen beginnen. De jongens controleren elkaars plaksnorren en valse neuzen. Van dichtbij zien die er niet uit, maar het is ook niet de bedoeling om straks een goed gesprek te beginnen. Tot de overval wordt de confrontatie met andere mensen vermeden. Jan zet zijn pruik op en ten slotte de bril met zwaar montuur. Als hij Frans en Cor aankijkt ziet hij dat ook zij onherkenbaar zijn.

De bewapening is aan de beurt. Ieder doet een leren riem om, met daaraan tasjes met extra munitie, en een Bianchi-heupholster. In die holsters gaat een FN Browning en in hun schouderholsters steken de jongens een Colt Python .357. Jan heeft de versie met de erg zeldzame 2,5 inch-loop, daar is hij best wel trots op; Frans en Cor hebben een standaard 4 inch-loop. Cor is sinds de overval op het Surinameplein flink gegroeid, maar nog steeds tenger en trekt daarom ook nu een tweede jas aan. In de zakken van de jassen zit extra munitie voor de hagelgeweren: 00 en Brenneke door elkaar heen.

'We waren op alles voorbereid en klaar voor een kleine oorlog.'

In de plunjezak zitten de hagelgeweren, twee scherpschuttersgeweren, nog meer munitie en natuurlijk het Schmeisser machinegeweer. Met de hagelgeweren kunnen de jongens, na alle uren die zijn doorgebracht op de Diemerzeedijk, bij wijze van spreken 'geen kleiduif meer missen'. In de plunjezak zit ook weer de rol dik visdraad en ducttape voor het geval er een gijzeling ontstaat. Alles is tot in den treure getraind en er kan maar weinig misgaan, vinden de jongens. Oké, er zal zo dadelijk geschoten gaan worden, maar dat is functioneel.

Compleet in oorlogstenue omhelzen ze elkaar en geven elkaar drie dikke zoenen.

'Wie niet steelt of erft, zal werken tot hij sterft. Wij zijn de Epancratius.'

Op weg naar het jachthaventje aan het Noorder Amstelkanaal nemen de drie rovers het plan weer een keer door.

'Ik loop vlak achter jullie,' zegt Jan, 'probeer ongezien langs die twee portiers de hal binnen te lopen. Ik zorg ervoor dat ze geen alarm kunnen slaan. En ik zet de auto niet te dicht langs de bank, want dan hebben we misschien last met instappen. Je weet nooit of we hem nog nodig hebben.'

'Jan, we hebben alles geoefend. Het is goed. Alles komt goed.'

Even later laat Jan zich aan een touw op de steiger van het jachthaventje zakken. Frans en Cor kijken nog even hoe hij het oranje zeil van de boot afhaalt en de speedboot begint los te maken. Dan vertrekken ze richting het Singel.

Uit de aantekeningen van Jan:

Alles liep gesmeerd. Op het Singel zag ik Frans en Cor in de antracietgrijze Mercedes-Benz 450 SE ter hoogte van een brug vóór het hoofdgirokantoor langs de kant geparkeerd staan. Ik schreeuwde naar ze dat ze naar het hoofdgirokantoor moesten rijden. Ik zou er zo zijn, en zij moesten er op hetzelfde tijdstip aankomen. Frans stak zijn duim omhoog. Ik zag dat hij wegreed. Ik vaarde met vijftien km per uur verder. Met een muskatonhaak meerde ik de gestolen speedboot aan de wallenkant vast. Vervolgens opende ik de plunjezak en haalde er het Schmeisser machinegeweer uit. Er zat een leren riem aan vast, die deed ik om mijn hals. Het Schmeisser machinegeweer hing voor mijn borst. Ik zag dat Frans en Cor in de Mercedes voor het hoofdgirokantoor op me zaten te wachten.

Ik sprong de wallenkant op en liet de motor van de gestolen speedboot stationair draaien. Ik had ook mijn stopwatch om mijn hals gedaan. Ik liep naar de stoepentrap van het hoofdgirokantoor toe. Ik bekeek dat pompeuze gebouw nog eens. Het was gelijk aan een huizenblok zo groot. Frans en Cor stapten uit en gingen voor mij het hoofdgirokantoor naar binnen. Ze hadden de leren geldtassen in hun handen. Ik liep erachteraan. Toen ik op de stoepstenen trap van het hoofdgirokantoor liep zag ik dat de Mercedes-Benz 450 SE veel te dicht bij de muur van het hoofdgirokantoor stond. Godverdomme, we hadden het nog wel zo goed afgesproken; we zouden zo moeite hebben met instappen. Gelukkig was het niet onze eerste vluchtauto, dacht ik. We gaan immers met de speedboot weg. Ik liep door.

Toen Frans in de hal van het hoofdgirokantoor liep, schreeuwde hij tegen de twee portiers, geheel tegen de afspraak in: '*Das ist ein überfall.*' Gelukkig kon ik die portiers nog voordat ze alarm konden slaan achter hun balie wegtrappen en zeggen: '*Hände hoch oder ich schieß dich toot.*' Daarna dreef ik ze met het Schmeisser machinegeweer het hoofdgirokantoor binnen en trapte ze vervolgens de hoek in: '*Alle in die Ecke!*' We moesten weer snel de macht binnen het hoofdgirokantoor overnemen. Vervolgens gaf ik een salvo uit het Schmeisser machinegeweer op het kastje boven aan een pilaar, wat wel een filmcamera kon zijn. Dat was immers afgesproken. Na het mitrailleursalvo schreeuwden we met z'n drieën: '*Das ist ein überfall. Mit dem gesicht nach dem mauer stehen. Schnell!*' We waren op dat moment hoofdzakelijk bezig om de bezoekers te controleren, grip op het personeel hadden we nog niet. Frans en Cor gingen zich daarmee bezighouden.

Frans en Cor sprongen over de balie heen. De loketbeambten schrokken zich het apelazerus. Ik gaf nog een salvo uit het Schmeisser machinegeweer en dreef alle bezoekers in de hoek waar ik ze wilde hebben: '*Mit dem gesicht nach dem mauer stehen*', snauwde ik. Na het geratel van het Schmeisser machinegeweer wilden de daar aanwezigen wel luisteren. Verschrikt liepen de bezoekers naar de aangewezen plaats. Het waren incl. wat personeelsleden omstreeks veertig personen. Ik liet ze voor de rest met rust. We waren niet voor hen gekomen maar voor het geld.

Ik zag dat Cor was doorgedrongen tot de ruimte waar de kluis stond. Hij hield zijn Browning pistool tegen Herman Kuiphofs hoofd en snauwde '*Offen das feuerdressor oder ich schieß dich toot.*' De man stond er met knikkende knieën bij en gaf direct gehoor aan Cors bevel. De kluis ging open. Cor begon de bundels geld in zijn geldtas te stoppen. Blij keek ik toe. Daarvoor waren we gekomen.

Frans was als een razende stier begonnen met het leegmaken van de geldkassen. Ik keek even hoe het ging. Hij liet de geeltjes, de tientjes en ander kleingeld liggen. Ik zei, toen ik vlak bij hem stond, dat hij alles moest meenemen. We waren nog niet eens een minuut binnen, zag ik op de stopwatch die om mijn hals hing.

'We hebben voldoende tijd,'zei ik tegen Frans.

Frans klom als een aap van geldkassa naar geldkassa. Hij moest veertien geldloketten leeghalen. Maar goed dat we dit werk in de metaalbewerking werkplaats op het Amsterdamse Noorderhoofd goed getraind hadden.

Er kwam een idioot op me af. De man stond vlak bij me. Hij zei dat we weg moesten gaan. De man kwam van de bovengelegen kantoren af, zag ik, en kwam steeds dichter bij me. Hij kwam als het ware dreigend op me afgelopen. Ik zei: '*Halt dein mond.*' Terzelfder tijd gaf ik hem een trap in zijn onderbuik. De man zakte kreunend op de grond. Toen hij weer overeind kwam, dreef ik hem de hoek in, bij de girokantoorbezoekers en de portiers. De portiers ondernamen een poging om er met de bezoekers van het hoofdgirokantoor vandoor te gaan. Er zaten aan de linkerkant als je binnenkwam deuren, ze wilde daarheen vluchten. Ik stak er een stokje voor en gaf een salvo met het Schmeisser machinegeweer in het plafond. De kalk kwam omlaag gevallen.

Ik blèrde: '*Geh in die ecke oder wier schießen dich toot; beëilung, schnell vortmachen!*' De vluchtpoging werd gestaakt. Ik moest gijzelaars behouden, het was nog lang niet afgelopen.

Ik zag dat Frans het aan de stok had met een loketbeambte. Ik schoot met het Schmeisser machinegeweer een salvo af om kracht bij te zetten. Een paar ruiten stortten in het hoofdgirokantoor in elkaar. Opdat Frans met zijn werk door kon gaan. Het kostte veel geld als Frans niet graaide.

Ik zag dat de medewerkers die in de kantoorruimten achter de balies werkten de ramen openden en ofwel naar de Raadhuisstraat ofwel het Singel op de openbare weg vluchtten. Ze sprongen zo'n drie meter omlaag om de openbare weg te bereiken. Ik kon dat niet tegenhouden. Ik had genoeg gijzelaars verzameld. Ik was er zuinig op. We hadden nog anderhalve minuut voor de boeg. Cor had inmiddels de kluis leeggehaald en begon Frans te helpen om de kassa's leeg te roven. Ik gaf Cor een aanwijzing waar hij moest beginnen. We hadden nog een minuut de tijd om te graaien.

'Graai je rijk,' zei ik tegen Cor.

Ik keek de gigantisch grote ruimte van het hoofdgirokantoor rond. En zag dat alles verliep zoals we dat gepland hadden. Ik liep even naar de hal toe, waar de portiers hoorden te zitten, en keek naar het Singel. Er stond buiten tenminste geen politieauto voor de deur. Als er wel een stond zou ik de boel afblazen en schreeuwen: '*Das ist die poliezei!*' Het was niet nodig, we konden de drie minuten doorgraaien.

Ik ging weer de grote ruimte van het hoofdgirokantoor binnen en keek op de stopwatch. We hadden nog 36 seconden voor de boeg. Ik keek hoe Frans en Cor gingen. Ze waren nog niet klaar met de veertien geldloketten; ze waren druk doende om zo veel mogelijk geld bij elkaar te sprokkelen. Ik hield mijn gijzelaars in de gaten, we moesten er heel wat overhouden. Alles kon nog misgaan. Ik keek naar de plunjezak, die lag op de grond bij de hal waar de portiers zaten in de grote ruimte van de veertien geldloketten. Er zat een grote rol vissnoer in om de gijzelaars aan elkaar te binden, daarnaast zaten er twee rollen breed grijs plakband in, om de handen van de gijzelaars te boeien. Cor zou de plunjezak zo meenemen, als we weggingen. Ik bleef met het Schmeisser machinegeweer in mijn handen lopen als we naar de speedboot gingen. Alles was tot in de treuren getraind.

Ik keek op de stopwatch, het was tijd. Frans en Cor waren nog aan het graaien. Ik liet ze nog even doorgaan. Het personeel vluchtte nog uit de ramen naar de openbare weg. Na vijftien seconden gaf ik een salvo uit het Schmeisser machinegeweer en liep naar Frans en Cor toe en zei: '*Verpiss dich!*' Ze sprongen over de balie heen en liepen naar de uitgang. Tegen Cor zei ik, toen hij naast me liep: 'Pak de plunjezak mee.' Cor pakte de plunjezak en droeg die naar de speedboot toe.

Op de stoepentrap van het hoofdgirokantoor gaf ik naar buiten een salvo uit het Schmeisser machinegeweer; we keken om ons heen. Op de brug, die de Raadhuisstraat over het Singel overspande, stond een politieauto met zwaailicht aan. De brug was volgestroomd met publiek, ze keken allemaal naar ons. Ik hoorde allemaal politiesirenes in de buurt. We liepen zo'n acht meter over de weg van het Singel en sprongen in de speedboot. We hadden getraind dat Cor het touw zou losmaken. Cor kreeg de muskatonhaak niet los. Ik pakte mijn vlijmscherpe zakmes uit mijn jaszak, opende dit en sneed het touw door. Het kostte ons zo'n vijftien seconden. Terzelfder tijd was Frans aan het schieten. We moesten die politieagenten op een afstand houden.

De speedboot was los. De politiesirenes kwamen steeds dichterbij. Ik dacht bij mezelf: met een auto waren we hier nooit heelhuids weggekomen. Ik gaf vervolgens in de speedboot vol gas. Ik moest de ingestudeerde bocht onder de brug door maken. Daarna drukte ik de gashendel terug en stuurde de speedboot naar de poort van de brug, vervolgens gaf ik vol gas. Frans was nog op de kademuur aan het schieten om de politie op afstand te houden. De speedboot schoot onder de brug door.

De 8-cilinder Volvo Penta motor wilde wel varen, met 70 km per uur vaarden we door het Singel. De golven rolden over de wallenkant heen; het was een indrukwekkend gezicht. Op de wallenkant werden we achtervolgd door diverse politieauto's met zwaailicht en sirene aan, ze reden met ons op. Echter toen wij in de gestolen speedboot bij de Droogbak voor het Centraal Station kwamen te varen, stonden zij tandenknarsend op de kant te kijken hoe wij verder voeren.

We verwachtten zo met de rijkspolitie te water problemen te krijgen. Frans deed een nieuwe houder met 32 .9mm Parabellum patronen in het Schmeisser machinegeweer; de plunjezak werd geheel geopend opdat we snel de geweren eruit konden pakken bij een confrontatie.

We vaarden pal langs het bureau van de rijkspolitie te water. We zagen dat er op de kade door de agenten gerend werd en dat de politiemensen in de boten sprongen.

'Die zijn te laat,' zei Cor.

'Ja, daar heb je gelijk in,' zei ik.

Frans hield scherp de boel in de gaten; hij had het Schmeisser machinegeweer in de hand. We voeren al bij het Stenen Hoofd, de rijkspolitie te water zat nog niet achter ons aan. We hadden de volle lading voor ze in petto als ze kwamen. Cor had een olifantendoder in zijn handen genomen. Voor beide partijen was het fijn dat ze niet kwamen.

We bereikten het Noordzeekanaal al. We gingen bij de Oude Houthaven aan de binnenzijde langs het groene dijkje, dat dit havendeel van het Noordzeekanaal scheidde. Vol gas stoven we over het water heen. Er was groot overvalalarm in Amsterdam. Een van de meest prestigieuze banken was zo-even beroofd. Bij de Bewaarhaven moesten we de beschoeiing overvaren. Op het dashboard van de gestolen speedboot zaten twee knoppen om de schroef omhoog of omlaag te doen. Ik liet voor de zekerheid de schroef wat omhoog komen, want ik had geen zin om eventueel op de beschoeiing vast te lopen. Dat vastlopen was uitgedacht voor de rijkspolitie te water. We stoven over de beschoeiing heen, ik liet de schroef weer omlaag zakken.

We vaarden nu het laatste stukje naar onze brasem visstek, de aanlegsteiger van de Cargill fabriek in de Mercurius Haven. Ik keek om, om te zien of we gevolgd werden. Nee, we hadden niets direct achter ons aan zitten. Ik zei tegen Cor: 'Doe de plunjezak met geweren vast dicht, we zijn bijna bij onze eerste vluchtauto.' Ik zag in de verte de Volvo al op de kade staan. Het gaf me een fijn gevoel.

Bij de aanlegsteiger van de Cargill fabriek in de Mercurius Haven vaarde ik de gestolen speedboot langszij. We sprongen er met z'n drieën tegelijk vanaf en lieten de gestolen speedboot afdrijven. Dan zouden ze niet precies weten waar we aangemeerd hadden. We renden de trap op naar de Fosfaatweg, daar stond de vluchtauto klaar. De reserve Volvo stond verderop. Volgens mij hadden we geen bekijks van de mensen in de Cargill fabriek.

Ik had mijn handen vrij en pakte de sleutels van de Volvo uit mijn kontzak. De deuren van de Volvo stonden open, we stapten in. Ik startte de Volvo, die liep gelukkig direct. We reden van de Fosfaatweg naar de Coenhavenweg; we gingen de E10/Coentunnelweg onderdoor en kwamen op de Petroleumhavenweg aan. Vervolgens gingen we de Hemweg op, bij het stroompje (het koelwaterreservoir van de elektriciteitscentrale) gingen we over het fietspad de tunnel van de spoordijk onderdoor. We reden met gierende banden. De Volvo van de Firma Commandeur reed als een sneltrein. Echt, onze complimenten voor de geleende auto's.

We kwamen op de Radarweg terecht en dat was een heel ander gebied dan waar we vandaan kwamen. Vervolgens kwamen we in de polder van Sloterdijk. Over de binnenwegen reden we naar Haarlemmerliede toe. We passeerden de Mercedes Benz 450 SE en reden door naar het Haarlemse industrieterrein en door de Waarderpolder heen naar de Industrieweg. Bij de rivier het Spaarne gingen we de Waarderbrug over. We zaten nu in de Haarlemse binnenstad. Vervolgens gingen we door de Haarlemse binnenstad naar de Bloemendaalse Zeeweg toe. Op de Zeeweg aangekomen parkeerde ik de Volvo op de parkeerplaats nabij de begraafplek in de Kennemerduinen.

Frans en Cor stapten uit. Ikzelf ging de Volvo elders op de Oranje Nassaulaan parkeren. Ik keek op mijn horloge, het was 09:32 uur. Het was nog lekker vroeg. Ik liep naar de Kennemerduinen en nadat ik goed rondgekeken had, ging ik het hek over.

Frans had de schep al in zijn handen. De plastic zakken lagen bij hem in de buurt op de grond. Het bindapparaat lag er bovenop. Frans was met de schep bezig om een stuk grond van bladeren te ontdoen. Cor en ik gingen onze vermommingen afdoen. Toen de valse neus eraf was wreef ik de lijmresten van mijn neus af. We stopten onze vermomming en jassen in een plastic zak. Ik haalde mijn wapenriem van mijn lichaam en stopte die in een plastic zak.

Frans was aan het graven. Toen ik er weer als een burgerman bijstond, zei ik tegen Cor: 'Pak de plunjezak en de geldtassen vast in plastic zakken in.' Daarna nam ik het graafwerk van Frans over. Frans ging zich uitkleden. Alle plastic zakken werden dichtgebonden. De kuil maakten we niet te diep. De plastic zakken werden in de kuil gelegd. Frans schepte de kuil dicht. Samen met Cor gooide ik de hoop bladeren over de begraafplek heen. Als je het niet wist, zou je er zo overheen wandelen.

We waren klaar en gingen weg. Frans ging in zijn eentje naar de Ford Transit bestelbus toe, die bij het tennisbaantje geparkeerd stond. Even later stond hij met de Ford op het parkeerhaventje van de Zeeweg.

'Frans maakt zijn koekoeksignaal', zei Cor toen we een kort claxongeluid hoorden. We klommen over het hek en gingen naar de Ford Transit bestelbus toe. Ik ging achter het stuur zitten.

We reden naar Bloemendaal, vervolgens langs zee naar Zandvoort toe. We zaten in onze T-shirts. Het was niet zo warm buiten. We hadden wat geld in onze zakken zitten. We keken elkaar aan, en veegden de snorrenlijm van elkaars gezicht af. Ik parkeerde de Ford Transit bestelbus bij het station van Zandvoort. We gingen even drie jassen kopen. We deden het in verschillende winkels. Ik kocht een mooie lange leren jas. Vervolgens gingen we in Zandvoort naar een hotel-restaurant, we gingen er zitten ontbijten.

We bestelden drie uitsmijters en aten die met veel smaak op; we hadden honger gekregen van de overval. Daarna wandelden we naar het strand. We wandelden langs de kust en praatten over wat we hadden meegemaakt. Cor vertelde vol trots dat er een flink pak gebundeld geld uit de kluis was gekomen. Hij had zijn ogen uitgekeken toen hij ervoor stond, zei hij. Koelbloedig had hij de kluis leeggemaakt. Frans en ik waren zeer opgewekt. Met plezier liepen we zo langs de kustlijn. We waren in de wolken.

Rond twee uur die middag gaan de jongens weer terug naar Amsterdam. Er valt niet veel meer te doen. Jan zet de Ford Transit bestelbus neer op de Visseringstraat en de drie lopen naar Jans woning in de Van Hallstraat. Boven opent Jan drie flesjes Amstel Gold. Het is nog net op tijd voor het radiojournaal van drie uur. De overval op het hoofdkantoor van de Gemeentegiro opent het nieuws. Er zou flink geschoten zijn.

'Dat is in ieder geval waar, we hebben allebei een magazijn verschoten,' becommentarieert Frans.

'En nog wat uit een derde magazijn,' voegt Jan toe.

Nog drie flesjes bier worden soldaat gemaakt.

'Epancratius heeft vandaag goede zaken gedaan, vrienden, mag ik jullie uitnodigen om net als de vorige keer wat te gaan eten bij Dikker & Thijs? Volgens mij brengt dat geluk.'

'Dat brengt zeker geluk!' antwoordt Frans. 'Maar eerst even Herta en Jacko uitlaten en omkleden.'

Als Frans en Cor naar de Bestevâerstraat vertrokken zijn om zich op te frissen, staat Jan een moment voor de spiegel in zijn huiskamer. Hij heeft kippenvel. De gedachte aan de rijkdom windt hem op en de adrenaline giert door zijn lichaam. Hij is een rijk man.

Dikker & Thijs is nog maar net open wanneer de drie vrienden het nog lege restaurant even na vijf uur betreden. Jan bestelt meteen een fles champagne. Dan vraagt hij de ober of die een maaltijd kan aanbevelen. Jan vraagt er een passende wijn bij.

'Het had een Franse naam, maar het smaakte verrukkelijk goed.'

Na de maaltijd laat Jan bij een Irish coffee de sigarenkist langskomen. Na de eerste Irish coffee nemen Jan, Frans en Cor er nog een, en nog een, tot ze aangeschoten om een uur of acht weer buiten staan.

'Van bodybuilding zal vanavond niets meer komen, denk ik,' zegt Jan enigszins met dubbele tong. 'Zullen we dat maar uitstellen?'

'Wat wil je dan gaan doen?' vraagt Cor.

'Laten we vrijaf nemen en even relaxen,' vindt Frans.

'Die moet naar Yvonne toe,' merkt Cor sceptisch op.

'Wat is daar mis mee? Gaan wij samen lekker naar een sekshuis,' werpt Jan tussendoor.

'Dat wordt veel te duur,' zegt Cor. 'En je zit er zo'n tijd, daar heb ik geen zin in.'

Uiteindelijk zetten Jan en Cor Frans af bij zijn Mercedes 250 op het Van Beuningenplein en rijden daarna weer naar de warme buurt toe. Cor en Jan bezoeken ieder een raamhoer en daarna begint een kroegentocht over de Wallen. Er valt zoveel na te genieten. Tegen twee uur die nacht laat Jan een taxi komen, zijn Mercedes haalt hij morgen wel weer op.

The day after

Het aantal klusjes de dag na de overval is niet groot. De buit ligt veilig in de Kennemerduinen, daar is geen omzien naar. Maar er staan nog twee eigen auto's geparkeerd in Badhoevedorp en Zwanenburg, die moeten terug naar Amsterdam. En dan ligt natuurlijk Het Mooie Spulletje nog in het meertje in de Haarlemmerliede.

Om tien uur wordt in de Bestevâerstraat verzameld. Eerst rijden de vrienden de Alfa Romeo vanaf Zwanenburg naar de Visseringstraat en iets later de Ford Taunus stationcar vanaf het talud in Badhoevedorp naar huis. De auto's hebben gelukkig voor niets klaar gestaan.

Het is inmiddels tijd om te lunchen. Dat gebeurt weer uitgebreid in een goed restaurant in de binnenstad. Aan tafel nemen de jongens de verslagen in de media door. De overval blijkt verrassend goed ontvangen. Ze bespeuren ondanks de misdadigheid van de actie toch een ondertoon van bewondering. Een politieagent zegt in een krantenartikel dat dit soort zaken absoluut niet verheerlijkt mag worden, een waarschuwing die de jongens erg vleiend vinden. Het is een zeer gevaarlijke toestand geweest, want er is flink geschoten, voegt de agent toe. Met een glaasje wijn in zijn hand geeft Jan toe dat de politieman eigenlijk wel gelijk heeft. Jan heeft goed opgelet waar hij schoot, maar een afketsende kogelpunt zou voor ernstige verwondingen hebben kunnen zorgen.

'We moeten daar op gaan letten,' spreekt Jan plechtig.

Frans en Cor knikken serieus. Afgezien van dit moment van bezinning, is de stemming aan tafel ongebreideld triomfalistisch. Met het oog op het ene klusje dat nog rest, zien de jongens af van verdere alcoholische consumpties en de maaltijd wordt besloten met koffie en gebak.

Na de lunch rijden Jan, Frans en Cor naar Haarlemmerliede. Het is Cors taak Het Mooie Spulletje terug te varen naar het jachthaventje bij het Olympiaplein. Daar aangekomen pikken Jan en Frans hem keurig op om weer naar huis te gaan.

Ook in de dagen erna berichten de media nog over de overval. De extra vluchtauto's worden al snel door de politie ontdekt. Op een parkeerplaats bij Schiphol vindt men de trailer van de gestolen speedboot. Langzaam wordt duidelijk hoe grondig de actie gepland is. Uit woorden als 'goed voorbereid' en 'spectaculair' spreekt onbedoeld bewondering. De jongens smullen ervan.

Dat smullen bereikt een hoogtepunt als Jan op zaterdagavond langsgaat in de Speerstraat. Vader blijkt getuige geweest te zijn van de ontsnapping met de speedboot. De afdeling Warmte, Licht en Kracht van de PTT heeft een werkplaatsje in de Spuistraat, naast het gebouw van de

Hollandsche Bank-Unie, en dat is om de hoek bij het voormalige hoofdkantoor van de Gemeentegiro. Het is mogelijk dat zijn vader op straat liep of afgekomen is op de kakafonie van sirenes. Hoe het ook geweest moge zijn, zijn vader heeft de boot zien vertrekken. Dat hij de bankoverval der bankovervallen heeft gezien, wordt natuurlijk door hem, geboren verteller, in geuren en kleuren verhaald.

'De golven sloegen over de kade! De hele buurt was omsingeld en het wemelde van de politieauto's.'

Terwijl vader op de brug van de Raadhuisstraat staat, wordt er geschoten en duikt hij met alle andere toeschouwers, politie incluis, naar beneden.

'Er was geen kans om die speedboot te stoppen. Weg was-ie, weg!'

Vader is nogal vol van het gebeuren.

Tijdens een van de gesprekken over de voortgang bij het schrijven van dit boek wordt de vraag aan Jan voorgelegd of dit allemaal wel waar is.

'Vader was geen prater.'

'Vader was een verteller,' antwoord ik.

'Dat bedoel ik niet,' zegt Jan. 'Vader was geen prater. Hij kon dingen voor zich houden.'

'Bedoel je dat vader wist dat jullie die roof gepleegd hadden?'

'Dat zou heel goed kunnen. We waren goed vermomd. Maar het is heel waarschijnlijk dat hij ons drieën, zoals we daar met elkaar in die boot zaten, heeft herkend. Hij kende ons alle drie heel goed.'

'En dat heeft hij al die jaren voor zich gehouden?'

'Vader was geen prater.'

Vader was een verteller. Toen wij nog erg jong waren vertelde hij verhaaltjes voor het slapen gaan. Dat waren meestal goedmoedige herinneringen aan het leven van een dorpsjongen in het vooroorlogse Uithoorn. Het stelen van appels uit de tuin van de hoofdmeester, dat soort dingen. Ondeugend, maar niet verdorven. In later jaren vertelde hij vooral verhalen wanneer de maaltijd afgelopen was. Dan pakte hij uit over de oorlog of zijn tijd bij de marine. Altijd verhalen die vooral opwindend waren, maar in geen enkele zin aanstootgevend.

Dat veranderde na de dood van moeder, in '93, geleidelijk. Wanneer je nu bij hem op bezoek was, werden er herinneringen opgehaald die veel meer peper hadden. Het waren verhalen over hoerenloperij en dronken vechtpartijen, die met verbazing aangehoord werden. Hoe vader in het begin van de vijftiger jaren bijna iedere avond rondhing in de kroegen op de Zeedijk of de Haarlemmerdijk en hij bijvoorbeeld op een nacht ontwaakte in bed bij een vrouw en een andere vent zonder dat hij zich herinnerde hoe hij daar gekomen was. Een woeste periode in zijn leven die naar zijn zeggen in één keer gedaan was toen hij in de tramlijn 2 naar het Centraal Station stond met het plan weer naar de Haarlemmerdijk te lopen en door een wilsbesluit al uitstapte op de Dam. Het huwelijk met moeder stond voor de deur. Daarna was hij naar eigen zeggen 'altijd fatsoenlijk geweest'.

Is het mogelijk dat vader iets meer geweten heeft van Jans criminele daden? Om met Jan te spreken: 'Het zou heel goed kunnen.' Jan is ook geen prater, hij zegt wel vaker 'het zou heel goed kunnen' wanneer je hem iets vraagt.

Jan blijft die zaterdagavond in de Speerstraat tv-kijken. Hij drinkt samen met vader nog wat halve liters Heineken en geniet in stilte van de bewondering die er is voor de speedbootrovers. Om half twaalf keert hij met zijn auto terug naar de woning in de Van Hallstraat. Hij heeft geen slaap.

'De kick van de overval zat nog in me, ik liep over van de adrenaline. Ik kon op dat gevoel heerlijk teren.'

Tot diep in de nacht blijft hij grammofoonplaten draaien en biertjes drinken, denkend aan de binnenkort op te graven buit.

De volgende middag trekt Jan zijn Epancratius-trainingspak weer aan om een bodybuildingtraining te gaan doen in de Bestevâerstraat. Bij het bankdrukken blijkt de slechts achttien jaar oude Cor al bijna negentig kilo te kunnen drukken, terwijl Jan ophoudt bij honderdtwintig. Met voldoening ziet hij daarna hoe Frans géén honderdvijfentwintig kilo omhoog krijgt.

Terwijl de jongens nog wat doorgaan met borst-, buik- en beenspieroefeningen, beginnen Herta en Jacko onrustig voor de deur heen en weer te draaien. Ze weten dat na de training met de gewichten altijd wat rondjes door het park volgen.

Na afloop vertelt Frans dat hij die avond met Yvonne eerst naar de bioscoop gaat en daarna naar de discotheek Toi Toi.

'Als jullie ook komen gaan we plezier maken.'

Cor geeft aan dat hij weer een kaartafspraak heeft. Jan zegt dat hij misschien wel langs komt, maar dat het beter is geen flessen champagne meer te bestellen. Frans knikt begrijpend.

Na gedoucht te hebben kleedt Jan zich netjes aan om naar de discotheek te gaan. Het zal nog wel even duren voor Frans en Yvonne daar aankomen, dus besluit hij eerst de Speerstraat te bezoeken. Op weg naar zijn ouders gaat Jan nog even langs een raamhoer. Hij gaat steeds vaker. Hij heeft er het geld voor.

Tegen half twaalf belt Jan aan bij de Toi Toi. Na even rondgekeken te hebben stelt hij vast dat Frans en Yvonne er nog niet zijn. Wel Ria, de vriendin van Yvonne. Jan loopt naar haar toe en vraagt of ze iets wil drinken. Pas rond middernacht komen Frans en Yvonne aan. Na het dansen raken Yvonne en Ria aan het babbelen en maakt Jan van de gelegenheid gebruik om even met Frans te overleggen.

'Wat gaan we morgen doen?'

'Uitslapen. Het zou fijn zijn wanneer ik weer wat tijd met Yvonne had.'

'Morgen om twaalf uur bij mij thuis?'

Frans knikt. De jongens voegen zich weer bij de meisjes. Ria blijft maar om Jan heen hangen. Wat moet ik met die vrouw? denkt hij.

Frans en Yvonne besluiten al snel naar huis te gaan. Buiten oppert Jan om nog even naar Broodje van Kootje te gaan en dat idee valt vooral bij Frans in goede aarde. Hij eet drie broodjes, terwijl Yvonne, Ria en Jan voldoende hebben aan twee. Frans rekent af, nu is het echt voldoende geweest. Ze nemen afscheid. Ria wil naar een taxistandplaats lopen, maar Jan stelt voor haar in zijn auto thuis te brengen. Dat is goed.

In het trapportaal van Ria's woning blijft Jan nog even wat met haar staan rotzooien. Ria vraagt of hij snel weer langskomt. Jan knikt en draait zich om naar zijn auto.

De volgende ochtend gaat Jan naar de bedrijfsarts van het Sociaal Fonds Bouwnijverheid in de Jan Evertsenstraat. Hij zit tussen alleen maar bouwvakkers. Sommige van hen zitten in het gips, anderen in het verband. Na een half uurtje wachten is het Jans beurt. Jan vertelt de bedrijfsarts waar hij last van heeft en de arts luistert met een stethoscoop op zijn borst en rug. Jan piept van de bronchitis, een familiekwaaltje. De Boellaards – of beter gezegd Van Dorsten – piepen altijd wel, ook wanneer ze zich niet bijzonder ziek voelen. De arts zegt hem die week nog maar thuis te blijven.

Stipt op tijd wordt er aangebeld. Jans vrienden ploffen in de leren fauteuils.

'Vandaag gaan we de buit ophalen,' zegt Frans.

'Laten we zorgen dat we uiterlijk om twee uur in Bloemendaal zijn, dan zijn we met etenstijd misschien klaar met schoonmaken van de wapens en het tellen van het geld,' antwoordt Jan. 'Ik wil met mijn eigen auto gaan, dan kunnen we hier voor de deur uitladen. Iedereen voor?'

Frans en Cor zijn akkoord.

'Welke route wil je rijden?' vraagt Cor.

'De omgekeerde vluchtroute, dwars door de polders en Haarlem.'

'Welke veiligheidseisen nemen we in acht?'

'De walkietalkies gaan mee.'

'Dat kan nooit kwaad.'

'Oké, die halen we zo van zolder af. Zullen we eerst een paar broodjes bal gaan eten in het koffiehuis?'

De laatste motie van Jan wordt met algemene stemmen aangenomen. In het koffiehuis naast de visafslag in de Van Hogendorpstraat zijn de gehaktballen namelijk bijzonder lekker.

Na ieder twee broodjes bal te hebben verorberd lopen de drie terug langs het huis van de familie Meijer. Jan en Frans wippen even binnen om de walkietalkies op te halen. Jan grist nog een doos elastiekjes mee, die van pas kunnen komen bij het tellen van het geld.

Bij Sloterdijk slaat de auto rechtsaf de polders in en ter hoogte van Haarlemmerliede zien de jongens met voldoening dat de tweede 'geleende' Mercedes 450 niet meer langs de weg staat. Die is waarschijnlijk naar de firma Van Kooy terug. Ook het verdwijnen van een geparkeerde vluchtauto vatten ze op als een geslaagd onderdeel van het plan. Onderweg vertelt Jan dat zijn vader getuige is geweest van het wegvaren van de speedboot.

'Wauw! Dat is sterk. Jouw vader stond op die brug! Geweldig!' roept Cor enthousiast.

'Maar goed dat je het niet geweten hebt,' zegt Jan, 'anders had je nog gezwaaid ook.'

Via de Haarlemse binnenstad bereikt de auto de Zeeweg in Bloemendaal, waar Jan de Mercedes parkeert in de buurt van de begraafplek. Wanneer Jan en Frans de plastic zakken erin hebben gegooid, gaat de achterklep meteen op slot. Na een half uurtje rijden zijn de jongens weer terug in Amsterdam.

In de Van Hallstraat kieperen de jongens de drie plastic zakken leeg op de keukentafel. Met het tellen van de buit wachten ze tot alle vermommingen netjes zijn opgeborgen en de wapens zijn schoongemaakt. De kogels gaan netjes terug in de doos, omdat anders de veren van de magazijnen slap worden.

Tegen half zeven is het zover en worden de geldtassen op de tafel omgekeerd. Een gigantische berg.

'Wat een zooitje is het, hè?' zegt Frans.

Jan en Cor zijn onder de indruk. Net als na de vorige keer sorteren de jongens eerst alle biljetten op soort; de tientjes op de tientjes, de geeltjes op de geeltjes, enzovoort. Ze maken bundeltjes van tien biljetten en van tien bundeltjes maken ze stapeltjes van honderd, waar twee elastiekjes omheen gaan. Er zit weer flink wat vreemde valuta bij de buit en Cor gaat aan de slag met het lijstje wisselkoersen uit *De Telegraaf* en een rekenmachine.

'Zeshonderddertigduizend gulden!' zegt hij na een tijdje. 'We hebben zeshonderddertigduizend gulden buitgemaakt!'

Het is mooi bedrag, zeker in 1976, en Jan, Frans en Cor staan te dansen rond de tafel. Het is zoveel geld dat het niet in Jans geldkist past. Frans loopt meteen naar huis om zijn geldkist te halen en daar zijn deel van het geld in te doen. Jan verbergt ook die kist onder zijn vloer, maar Frans houdt de sleutel ervan. Voor Frans hoeft Jan geen administratie meer bij te houden, dat scheelt werk. Hij beheert nog wel het inmiddels aanzienlijke kapitaal van Cor.

Het is kwart over acht en de jongens hebben trek gekregen van al het geld tellen. Ze wassen hun handen omdat die vuil zijn en ruiken.

'Geld stinkt niet luidt het spreekwoord, maar het tegendeel is waar,' aldus Jan.

12.

EPAN BV – 1976-1977

Na de overval op het hoofdkantoor van de Gemeen-tegiro worden bankfilialen in hoog tempo voorzien van loketten die beveiligd zijn met kogelvrijglas. Vanaf midden '76 wordt over de balie springen en kassen leeggraaien nagenoeg onmogelijk. Het zet Jan, Frans en Cor ertoe aan nieuwe wegen te verkennen. Uit de kluis van het hoofdgirokantoor is behalve geld ook een chequeboekje van de Nederlandsche Bank meegenomen. De bedragen die in het boekje staan doen de jongens duizelen: 13 miljoen gulden, om maar wat te noemen!

Nu bankfilialen zich steeds meer als een vesting beginnen in te richten, ligt het voor de hand dat de aandacht van Epancratius zich richt op het vervoer van het geld. Daarbij valt de keuze meteen weer op het hoofdkantoor van de Gemeentegiro aan het Singel. Hoe en wanneer komt het bij de Nederlandsche Bank bestelde geld bij het gebouw aan?

Op een gegeven moment gingen we dat uitzoeken. Daarvoor hadden we een verrijdbare bouwkeet op het Singel neergezet. Hij stond aan de overkant van de Raadhuisstraat. We zaten in die keet door een waterpasinstrument (een soort verrekijker) te kijken als de pantserauto van Van Gend & Loos daar geld bracht. Die auto kwam op onregelmatige tijden langs. De ene keer 's morgens, dan weer eens 's middags om vier uur. Uit ervaring wisten we dat we daar alleen met een speedboot weg konden komen. Het was erg moeilijk te plannen om weer op het Singel met een overval toe te slaan. Om de beurt liepen we langs de pantserauto van Van Gend & Loos om te kijken of ze in het souterrain van het hoofdgirokantoor de geldcassettes op een kar stapelden. Dat bleek ook niet het geval te zijn. Ze droegen elke geldcassette, stuk voor stuk, handmatig naar binnen. Het zou een zeer omslachtige overval worden. Op een gegeven moment zijn we er daarom maar mee opgehouden.

Het idee om een geldtransport te beroven heeft echter wortel geschoten. De geldauto's parkeren bijna altijd dubbel en de geldloper moet dan een stukje over het trottoir naar een bank toelopen. Het is zaak om tijdens de overval op het juiste moment langs te rijden met een motor en de geldcassette dan, onder bedreiging uiteraard, uit de handen van de geldloper te grissen. Een eenvoudig plan dat getraind wordt in het Westelijk Havengebied. Jan rijdt met Frans of Cor achterop langs de Ford Transit bestelbus wanneer het derde lid van Epancratius op een onverwacht moment uit de auto stapt. Degene die achter op de motor zit draagt een waterpistool en grist het koffertje weg. Na een tijdje worden de jongens er erg handig in.

Kort na de speedbootroof worden bij 'de hofleverancier' in Brussel de bestelde kogelvrije vesten van het revolutionaire materiaal kevlar aangeschaft. Het gewicht van het nieuwe model vest is nihil. Helemaal vertrouwen doen Jan, Frans en Cor het daarom niet. Hoe kan iets dat zo licht is, bescherming bieden?

In de verlaten kolenloods op het Noorderhoofd wordt een test gedaan. Van een paar meter afstand wordt met een Magnum .357 op een vest geschoten. En inderdaad, het vest houdt het schot tegen. De kogel is zo plat als een paddenstoel. Omdat de inslag goed te zien is, houden de jongens het maar bij een enkel schot; het is niet de bedoeling het vest te slopen. Voortaan zullen ze het bij iedere klus dragen.

Ondertussen leert Jan, wanneer hij weer eens met Frans en Yvonne discotheek Toi Toi op de Prinsengracht bezoekt, een meisje kennen. Met een duw in de rug van het echtpaar Meijer is Jan eropaf gegaan en biedt hij haar een drankje aan. Jan vraagt de volgende dans en daarna verloopt alles bijzonder vlot. Na enkele weken vindt Annemarie het goed dat Jan bij haar thuiskomt; haar moeder maakt voor de gelegenheid asperges klaar. Het jonge stel ziet elkaar al snel ieder weekend, ze stappen veel, gaan uit eten, bezoeken de bioscoop, dansen. Iedere avond brengt Jan Annemarie weer netjes thuis in de Molukkenstraat. Ze is een keurig meisje en werkt in een speelgoedwinkel in de Van Woustraat.

In 1976 gaat Annemarie nog niet met Jan op vakantie, daarvoor is het nog iets te vroeg. In plaats daarvan gaat Jan met een gehuurde caravan achter zijn auto met zijn ouders en broertje George op reis. Het doel is Joegoslavië, waar ze Frans en Cor zullen ontmoeten. De zon schijnt fel en de temperatuur is hoog wanneer de familie Boellaard Amsterdam verlaat. Al in de Ardennen staan talloze oververhitte auto's met een caravan erachter stil op de steile hellingen, maar de Mercedes van Jan rijdt zonder problemen verder. Bij de grens met Joegoslavië is vader zeer te spreken over de grootte van de schnitzels die daar in een restaurant geserveerd worden. Zo krijg je ze niet in Nederland! Joegoslavië lijkt een goed en goedkoop land te zijn.

Moeder is nog nooit in het buitenland geweest. In een kleine supermarkt in Kroatië probeert zij karnemelk te kopen. Zelfs wanneer zij duidelijk en langzaam een paar keer 'kar-ne-melk' herhaalt, begrijpt de vrouw achter de toonbank haar niet. Er is geen andere conclusie mogelijk: in Joegoslavië hebben ze geen karnemelk. Ongelofelijk. Gelukkig is de caravan volgeladen met koffie, thee, aardappels, blikken conserven en wat al niet meer uit Holland.

In het kustplaatsje Trogir voegen Frans, Yvonne, Cor en Anneke zich bij het gezelschap. Frans en Cor hebben een tijdje moeten zoeken om Jan te vinden, want die heeft een wel erg klein kartonnetje met daarop 'Epancratius' langs de weg aan een boom gebonden. Op de camping volgt een uitbundige ontmoeting. Gezamenlijk brengen ze een paar memorabele dagen door, onder andere bij de watervallen van Krka.

Wanneer de reis terug wordt ingezet, stalt Jan de caravan een weekje op de grote camping aan het Gardameer, waar hij met Frans en Cor al eerder gekampeerd heeft. Ook daar ontmoeten Jan en zijn familie Frans, Cor, Yvonne en Anneke weer, die nu logeren in Hotel Europa in Riva del Garda.

Het is een warme zomeravond wanneer het hele gezelschap zich op een terrasje in Bardolino te goed doet aan grote coupes Italiaans ijs. De stemming zit er goed in. Jan, Frans en Cor willen trakteren en zeggen dat vader, moeder, Yvonne, Anneke en George maar alvast naar de auto's moeten lopen terwijl zij op de rekening wachten. Wanneer de anderen wat staan te praten komen de jongens opeens hijgend en lachend de parkeerplaats op gespurt. Vader heeft een vermoeden en vraagt streng of er wel is betaald.

'Hoe kom je daar nou bij? Wij hebben geld zat. Wij gaan toch geen ijsjes stelen?'

George is niet overtuigd, hij weet hoe Jan kan zijn. Dat de jongens al twee keer een bank beroofd hebben, houdt hij natuurlijk niet voor mogelijk wanneer hij naast het hijgende drietal staat. Het zijn kwajongens, meer lijkt het niet om het lijf te hebben, dit gedrag.

Tijdens het schrijven van dit boek vraag ik Jan waarom hij en zijn vrienden zo'n plezier hadden in het stelen. Jan begint te lachen. Ach, dat stelen was allemaal nog niks.

'Nee,' zegt hij, 'Annemarie en ik waren eens aan het winkelen, op het Gelderlandplein, geloof ik. Staat er aan de achterkant van zo'n winkel op de parkeerplaats een enorme kist, zo zwaar dat ik hem nauwelijks kan tillen. Die kist paste maar net in mijn achterbak. Thuis aangekomen bleken er verschillende Wedgwood-serviezen in te zitten.'

Als de gelegenheid er is, moet je haar pakken, vindt Jan.

Jan, Frans en Cor werken eind '76 nog bij een baas. Frans rijdt zakken met nootjes rond op een vorkheftruck, Cor stanst wijzerplaten in het klokkenfabriekje en Jan wordt als timmerman een paar keer ingezet bij het installeren van kogelvrijglas in bankfilialen. Tegelijkertijd ligt er bij Jan thuis meer dan een half miljoen onder de vloer. Van dat geld wordt af en toe wat afgenomen, maar de mogelijkheid om iets groots met het kapitaal te gaan doen, dringt zich op.

Tijdens een training met de gewichten oppert Jan een eigen bedrijf te beginnen, een idee dat ook Frans en Cor aanspreekt. Frans wil het liefst een voddenbedrijf beginnen, maar uiteindelijk haalt Jan zijn vrienden over om na te denken over een aannemingsbedrijf. Alle aannemers die Jan kent verdienen veel geld en rijden in dikke auto's, een overtuigend argument. Maar na een bezoek aan de Kamer van Koophandel lijkt Jans droom te stranden als blijkt dat een aannemersdiploma vereist is.

Tegen de kerstdagen ontdekt Cor echter een advertentie in *De Telegraaf* van iemand die zijn aannemersdiploma lijkt te willen verhuren. Er wordt onmiddellijk met de man getelefoneerd en een afspraak gemaakt voor een ontmoeting in Dordrecht. De man in kwestie heeft altijd voor zichzelf gewerkt, maar is nu bedrijfsleider bij een grote aannemer in Huizen, Noord-Holland. Daarmee is een eigen diploma een overbodige luxe geworden. Voor 5.000 gulden per jaar wel hij die wel aan een ander beschikbaar stellen. In dat geval wordt hij in naam beheerder van het aannemingsbedrijf, terwijl hij in feite niets doet. Bij de eerste ontmoeting zijn de vier het snel in principe eens.

Weer in Amsterdam informeert Jan nog even bij de Kamer van Koophandel of het überhaupt mogelijk is een aannemingsbedrijf te beginnen waarvan de directeur geen diploma heeft, maar een beheerder wel. Dat kan blijkbaar heel goed, maar die beheerder moet dan ook echt beheren en bij de dagelijkse gang van zaken in het bedrijf betrokken zijn. Opnieuw wordt er naar Dordrecht gereden om de man dit probleem voor te leggen.

'Ach,' is zijn commentaar, 'meer dan een formele eis is het niet. Gecontroleerd wordt er nauwelijks en móócht er eens controle zijn, dan zeggen jullie dat ik op karwei ben, of ergens werk aan het opnemen ben. In een noodgeval kan ik altijd langskomen om mijn diploma te laten zien en even wat "beheerderswerk" te doen. Maar zover zal het nooit komen.'

Na deze geruststellende woorden is er snel een overeenkomst en wordt een contractje opgesteld waarbij Jan, Frans en Cor het aannemersdiploma huren voor vijf jaar, met een optie voor nog vijf jaar. Verder wordt afgesproken dat Jan, Frans en Cor een bv op zullen richten waarbij de man van alle aansprakelijkheid gevrijwaard is. De huur van het diploma voor het jaar 1977 rekenen de jongens meteen cash af.

Jan viert oudejaarsavond bij zijn ouders in de Speerstraat en doet zich tegoed aan oliebollen, appelflappen en halve litertjes bier. De familie kijkt naar de conference van Wim Kan en komt zo de avond door. Om kwart voor elf verlaat Jan het gezelschap om naar de Van Hallstraat te gaan, waar hij Frans en Cor verwacht. Er liggen flessen champagne in de koelkast en er zijn nieuwe glazen aangeschaft. Jan is nog maar kort thuis wanneer Frans en Cor in feeststemming de trap op komen. Ook zij hebben zich in familiaire kring voorverwarmd, om uiteindelijk, meedogenloos, hun vrouwen alleen te laten.

'Problemen gehad met de dames?' vraagt Jan.

'Goddank ben jij nog vrijgezel,' antwoordt Cor, terwijl hij een moeilijk gezicht trekt.

Even verderop, tegenover de woning van de familie Meijer, is de jeugd alweer bezig kerstbomen op te stapelen. Een paar minuten voor twaalf zet Jan de televisie aan. Met lege glazen voor zich op tafel kijken de jongens zwijgend naar buiten, af en toe een schuine blik werpend op de klok.

'Vijf, vier, drie, twee, één: gelukkig nieuwjaar!'

Jan, Frans en Cor omhelzen elkaar en geven elkaar een paar dikke zoenen. Buiten flitsen vuurpijlen de hemel in en is het geknal van bommetjes oorverdovend. Jan ontkurkt de eerste fles met een knal en schenkt de glazen vol.

'Op 1977!'

Na even voor de ramen naar het kerstbomenvuur op het plein gekeken te hebben gaan ze zitten.

'Jan, Cor, 1976 was een geweldig jaar dat we ons altijd zullen herinneren,' neemt Frans het woord. 'Met de roof op het Singel hebben we iets unieks gedaan dat veel bewondering heeft geoogst. De politie heeft geen idee wie we zijn en dat moet zo blijven. Daarom is het geen slecht idee dat we in het komende jaar een eigen bedrijf beginnen. Persoonlijk gaat het goed met ons. Ik heb Yvonne en Cor heeft Anneke, een prachtmeid. Het wordt tijd dat ook Jan vaste verkering krijgt. Annemarie is een leuke vrouw, Jan. Laten we op haar toosten!'

1977 wordt met goede moed door Jan, Frans en Cor begonnen met het voornemen om een eerlijk bestaan als aannemers op te bouwen. Oké, dat gebeurt weliswaar met valse papieren, maar Jan is écht van plan om naar de avondschool te gaan en zelf zijn aannemersdiploma te halen. Daarin wordt hij ondersteund door Frans en Cor. Ze hebben er dan nog geen idee van hoe zwaar een familieleven, hun werk als aannemer én, *last but not least,* hun bestaan als crimineel te combineren zijn.

Tijdens deze nieuwjaarsviering is er echter geen wolkje aan de lucht, op tafel staan volle glazen champagne en een paar meter verderop ligt onder een luik in de vloer meer dan een half miljoen aan cash.

Nadat alle flessen geleegd zijn, gaan de jongens de straat op en lopen naar de resten van het vreugdevuur. Op twee hoog brandt nog licht bij de familie Meijer. De vrienden gaan even naar boven om gelukkig nieuwjaar te wensen, maar lang maken ze het niet. Ze moeten nog door de stad wandelen. Op de Dam aangekomen kijken ze bijna plichtmatig naar de kerstboom en na ergens nog een biertje gedronken te hebben, vinden ze het wel mooi geweest en lopen terug naar huis. Frans en Cor stappen na nog een laatste omhelzing dronken in Frans' Volvo om terug naar de Bestevâerstraat te rijden, Jan waggelt naar zijn voordeur, die hij met moeite open krijgt. Met zijn kleren aan valt hij op bed in slaap.

1977

Begin januari hebben Jan, Frans en Cor een afspraak bij notariskantoor Verkade in de Lairessestraat. De drie nemen een snipperdag op en als echte volksjongens steken ze zich eerbiedig in het pak. Op het kantoor worden ze kort ingewijd in de legale fijnheden van een besloten vennootschap. Het blijkt allemaal eenvoudiger dan ze dachten. Probleem is wel dat Cor pas negentien jaar oud is en daarom nog minderjarig.[3] Hij laat dan ook een verklaring tekenen door zijn moeder. Dat er gewerkt wordt met het diploma van iemand anders blijkt ook geen probleem en hoeft niet in de oprichtingsakte vermeld te worden. Het is voldoende wanneer dat bij de inschrijving in de Kamer van Koophandel wordt genoemd.

Een aanvraag tot oprichting van een bv duurt in '77 gemiddeld zo'n drie maanden, omdat er toestemming van het ministerie van Economische Zaken nodig is. De notaris kijkt even naar de jonge gasten tegenover zich.

'Volgens mij zijn jullie nog nooit failliet gegaan, veel problemen zal de aanvraag dus niet geven. Epan bv zal wel rondkomen. Ondertussen kunnen jullie al aan de slag als bv in oprichting, in feite zijn jullie dan even een vennootschap onder firma. Het is wel belangrijk dat de veertigduizend gulden aan aandelen worden volgestort. Maar dat geld kun

3 *Pas in 1988 wordt de grens van meerderjarigheid verlaagd naar achttien.*

je later weer omzetten in kapitaalgoederen, kantoorartikelen, machines, gereedschappen, materialen. Ik zal een conceptakte opstellen en wanneer Economische Zaken toestemming verleent, kunnen we tot oprichting overgaan. Ondertussen komt er een aparte akte die door een ouder van Cor getekend moet worden.'

De rekening voor alles wordt gestuurd naar Epan bv in oprichting. Alles staat nu op de rails en midden januari beginnen Jan, Frans en Cor met de praktische voorbereidingen voor hun bedrijf.

De eerste weken besteden de jonge ondernemers aan het zoeken naar een werkruimte. Loodsen die ingericht kunnen worden als machinale timmerwerkplaats zijn schaars en duur. Ruimtes in de Amsterdamse Havens West blijken zonder uitzondering te begrotelijk voor een startend bedrijfje. Ook andere locaties ketsen af op de huurprijs. Een onverwachte vondst is een bedrijfspand in de Lindenstraat, midden in de Jordaan, waar een eenvoudig stuk papier op de deur geplakt zit waarop staat dat de ruimte te huur is. Nadat er een huurcontract overeengekomen is, zegt de makelaar tegen de jongens dat hij misschien ook weleens werk voor ze heeft. Jan, Frans en Cor zijn bijzonder verguld. Het huurcontract gaat per 1 april in, maar onmiddellijk krijgen de drie al de sleutels van het pand mee. En dat voor maar 632 gulden per maand.

Begin maart 1977 ondertekenen Jan, Frans en Cor de oprichtingsakte, is de inschrijving bij de Kamer van Koophandel rond, nemen de jongens ontslag bij hun bazen en begint de verbouwing en inrichting van Lindenstraat 32.

Op de dag dat de nieuwe bv wordt vermeld in de *Staatscourant* gaan de jongens naar de Amrobank op het Haarlemmerplein om een rekening te openen. De bank verleent een krediet van 40.000 gulden op voorwaarde dat er een eigen inbreng is van tienduizend. Dat lossen Jan, Frans en Cor op door met cash spaarbiljetten te kopen, die als onderpand in de kluis van de bank achterblijven. Later die dag openen de jongens ook een gemeentegirorekening op het hoofdkantoor op het Singel. Je kan dan wel banken beroven, af en toe heb je ze ook nodig.

Met het krediet van de Amrobank worden de nodige houtbewerkingsmachines aangeschaft: een professionele zaagmachine, een kettingfrees, een schaaf- en vandiktebank. Jans broer Hennie, een elektrotechnisch monteur, sluit krachtstroom aan en Jan, Frans en Cor werken zich uit de naad om de ruimte functioneel in te richten. De kroon op alles is een luxe ingerichte vergader- annex directiekamer, waar een grote, mahoniehouten ovale tafel neergezet wordt, omringd met lederen kantoorfauteuils. Aan de muur komt een groot abstract schilderij, dat op bestelling door Jans broertje George is geschilderd.

Op een avond in april ging ik met Cor achter op mijn motorfiets bij een bedrijf op de Transformatorweg een ruit ingooien en we stalen een IBM-schrijfmachine van een bureau dat voor dat raam stond. We brachten die IBM direct naar de Lindenstraat. Bij een ander bedrijf stalen we op dezelfde manier een kopieerapparaat. Dat stond ook vlak voor het raam. Ons kantoortje werd op deze manier goedkoop ingericht.

Eind maart zetten de jongens hun eerste advertenties in de krant: 'Aannemersbedrijf Epan bv heeft nog tijd voor verbouwings- en onderhoudswerkzaamheden.' Ze verwachten er niet veel van, toch komen er brieven en telefoontjes van potentiële klanten binnen die werk aanbieden.

Frans had zijn oudste zusje Gloria gestrikt om in het kantoortje van ons te werken. Ik had nog steeds een oogje op haar. We hadden inmiddels alle zaken met het Sociaal Fonds Bouwnijverheid geregeld en hadden een sociaalnummer gekregen. Gloria was naast onszelf de eerste die op de loonlijst kwam te staan. Zij verdiende toentertijd het meest. Frans, Cor en ik stonden er voor fl. 300,00 op. We zouden veel geld in ons aannemersbedrijf investeren. Frans, Cor en ik gingen in het begin met z'n drieën de klanten af. Van offertes maken hadden we niet veel verstand. Gelukkig kon Gloria foutloos tikken, dus zagen onze brieven en offertes er voor onze klanten netjes uit. Het leverde werk op.

Voor de eerste klus gingen we naar de firma Hoekstra, een Volkswagen-dealer uit Huizen NH. Hij wilde in de voorgevel van zijn bedrijf een grote glazen pui hebben. Er werd een autoshowroom gecreeerd. We stuurden een offerte van fl. 12.000,00 en tot onze verbazing ging de firma akkoord met ons aanbod. We moesten er een groot gat in de muur hakken. Daarvoor kochten we een Kango-breekhamer. Cor werkte mee en sloopte het gat in de voorgevel. Ikzelf was in de werkplaats in de Lindenstraat bezig. We hadden het kozijn direct nodig en onze machines kwamen pas volgende week: er zat dus niets anders op dan het kozijn op de hand te maken. Het is een perfect kozijn geworden. Frans had twee aangetrouwde familieleden van hem zwart in dienst genomen. Na een paar dagen was het werk klaar. We hadden bij de firma Hoekstra fl. 5000,00 winst gemaakt. Dat ging lekker.

Na die eerste klus worden de houtbewerkingsmachines geleverd en is werkplaats volledig ingericht. Nu komen er ook advertenties in de krant dat Epan bv voorziet in machinale houtbewerking. Het levert behalve respons van wat particulieren ook een reactie op van een aannemer die in het verloop van hun carrière een soort van mentor voor Jan, Frans en Cor wordt, iemand die de jongens versneld inwijdt in de kneepjes van het aannemersvak.

Het zijn echter niet altijd de meest reguliere aspecten waar de man enthousiast over spreekt. Jan ontmoet Fons van Beem voor het eerst wanneer hij op de Nieuwezijds Voorburgwal werk op gaat nemen in wat een voormalig sekshuis blijkt. De aannemer ligt ronkend buiten westen op een groot bed in 'de tijgerkamer' en Jan moet een keer goed met de deur slaan voor hij bij kennis komt. Fons van Beem heeft een uitbundig karakter en is gul. Jan kan onmiddellijk met hem overweg en krijgt meteen een opdracht voor het maken van tweeëndertig ramen en kozijnen.

Jan neemt een extra werknemer aan voor in de timmerwerkplaats, een ervaren chef machinale houtbewerking. Ondertussen blijkt Van Beem een goede bron van opdrachten; het ene na het andere klusje wordt door hem aangedragen.

Schuin tegenover de werkplaats in de Lindenstraat moeten twee pandjes geheel gerenoveerd worden. Epan krijgt de opdracht en alweer moet extra personeel aangenomen worden. Na enkele maanden hebben Jan, Frans en Cor her en der al achttien bouwvakkers aan het werk. Jans broertje George krijgt een vakantiebaantje aangeboden en draait een tijdje mee als opperman, hijst puin af en maakt speciekuipen schoon. Zwaar werk, waar hij onverwacht sterk van wordt.

Het eindigt wanneer wat oudere bouwvakkers het grappig vinden het touw waarmee ze met z'n allen een zware zak zand ophijsen, los te laten, zodat alleen het groentje het nog in handen heeft. George kijkt om zich heen, ziet de lachende bouwvakkers en besluit het touw dan ook maar los te laten. Zijn voet staat echter in een lus en wanneer de zak zand naar beneden komt geraasd, trekt de lus zich aan en hangt George opeens ondersteboven ter hoogte van de eerste verdieping voor de lus loslaat en hij naar beneden valt.

Met een zwaar gekneusde pols is het niet meer mogelijk verder te werken. Jan trekt zijn portemonnee en na wat briefjes in ontvangst genomen te hebben kan George op een andere manier vakantie gaan vieren. In de tijd dat het duurde heeft George zijn broer Jan en vrienden Frans en Cor wel op een nieuwe manier leren kennen: als kundig, joviaal, maar ook keihard en meedogenloos.

Op de Koninginneweg is een tegelzetter bezig een doucheruimte te betegelen wanneer Frans binnenkomt en het geleverde werk niet goed genoeg vindt. Hij begint al snel als een razende te vloeken en trekt de tegels van de muur. Bij iedereen in de omgeving stokt de adem, gelouterde bouwvakkers kijken elkaar geschrokken aan terwijl ze de tegels van de muur horen kletteren en het getier doorgaat.

Even later komt de tegelzetter met een nat gezicht naar buiten om zwijgend via het trapgat het pand te verlaten. Hij wordt in stilte nagekeken. In de dagen na dit incident wordt er met geen woord over gesproken.

De hoeveelheid werk van Epan bv neemt toe. Tegenover de werkplaats in de Lindenstraat is de firma Luhlf gevestigd, een bedrijf dat reclameborden schildert, maar vooral bekend is vanwege de grote bioscoopreclames die ze maken. Epan bv bestelt een aantal grote reclameborden, die overal waar gewerkt wordt aan de gevel gehangen worden. Het leidt alweer tot meer werk. Frans rijdt nu met zijn Volvo alle klussen af en houdt het personeel scherp in de gaten. Ze hebben de gewoonte om een kwartier langer te schaften, dat moet de kop ingedrukt worden.

Wanneer de bouwvakvakantie aanbreekt zit de orderportefeuille vol, staat er zo'n dertig man op de loonlijst, is er soms hetzelfde aantal aan zwartwerkers bezig en kunnen Jan, Frans en Cor daarom met een gerust hart op reis.

Wat nog resteert van het jaar 1977 zal dramatisch verlopen. Jan, Frans en Cor komen in een situatie terecht die volkomen onvoorzien is en hun volharding danig op de proef stelt. Tegelijkertijd wordt in oktober van dat jaar de vastgoedmagnaat Maurits 'Maup' Caransa ontvoerd. Daarmee is bij Cor een zaadje geplant. Een zaadje dat zal uitgroeien tot de ontvoering van de biermagnaat Alfred Heineken.

KALENDARIUM

1952
23 oktober: Jan Boellaard geboren.

1953
16 mei: Frans Meijer geboren.

1957
18 augustus: Cor van Hout geboren.

1966
Frans en Jan leren elkaar kennen. Eerste kerstbomenjacht samen.

1968
Jans eerste Kreidler.

1969
Mei: Frans wordt ook 16 en koopt zijn eerste Kreidler. de elfjarige Cor steelt een betonschaar: de eerste criminele actie van het drietal.
Juli: Vakantie met de Kreidlerclub. In september gaat Jan werken bij aannemer Steur.

1970
Inbraak Peugeotdealer Lijnbaansgracht, diefstal van portofoons bij overslagbedrijf Pakhoed, een snijbrander bij de graansilo's en zo meer. Jan en Frans ontmoeten de sterke Jordanees Peter Hardenbol; vechtpartijen op de Wallen en zakkenrollen. Het trainkamertje wordt ingericht: Epancratius ontstaat.

De kluiskraak op de Vredenhofweg wordt gepland. Frans breekt zijn arm bij een verkenning. Inbraak in de bouwkeet aan de De Flinesstraat, waarna arrestatie volgt. Jan verbrandt zijn hand terwijl hij met vuurwerk speelt.

1971
Lange wandelingen over het opgespoten land met Cor. Hennie Boellaard verhuist naar de Van Hallstraat 99-1, Jan gaat naar zolder. Jan koopt zijn eerste auto (Mercedes-Benz 220). De jongens maken kennis met Harry Ploos.

1972
Jan en Frans komen voor de Rechtbank voor jeugdigen; ze krijgen 400 gulden boete en een voorwaardelijke straf. Inbraak op de Middenweg bij wapenhandel Munts (Cor is 14 jaar). Ze maken tochten naar België om munitie te halen.

1973
Juli: Een barre tocht naar het Italiaanse Garda voor meer munitie. Cor verhuist naar Amsterdam-Noord en gaat bij de marine. De voorbereidingen worden getroffen voor de inbraak bij wapenhandel Humblet in Luik.

1974
1 februari: Cor krijgt eervol ontslag bij de marine. Later die maand: inbraak bij de firma Humblet in Luik.
13 mei: Eerste overval (Surinameplein). Buit: 275.000 gulden (Cor is dan 16 jaar).
Juli: Luxueus op vakantie, Cor bezoekt in Parijs voor het eerst een hoer.
Augustus: Jan, Frans en Cor kopen een speedboot: 'Het Mooie Spulletje'. Voorbereidingen voor de speedbootroof beginnen. Frans ontmoet Yvonne en verhuist naar de Bestevâerstraat.

1975
16 mei: Frans trouwt met Yvonne.
Augustus: De voorbereidingen voor de overval op het hoofdgirokantoor worden weer opgevat. Cor ontmoet Anneke.

1976
Maart: Diefstal speedboot in Velsen.
2 april: Overval hoofdgirokantoor het Singel: de 'Speedbootroof'.
Zomer: Jan ontmoet Annemarie. Jan gaat met pa, ma en George met de caravan op vakantie naar Joegoslavië. Overval op een geldtransport wordt vooralsnog afgeblazen.

1977
Januari: De jongens richten aannemersbedrijf Epan bv op, George Boellaard heeft er een vakantiebaantje als bouwvakker.
28 oktober: Ontvoering Maup Caransa; met name bij Cor is het 'ontvoeringszaadje' geplant.